◆ 希汉对照 ◆
柏拉图全集
V.4

吕西斯

溥林 译

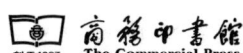

Platon
LYSIS
(ΛΥΣΙΣ)
本书依据牛津古典文本（Oxford Classical Texts）中由约翰·伯内特（John Burnet）所编辑和校勘的《柏拉图全集》（*Platonis Opera*）第Ⅲ卷译出

前　言

　　商务印书馆120余年来一直致力于移译世界各国学术名著，除了皇皇的"汉译世界学术名著丛书"之外，更是组织翻译了不少伟大思想家的全集。柏拉图是严格意义上的西方哲学的奠基人，其思想不仅在西方哲学的整个历史中起着继往开来的作用，也远远超出了哲学领域而在文学、教育学、政治学等领域产生着巨大的影响。从19世纪开始，德语世界、英语世界、法语世界等着手系统整理柏拉图的古希腊文原文，并将之译为相应的现代语言，出版了大量的单行本和全集本，至今不衰；鉴于柏拉图著作的经典地位和历史地位，也出版了古希腊文-拉丁文、古希腊文-德文、古希腊文-英文、古希腊文-法文等对照本。

　　商务印书馆既是汉语世界柏拉图著作翻译出版的奠基者，也一直有心系统组织翻译柏拉图的全部作品。近20年来，汉语学界对柏拉图的研究兴趣和热情有增无减，除了商务印书馆之外，国内其他出版社也出版了一系列柏拉图著作的翻译和研究著作；无论是从语文学上，还是从思想理解上，都取得了长足的进步。有鉴于此，我们希望在汲取西方世界和汉语世界既有成就的基础上，从古希腊文完整地翻译出柏拉图的全部著作，并以古希腊文-汉文对照的形式出版。现就与翻译相关的问题做以下说明。

　　1. 翻译所依据的古希腊文本是牛津古典文本（Oxford Classical Texts）中由约翰·伯内特（John Burnet）所编辑和校勘的《柏拉图全集》（*Platonis Opera*）；同时参照法国布德本（Budé）希腊文《柏拉图全集》（*Platon: Œuvres complètes*），以及牛津古典文本中1995年出版的第 I 卷最新校勘本等。

2. 公元前后，亚历山大的忒拉叙洛斯（Θράσυλλος, Thrasyllus）按照古希腊悲剧"四联剧"（τετραλογία, Tetralogia）的演出方式编订柏拉图的全部著作，每卷四部，共九卷，一共 36 部作品（13 封书信整体被视为一部作品）；伯内特编辑的《柏拉图全集》所遵循的就是这种编订方式，但除了 36 部作品之外，外加 7 篇"伪作"。中文翻译严格按照该全集所编订的顺序进行。

3. 希腊文正文前面的 SIGLA 中的内容，乃是编辑校勘者所依据的各种抄本的缩写。希腊文正文下面的校勘文字，原样保留，但不做翻译。译文中〈 〉所标示的，乃是为了意思通顺和完整，由译者加上的补足语。翻译中的注释以古希腊文法和文史方面的知识为主，至于义理方面的，交给读者和研究者本人。

4. 除了"苏格拉底""高尔吉亚"等这些少数约定俗成的译名之外，希腊文专名（人名、地名等）后面的"斯"一般都译出。

译者给自己确定的翻译原则是在坚持"信"的基础上再兼及"达"和"雅"。在翻译时，译者在自己能力所及的范围内，对拉丁文、德文、英文以及中文的重要译本（包括注释、评注等）均认真研读，一一看过，但它们都仅服务于译者对希腊原文的理解。

译者的古希腊文启蒙老师是北京大学哲学系的靳希平教授，谨将此译作献给他，以示感激和敬意。

鉴于译者学养和能力有限，译文中必定有不少疏漏和错讹，敬请读者不吝批评指正。

溥林
2018 年 10 月 22 日于成都

SIGLA

B = cod. Bodleianus, MS. E. D. Clarke 39   = Bekkeri 𝔄
T = cod. Venetus Append. Class. 4, cod. 1   = Bekkeri t
W = cod. Vindobonensis 54, suppl. phil. Gr. 7 = Stallbaumii
                                                                             Vind. 1
C = cod. Crusianus sive Tubingensis   = Stallbaumii 𝔗
D = cod. Venetus 185   = Bekkeri Π
G = cod. Venetus Append. Class. 4, cod. 54 = Bekkeri Λ
V = cod. Vindobonensis 109   = Bekkeri Φ
Arm. = Versio Armeniaca
Ars. = Papyrus Arsinoitica a Flinders
      Petrie reperta
Berol. = Papyrus Berolinensis 9782 (ed.
        Diels et Schubart 1905)

Recentiores manus librorum B T W litteris b t w significantur

Codicis W lectiones cum T consentientes commemoravi, lectiones cum B consentientes silentio fere praeterii

目　录

吕西斯 ·· 1
注释 ·· 56
术语索引 ··· 95
专名索引 ·· 154
参考文献 ·· 156

目次

吕 西 斯[1]

---

[1] 忒拉叙洛斯（Θράσυλλος, Thrasyllus）给该对话加的副标题是"或论友谊"（ἢ περὶ φιλίας）；按照希腊化时期人们对柏拉图对话风格的分类，《吕西斯》属于"助产性的"（μαιευτικός）。

ΛΥΣΙΣ

ΣΩΚΡΑΤΗΣ

Ἐπορευόμην μὲν ἐξ Ἀκαδημείας εὐθὺ Λυκείου τὴν ἔξω a
τείχους ὑπ' αὐτὸ τὸ τεῖχος· ἐπειδὴ δ' ἐγενόμην κατὰ τὴν
πυλίδα ᾗ ἡ Πάνοπος κρήνη, ἐνταῦθα συνέτυχον Ἱπποθάλει τε
τῷ Ἱερωνύμου καὶ Κτησίππῳ τῷ Παιανιεῖ καὶ ἄλλοις μετὰ
τούτων νεανίσκοις ἀθρόοις συνεστῶσι. καί με προσιόντα ὁ 5
Ἱπποθάλης ἰδών, Ὦ Σώκρατες, ἔφη, ποῖ δὴ πορεύῃ καὶ
πόθεν;   b

Ἐξ Ἀκαδημείας, ἦν δ' ἐγώ, πορεύομαι εὐθὺ Λυκείου.

Δεῦρο δή, ἦ δ' ὅς, εὐθὺ ἡμῶν. οὐ παραβάλλεις; ἄξιον
μέντοι.

Ποῖ, ἔφην ἐγώ, λέγεις, καὶ παρὰ τίνας τοὺς ὑμᾶς; 5

Δεῦρο, ἔφη, δείξας μοι ἐν τῷ καταντικρὺ τοῦ τείχους περί-
βολόν τέ τινα καὶ θύραν ἀνεῳγμένην. διατρίβομεν δέ, ἦ δ'
ὅς, αὐτόθι ἡμεῖς τε αὐτοὶ καὶ ἄλλοι πάνυ πολλοὶ καὶ καλοί.

Ἔστιν δὲ δὴ τί τοῦτο, καὶ τίς ἡ διατριβή; 204

Παλαίστρα, ἔφη, νεωστὶ ᾠκοδομημένη· ἡ δὲ διατριβὴ τὰ
πολλὰ ἐν λόγοις, ὧν ἡδέως ἄν σοι μεταδιδοῖμεν.

Καλῶς γε, ἦν δ' ἐγώ, ποιοῦντες· διδάσκει δὲ τίς αὐτόθι;

Σὸς ἑταῖρός γε, ἦ δ' ὅς, καὶ ἐπαινέτης, Μίκκος. 5

203 a 1 ἀκαδημίας B (sed ι ex emend. B) T (et mox b 1)
a 3 ἱπποθαλεῖ B (et mox a 6 ἱπποθαλῆς)   b 3 εὐθὺ* B : εὐθὺς
TW   παραβάλλεις] παραβαλεῖς Hirschig   b 5 ἔφην] ν postea
add. B   b 8 αὐτοὶ TW : αὐτοὶ ἢ B   204 a 2 ἔφη t : φῆν B :
ἔφην T : φησι b   a 3 ἂν T : δὴ B   a 4 γε W : δὲ BT
a 5 γε scr. recc. : τε BTW

吕西斯

苏格拉底

我那时从阿卡得弥亚[1]出来,就径直前往吕克昂[2],沿着城墙外的那条路走[3],它就在城墙的下面[4]。而当我走到了一个小门那里时,在那儿[5]有着帕诺普斯的喷泉[6],在那里我遇见了[7]赫洛倪摩斯的儿子希珀塔勒斯[8]和派阿尼阿人克忒希珀斯[9],以及一大群与这两人在一起的其他年轻人。而当我走过去后,希珀塔勒斯看到了我,苏格拉底啊,于是他说道,你究竟要去哪儿,并且从哪儿来[10]?

从阿卡得弥亚来,我说[11],我准备径直前往吕克昂。

那么,他说,直接到我们这儿来吧。你就不能走近一点吗[12]?那肯定是值得的。

到哪儿,我说道,你在说,并且前往你们哪些人那里[13]?

到这儿,他说道,他向我指了指在城墙正对面的一个被围了起来的地方[14],以及一扇已经开着的门。我们就在这里消磨时间[15],他说,不仅是我们自己,而且还有其他人,他们人数很多,并且都长相英俊。

那么,这究竟是个什么地方,并且是何种消遣呢?

一所摔跤学校,他说道,它刚刚被建成[16]。而消遣多半[17]是进行讨论,我们会乐意与你分享它们[18]。

那你们就确实做得很漂亮[19],我说道。不过,谁在那里教呢?

其实是你的一位朋友,他说道,也是你的赞美者,弥科斯[20]。

ΠΛΑΤΩΝΟΣ

Μὰ Δία, ἦν δ' ἐγώ, οὐ φαῦλός γε ἀνήρ, ἀλλ' ἱκανὸς σοφιστής.

Βούλει οὖν ἕπεσθαι, ἔφη, ἵνα καὶ ἴδῃς τοὺς ὄντας αὐτόθι [αὐτοῦ];

b Πρῶτον ἡδέως ἀκούσαιμ' ἂν ἐπὶ τῷ καὶ εἴσειμι καὶ τίς ὁ καλός.

Ἄλλος, ἔφη, ἄλλῳ ἡμῶν δοκεῖ, ὦ Σώκρατες.

Σοὶ δὲ δὴ τίς, ὦ Ἱππόθαλες; τοῦτό μοι εἰπέ.

5 Καὶ ὃς ἐρωτηθεὶς ἠρυθρίασεν. καὶ ἐγὼ εἶπον· Ὦ παῖ Ἱερωνύμου Ἱππόθαλες, τοῦτο μὲν μηκέτι εἴπῃς, εἴτε ἐρᾷς του εἴτε μή· οἶδα γὰρ ὅτι οὐ μόνον ἐρᾷς, ἀλλὰ καὶ πόρρω ἤδη εἶ πορευόμενος τοῦ ἔρωτος. εἰμὶ δ' ἐγὼ τὰ μὲν ἄλλα φαῦλος c καὶ ἄχρηστος, τοῦτο δέ μοί πως ἐκ θεοῦ δέδοται, ταχὺ οἵῳ τ' εἶναι γνῶναι ἐρῶντά τε καὶ ἐρώμενον.

Καὶ ὃς ἀκούσας πολὺ ἔτι μᾶλλον ἠρυθρίασεν. ὁ οὖν Κτήσιππος, Ἀστεῖόν γε, ἦ δ' ὅς, ὅτι ἐρυθριᾷς, ὦ Ἱππόθαλες, 5 καὶ ὀκνεῖς εἰπεῖν Σωκράτει τοὔνομα· ἐὰν δ' οὗτος καὶ σμικρὸν χρόνον συνδιατρίψῃ σοι, παραταθήσεται ὑπὸ σοῦ ἀκούων θαμὰ λέγοντος. ἡμῶν γοῦν, ὦ Σώκρατες, ἐκκεκώφωκε τὰ d ὦτα καὶ ἐμπέπληκε Λύσιδος· ἂν μὲν δὴ καὶ ὑποπίῃ, εὐμαρία ἡμῖν ἐστιν καὶ ἐξ ὕπνου ἐγρομένοις Λύσιδος οἴεσθαι τοὔνομα ἀκούειν. καὶ ἃ μὲν καταλογάδην διηγεῖται, δεινὰ ὄντα, οὐ πάνυ τι δεινά ἐστιν, ἀλλ' ἐπειδὰν τὰ ποιήματα ἡμῶν ἐπι- 5 χειρήσῃ καταντλεῖν καὶ συγγράμματα. καὶ ὅ ἐστιν τούτων δεινότερον, ὅτι καὶ ᾄδει εἰς τὰ παιδικὰ φωνῇ θαυμασίᾳ, ἣν ἡμᾶς δεῖ ἀκούοντας ἀνέχεσθαι. νῦν δὲ ἐρωτώμενος ὑπὸ σοῦ ἐρυθριᾷ.

e Ἔστιν δέ, ἦν δ' ἐγώ, ὁ Λύσις νέος τις, ὡς ἔοικε· τεκμαίρομαι δέ, ὅτι ἀκούσας τοὔνομα οὐκ ἔγνων.

a 6 ἀνήρ Schanz: ἀνήρ BTW   a 8 ἴδῃς Ficinus: εἰδῇς BT   αὐτόθι om. Schanz   a 9 αὐτοῦ seclusi (alteri tribuunt BT)   b 1 εἴσειμι T: εἴσιμι B   b 4 μοι T: ποι B   b 5 ἠρυθρίασεν] ἡ ex emend. B   b 6 Ἱππόθαλες secl. Cobet   b 8 πορευόμενος secl. Schanz   c 7 ἐκκεκώφωκε BT: ἐκκεκώφηκε T²   d 5 καταντλεῖν] λ ex emend. B

宙斯在上，我说，他肯定不是一个平庸的人，而是一位有能力的智者。

那么，你愿意听从吗，他说道，以便你也可以看一看究竟是哪些人在那儿[21]？

我会乐意首先听一听，到底为了谁我要进去，也即是说，谁是英俊的人[22]。

我们中，他说，不同的人有不同的看法[23]，苏格拉底啊。

那么，在你看来究竟是谁呢，希珀塔勒斯啊？请你告诉我这点。

而被我这样一问，他顿时脸就红了。于是，我说道：赫洛倪摩斯的孩子啊，希珀塔勒斯，你不用再告诉我这点了，即你在爱慕〈那些人中的〉某位呢[24]，还是没有；因为我已经知道，你不仅在爱慕，而且还深深地[25]陷入到了爱慕中[26]。而我虽然在其他事情上是平庸的和无用的，但下面这点不知怎的却从某位神那里被赋予给了我，那就是，我能够[27]快速地辨认出一个在爱慕的人以及一个被爱慕的人。

而当他听见这些之后，他的脸更是愈发地[28]变得红了起来。于是，克忒希珀斯说道，这真是迷人呀，你的脸红起来[29]，希珀塔勒斯啊，并且犹豫告诉苏格拉底那个人的名字；但如果这人[30]同你一起消磨时间，哪怕只是一小会儿，他就将因听到你不断地对他絮叨那个名字而被你折磨[31]。至少我们的耳朵，苏格拉底啊，他已经把它们完全给搞聋了，并且让它们充满了吕西斯的名字；当然，如果他喝上那么一点[32]，那么对我们来说就容易设想[33]，甚至当我们从睡梦中一觉醒来，也就会听到吕西斯的名字。在日常交谈中[34]他所描述的那些，虽然是可怕的，但无论如何都还不是非常的可怕[35]；而每当他着手对我们滔滔不绝地倾吐他的那些诗作和文章时[36]，就非常可怕了。并且比这些更为可怕的是，他甚至用一种令人惊异的声音为他的心上人[37]唱歌，而我们却必须忍受听那种声音。而现在当他被你询问时，他竟然还脸红了！

但吕西斯，我说，肯定是某个年轻人，如看起来的那样；而我之所以这样推断，因为当我听到这个名字时，却没有认出他。

ΛΥΣΙΣ

Οὐ γὰρ πάνυ, ἔφη, τὶ αὐτοῦ τοὔνομα λέγουσιν, ἀλλ' ἔτι πατρόθεν ἐπονομάζεται διὰ τὸ σφόδρα τὸν πατέρα γιγνώσκεσθαι αὐτοῦ. ἐπεὶ εὖ οἶδ' ὅτι πολλοῦ δεῖς τὸ εἶδος ἀγνοεῖν τοῦ παιδός· ἱκανὸς γὰρ καὶ ἀπὸ μόνου τούτου γιγνώσκεσθαι.

Λεγέσθω, ἦν δ' ἐγώ, οὗτινος ἔστιν.

Δημοκράτους, ἔφη, τοῦ Αἰξωνέως ὁ πρεσβύτατος υἱός.

Εἶεν, ἦν δ' ἐγώ, ὦ Ἱππόθαλες, ὡς γενναῖον καὶ νεανικὸν τοῦτον τὸν ἔρωτα πανταχῇ ἀνηῦρες· καί μοι ἴθι ἐπίδειξαι ἃ καὶ τοῖσδε ἐπιδείκνυσαι, ἵνα εἰδῶ εἰ ἐπίστασαι ἃ χρὴ ἐραστὴν περὶ παιδικῶν πρὸς αὐτὸν ἢ πρὸς ἄλλους λέγειν.

Τούτων δέ τι, ἔφη, σταθμᾷ, ὦ Σώκρατες, ὧν ὅδε λέγει;

Πότερον, ἦν δ' ἐγώ, καὶ τὸ ἐρᾶν ἔξαρνος εἶ οὗ λέγει ὅδε;

Οὐκ ἔγωγε, ἔφη, ἀλλὰ μὴ ποιεῖν εἰς τὰ παιδικὰ μηδὲ συγγράφειν.

Οὐχ ὑγιαίνει, ἔφη ὁ Κτήσιππος, ἀλλὰ ληρεῖ τε καὶ μαίνεται.

Καὶ ἐγὼ εἶπον· Ὦ Ἱππόθαλες, οὔ τι τῶν μέτρων δέομαι ἀκοῦσαι οὐδὲ μέλος εἴ τι πεποίηκας εἰς τὸν νεανίσκον, ἀλλὰ τῆς διανοίας, ἵνα εἰδῶ τίνα τρόπον προσφέρῃ πρὸς τὰ παιδικά.

Ὅδε δήπου σοι, ἔφη, ἐρεῖ· ἀκριβῶς γὰρ ἐπίσταται καὶ μέμνηται, εἴπερ, ὡς λέγει, ὑπ' ἐμοῦ ἀεὶ ἀκούων διατεθρύληται.

Νὴ τοὺς θεούς, ἔφη ὁ Κτήσιππος, πάνυ γε. καὶ γάρ ἐστι καταγέλαστα, ὦ Σώκρατες. τὸ γὰρ ἐραστὴν ὄντα καὶ διαφερόντως τῶν ἄλλων τὸν νοῦν προσέχοντα τῷ παιδὶ ἴδιον μὲν μηδὲν ἔχειν λέγειν ὃ οὐχὶ κἂν παῖς εἴποι, πῶς οὐχὶ καταγέλαστον; ἃ δὲ ἡ πόλις ὅλη ᾄδει περὶ Δημοκράτους καὶ Λύσιδος τοῦ πάππου τοῦ παιδὸς καὶ πάντων πέρι τῶν προγόνων, πλούτους τε καὶ ἱπποτροφίας καὶ νίκας Πυθοῖ καὶ

---

e 3 ἔτι T : εἰ B   e 4 σφόδρα τὸν TW : σφοδρότατον B
e 5 δεῖς B (sed s erasum) W : δεῖ σε T   e 7 οὗτινός T : οὖν. τίνος B : οὖν εἴ τινος W (sed οὗ supra εἴ W)   e 8 αἰξωνέως TW : ἐξωνέως B   e 10 ἀνεῦρες T : ἂν εὗρες B   a 3 ὅδε TW : om. B

那是因为，他说道，人们几乎完全不提他本人的名字，相反，他依旧从他父亲的名字那儿被称呼，因为他的父亲非常地广为人知。其实我很清楚，你远不应不知道[38]这孩子的模样，因为，甚至单凭这点他就足以被认出来。 204e5

只管说[39]，我说道，他究竟是谁的儿子。

德谟克剌忒斯的，他说道，一个来自埃克索涅区[40]的人的大儿子。

很好，我说，希珀塔勒斯啊，你已经找到的这位爱人，是多么高贵并且在各方面都意气风发[41]！那就来吧，也请你向我展示你向这里的这些人[42]所展示的那些，以便我看看你是否知道，一个爱慕者关于心上人应当说些什么，无论是对他本人[43]，还是对其他人。 204e10 205a1

但是，这里的这个人所说的那些事情中的任何一样，他说道，苏格拉底啊，你都会重视吗[44]？

那你是要否认，我说，你在爱慕这里的这个人所提到的那个人吗[45]？

我肯定不否认，他说道，而只是否认[46]在为心上人作诗，或者写文章。 205a5

他〈脑子这会儿肯定〉不健康[47]，克忒希珀斯说道，而是在说胡话和发疯。

于是我说道：希珀塔勒斯啊，我既不需要听那些诗行[48]中的某句，也不需要听任何的曲子[49]——如果你已经为那位年轻人完成了诸如此类的东西的话——，而只是需要听听关于它们的意图，以便我知道你究竟在以何种方式[50]同心上人打交道[51]。 205b1

这里的这个人无疑会对你讲，他说；因为他知道得很清楚并且也记得很清楚，假如真像他说的那样，他因总是听〈我絮叨〉而被我说得变聋了的话[52]。 205b5

诸神在上，克忒希珀斯说道，完全如此。其实那是一件可笑的事情，苏格拉底啊。因为，他尽管是一个爱慕者，并且远超其他任何人[53]地把心思放在那个男孩身上[54]，却不能够说出[55]任何别具一格的[56]、不是连每个孩童也都能够说出的那种话来，这如何会不是可笑的呢？而整个城邦关于德谟克剌忒斯、这个男孩的祖父吕西斯[57]，以及关于其整个 205c1

ΠΛΑΤΩΝΟΣ

Ἰσθμοῖ καὶ Νεμέᾳ τεθρίπποις τε καὶ κέλησι, ταῦτα ποιεῖ τε καὶ λέγει, πρὸς δὲ τούτοις ἔτι τούτων κρονικώτερα. τὸν γὰρ τοῦ Ἡρακλέους ξενισμὸν πρῴην ἡμῖν ἐν ποιήματί τινι διῄει, ὡς διὰ τὴν τοῦ Ἡρακλέους συγγένειαν ὁ πρόγονος αὐτῶν ὑποδέξαιτο τὸν Ἡρακλέα, γεγονὼς αὐτὸς ἐκ Διός τε καὶ τῆς τοῦ δήμου ἀρχηγέτου θυγατρός, ἅπερ αἱ γραῖαι ᾄδουσι, καὶ ἄλλα πολλὰ τοιαῦτα, ὦ Σώκρατες· ταῦτ' ἐστὶν ἃ οὗτος λέγων τε καὶ ᾄδων ἀναγκάζει καὶ ἡμᾶς ἀκροᾶσθαι.

Καὶ ἐγὼ ἀκούσας εἶπον· Ὦ καταγέλαστε Ἱππόθαλες, πρὶν νενικηκέναι ποιεῖς τε καὶ ᾄδεις εἰς σαυτὸν ἐγκώμιον;

Ἀλλ' οὐκ εἰς ἐμαυτόν, ἔφη, ὦ Σώκρατες, οὔτε ποιῶ οὔτε ᾄδω.

Οὐκ οἴει γε, ἦν δ' ἐγώ.

Τὸ δὲ πῶς ἔχει; ἔφη.

Πάντων μάλιστα, εἶπον, εἰς σὲ τείνουσιν αὗται αἱ ᾠδαί. ἐὰν μὲν γὰρ ἕλῃς τὰ παιδικὰ τοιαῦτα ὄντα, κόσμος σοι ἔσται τὰ λεχθέντα καὶ ᾀσθέντα καὶ τῷ ὄντι ἐγκώμια ὥσπερ νενικηκότι, ὅτι τοιούτων παιδικῶν ἔτυχες· ἐὰν δέ σε διαφύγῃ, ὅσῳ ἂν μείζω σοι εἰρημένα ᾖ ἐγκώμια περὶ τῶν παιδικῶν, τοσούτῳ μειζόνων δόξεις καλῶν τε καὶ ἀγαθῶν ἐστερημένος καταγέλαστος εἶναι. ὅστις οὖν τὰ ἐρωτικά, ὦ φίλε, σοφός, οὐκ ἐπαινεῖ τὸν ἐρώμενον πρὶν ἂν ἕλῃ, δεδιὼς τὸ μέλλον ὅπῃ ἀποβήσεται. καὶ ἅμα οἱ καλοί, ἐπειδάν τις αὐτοὺς ἐπαινῇ καὶ αὔξῃ, φρονήματος ἐμπίμπλανται καὶ μεγαλαυχίας· ἢ οὐκ οἴει;

Ἔγωγε, ἔφη.

Οὐκοῦν ὅσῳ ἂν μεγαλαυχότεροι ὦσιν, δυσαλωτότεροι γίγνονται;

Εἰκός γε.

Ποῖός τις οὖν ἄν σοι δοκεῖ θηρευτὴς εἶναι, εἰ ἀνασοβοῖ θηρεύων καὶ δυσαλωτοτέραν τὴν ἄγραν ποιοῖ;

---

c 5 νεμέα T : νέμεα B   c 6 κρονικώτερα TW : χρονικώτερα B
d 6 σαυτὸν B T² : αὐτὸν TW   d 10 τὸ δὲ T : τόδε B   a 9 δοκεῖ
scr. recc. : δοκοῖ BTW   a 10 ἄγρ*αν B (ut videtur ἀγρίαν
fuit)

祖先所歌颂的——诸如财富、养马，在皮托运动会[58]、伊斯特摩斯运动会[59]以及涅墨亚运动会[60]上的胜利[61]，无论是用四匹马拉的车子，还是单匹用来骑的马——，这些事情就是他所写和所讲的[62]，而除此之外[63]还有比这些更过时的一些事情[64]。因为，就在不久前，他在一篇诗作中还向我们描述了对赫拉克勒斯的款待，说由于同赫拉克勒斯的亲戚关系，他们的一位祖先曾如何欢迎过赫拉克勒斯[65]，因为那人自己就来自宙斯和他们的乡区的创建者的女儿[66]，这简直就是老太婆们所歌唱的一些事情[67]，并且还有其他许多诸如此类的，苏格拉底啊！这些就是这个人通过说和唱来迫使我们听的那些东西。

当听了这些之后，于是我就说道：可笑的希珀塔勒斯啊，在已经取得胜利之前[68]，你会对你自己创作和吟唱一首赞歌吗？

当然对我自己，他说道，苏格拉底啊，我既没有创作，也没有吟唱一首赞歌。

至少你不认为〈你应当那么做〉，我说。

但那又如何呢？他说道。

毫无疑问[69]，我说道，这些歌曲应当针对你自己[70]。因为，一方面，如果你真把一个如此这般的心上人搞到手了[71]，那么，你所说的那些以及所唱的那些就将对你自己是一种装饰，并且对你也将真正地[72]是一些赞歌，就像对一位已经取得了胜利的人那样，因为你已经得到了一个如此这般的心上人[73]。另一方面，如果他从你那儿逃脱了[74]，那么，你的那些赞歌已经在多大的程度上说了心上人，你看起来也就因在多大的程度上丧失了漂亮的东西和美好的东西[75]而是可笑的[76]。因此，任何一位在有关爱欲的事情上是智慧的人，朋友啊，他不会赞美被爱慕者，在把他搞到手之前，因为他不知[77]将来的事情会以何种方式结束[78]。此外[79]，那些漂亮的人，每当有人赞美和夸奖他们，他们就充满了骄傲和自负。难道你不这么认为吗？

我肯定这么认为，他说道。

因此，他们岂不会是有多自负的，也就变得是有多难以征服的[80]？

的确有可能。

那么，一个猎人在你看来会是怎样的呢，如果他在捕猎时惊动了猎物，并使得它变得更加难以捕获的话？

ΛΥΣΙΣ

Δῆλον ὅτι φαῦλος.

Καὶ μὲν δὴ λόγοις τε καὶ ᾠδαῖς μὴ κηλεῖν ἀλλ' ἐξαγριαίνειν πολλὴ ἀμουσία· ἢ γάρ;

Δοκεῖ μοι.

Σκόπει δή, ὦ Ἱππόθαλες, ὅπως μὴ πᾶσι τούτοις ἔνοχον σαυτὸν ποιήσεις διὰ τὴν ποίησιν· καίτοι οἶμαι ἐγὼ ἄνδρα ποιήσει βλάπτοντα ἑαυτὸν οὐκ ἄν σε ἐθέλειν ὁμολογῆσαι ὡς ἀγαθός ποτ' ἐστὶν ποιητής, βλαβερὸς ὢν ἑαυτῷ.

Οὐ μὰ τὸν Δία, ἔφη· πολλὴ γὰρ ἂν ἀλογία εἴη. ἀλλὰ διὰ ταῦτα δή σοι, ὦ Σώκρατες, ἀνακοινοῦμαι, καὶ εἴ τι ἄλλο ἔχεις, συμβούλευε τίνα ἄν τις λόγον διαλεγόμενος ἢ τί πράττων προσφιλὴς παιδικοῖς γένοιτο.

Οὐ ῥᾴδιον, ἦν δ' ἐγώ, εἰπεῖν· ἀλλ' εἴ μοι ἐθελήσαις αὐτὸν ποιῆσαι εἰς λόγους ἐλθεῖν, ἴσως ἂν δυναίμην σοι ἐπιδεῖξαι ἃ χρὴ αὐτῷ διαλέγεσθαι ἀντὶ τούτων ὧν οὗτοι λέγειν τε καὶ ᾄδειν φασί σε.

Ἀλλ' οὐδέν, ἔφη, χαλεπόν. ἂν γὰρ εἰσέλθῃς μετὰ Κτησίππου τοῦδε καὶ καθεζόμενος διαλέγῃ, οἶμαι μὲν καὶ αὐτός σοι πρόσεισι—φιλήκοος γάρ, ὦ Σώκρατες, διαφερόντως ἐστίν, καὶ ἅμα, ὡς Ἑρμαῖα ἄγουσιν, ἀναμεμειγμένοι ἐν ταὐτῷ εἰσιν οἵ τε νεανίσκοι καὶ οἱ παῖδες—πρόσεισιν οὖν σοι. εἰ δὲ μή, Κτησίππῳ συνήθης ἐστὶν διὰ τὸν τούτου ἀνεψιὸν Μενέξενον· Μενεξένῳ μὲν γὰρ δὴ πάντων μάλιστα ἑταῖρος ὢν τυγχάνει. καλεσάτω οὖν οὗτος αὐτόν, ἐὰν ἄρα μὴ προσίῃ αὐτός.

Ταῦτα, ἦν δ' ἐγώ, χρὴ ποιεῖν. Καὶ ἅμα λαβὼν τὸν Κτήσιππον προσῇα εἰς τὴν παλαίστραν· οἱ δ' ἄλλοι ὕστεροι ἡμῶν ἦσαν.

Εἰσελθόντες δὲ κατελάβομεν αὐτόθι τεθυκότας τε τοὺς παῖδας καὶ τὰ περὶ τὰ ἱερεῖα σχεδόν τι ἤδη πεποιημένα,

b4 δοκεῖ TW: δοκεῖ γάρ B   b6 ποιήσεις scr. Ven. 184: ποιήσῃς BTW   c7 σε TW: γε B   d4 ἑταῖρος TW: ἕτερος B (sed αι supra ε B²)   d5 προσίῃ T: προσείη B sed ι supra εί B²)   e1 προσῇα] προσῄει T: προσείη B   e4 ἱερεῖα ex emend. B (ἱέρια fuit)

显然是一个糟糕的猎人。

而事实上[81]，用言辞和歌声，并没有诱惑到猎物，反倒使之变野了，这是非常地欠缺文艺修养[82]。是这样吗？

在我看来是。

那你就得当心，希珀塔勒斯啊，免得[83]你因你的诗歌而使得你自己在所有这些事情上遭受谴责[84]。真的，我也认为，一个因他自己的诗歌而伤害了他自己的人，你不会愿意承认他竟然是一个优秀的诗人，既然他对他自己是有害的。

宙斯在上，当然不，他说道；因为那会是非常的没有道理。然而，正由于这些，苏格拉底啊，我才把我自己的事情透露给你[85]；并且如果你还有其他什么要说，就请你对下面这点给出建议，那就是，一个人在交谈时说什么话或做什么事才会成为令心上人喜欢的。

不大容易，我说道，把它说出来。但是，如果你愿意让他本人前来同我进行谈话，那么，或许我真能够对你进行一番示范[86]，那就是在交谈中应当对他说些什么，以代替这些人声称你说和唱的那些事情。

但这并不困难，他说道。因为，如果你同这里的这位克忒希珀斯进去，并且坐下来谈话，那么，我认为甚至他本人就会到你这儿来——因为，苏格拉底啊，他是一个异乎寻常地喜欢听人谈话的人；此外，由于他们正在过赫尔墨斯节[87]，那些年轻人和男孩子们已经在这同一个地方混杂在了一起——因此他会到你这儿来的。而如果他没来，那他也通过〈克忒希珀斯〉这个人的表弟墨涅克塞诺斯[88]而同克忒希珀斯是熟识的；而在所有人中他恰好同墨涅克塞诺斯是最为亲密的。因此，让这个人去唤他，如果他本人真没来的话。

这，我说道，才是我们应当做的。而与此同时，我拉着克忒希珀斯走进了摔跤学校；而其他一些人则跟在我们后面[89]走。

而当我们进去后，我们在那里遇见了一些男孩子，由于他们已经举行了献祭，和献祭相关的事情差不多[90]也已经完成了，于是乎他们在玩

ΠΛΑΤΩΝΟΣ

ἀστραγαλίζοντάς τε δὴ καὶ κεκοσμημένους ἅπαντας. οἱ μὲν οὖν πολλοὶ ἐν τῇ αὐλῇ ἔπαιζον ἔξω, οἱ δέ τινες τοῦ ἀποδυτηρίου ἐν γωνίᾳ ἠρτίαζον ἀστραγάλοις παμπόλλοις, ἐκ φορμίσκων τινῶν προαιρούμενοι· τούτους δὲ περιέστασαν ἄλλοι θεωροῦντες. ὧν δὴ καὶ ὁ Λύσις ἦν, καὶ εἱστήκει ἐν τοῖς παισί τε καὶ νεανίσκοις ἐστεφανωμένος καὶ τὴν ὄψιν διαφέρων, οὐ τὸ καλὸς εἶναι μόνον ἄξιος ἀκοῦσαι, ἀλλ' ὅτι καλός τε κἀγαθός. καὶ ἡμεῖς εἰς τὸ καταντικρὺ ἀποχωρήσαντες ἐκαθεζόμεθα—ἦν γὰρ αὐτόθι ἡσυχία—καί τι ἀλλήλοις διελεγόμεθα. περιστρεφόμενος οὖν ὁ Λύσις θαμὰ ἐπεσκοπεῖτο ἡμᾶς, καὶ δῆλος ἦν ἐπιθυμῶν προσελθεῖν. τέως μὲν οὖν ἠπόρει τε καὶ ὤκνει μόνος προσιέναι, ἔπειτα ὁ Μενέξενος ἐκ τῆς αὐλῆς μεταξὺ παίζων εἰσέρχεται, καὶ ὡς εἶδεν ἐμέ τε καὶ τὸν Κτήσιππον, ᾔει παρακαθιζησόμενος· ἰδὼν οὖν αὐτὸν ὁ Λύσις εἵπετο καὶ συμπαρεκαθέζετο μετὰ τοῦ Μενεξένου. προσῆλθον δὴ καὶ οἱ ἄλλοι, καὶ δὴ καὶ ὁ Ἱπποθάλης, ἐπειδὴ πλείους ἑώρα ἐφισταμένους, τούτους ἐπηλυγισάμενος προσέστη ᾗ μὴ ᾤετο κατόψεσθαι τὸν Λύσιν, δεδιὼς μὴ αὐτῷ ἀπεχθάνοιτο· καὶ οὕτω προσεστὼς ἠκροᾶτο.

Καὶ ἐγὼ πρὸς τὸν Μενέξενον ἀποβλέψας, Ὦ παῖ Δημοφῶντος, ἦν δ' ἐγώ, πότερος ὑμῶν πρεσβύτερος;

Ἀμφισβητοῦμεν, ἔφη.

Οὐκοῦν καὶ ὁπότερος γενναιότερος, ἐρίζοιτ' ἄν, ἦν δ' ἐγώ.

Πάνυ γε, ἔφη.

Καὶ μὴν ὁπότερός γε καλλίων, ὡσαύτως.

Ἐγελασάτην οὖν ἄμφω.

Οὐ μὴν ὁπότερός γε, ἔφην, πλουσιώτερος ὑμῶν, οὐκ ἐρήσομαι· φίλω γάρ ἐστον. ἦ γάρ;

e 7 ἀστραγάλους παμπόλλους al. Pollux   e 8 προαιρούμενοι] κατερώμενοι Pollux   a 2 καλὸς B (sed λ in λλ ut videtur rasura B T: κάλλος W   b 1 εἶδεν T: ἴδεν B   b 3 εἵπετο B et in marg. T: ἕσπετο T   b 4 οἱ secl. ci. H. Richards   b 5 ἐπηλυγισάμενος BTW: ἐπηλυγασάμενος t   b 6 προσέστη Stephanus: προέστη BTW   ᾗ T: ἢ B   δεδιὼς Bt: δεδειὼς T   c 8 ἐρήσομαι] ἐ ex emend. B

骰子游戏,并且个个都仍然还穿着盛装[91]。其实〈他们中的〉大多数人都在外面的庭院玩耍,而一些则在澡堂更衣室的一个角落用非常多的骰子玩猜单双的游戏,那些骰子被从一些小篮子里面挑选出来。另外一些人则围着这些人观看。当然,其中[92]也就有吕西斯,并且他站在那些男孩子和年轻人中间,头戴花冠,在模样方面胜过了〈其他所有人〉[93],他是美的,不仅这点值得一说[94],而且还有他是既美又好的。于是我们就退到对面[95]坐下——因为那里安静——,并且开始互相交谈起来。于是乎,吕西斯通过不断地转身来观察我们,并且那是显而易见的,即渴望前来〈加入我们〉。真的,他不知所措了一会儿,并且犹豫是不是要独自走过来,然后[96]墨涅克塞诺斯从庭院外面——其间他在那里玩耍——走了进来,并且看到我和克忒希珀斯之后,他就走过来在旁边坐下;于是,一看到他,吕西斯也就跟了过来,并且同墨涅克塞诺斯一起在旁边坐下。事实上其他一些人也走了进来,当然[97]包括希珀塔勒斯,当他看到很多的人站在我们旁边,他就用这些人做掩护[98]站到了他以为吕西斯将看不到他的一个地方,因为他害怕他会让那人讨厌,于是乎他就以这种方式站在旁边听〈我们的谈话〉。

于是我盯着墨涅克塞诺斯,德谟丰[99]的孩子啊,我说道,你们俩哪个年龄更大点?

〈对此〉我们〈时不时还有所〉争论呢,他说。

那么,你们俩哪个在品格上更高尚些[100],你们也会进行争吵,我说道。

完全如此,他说。

而且哪个更俊美,肯定也同样如此。

于是他们两人都笑了。

无论如何,你们俩哪个,我说道,更为富裕些,我是不会问的;因为你们俩是朋友。是这样吗?

ΛΥΣΙΣ

Πάνυ γ', ἐφάτην.

Οὐκοῦν κοινὰ τά γε φίλων λέγεται, ὥστε τούτῳ γε οὐδὲν διοίσετον, εἴπερ ἀληθῆ περὶ τῆς φιλίας λέγετον.

Συνεφάτην.

Ἐπεχείρουν δὴ μετὰ τοῦτο ἐρωτᾶν ὁπότερος δικαιότερος καὶ σοφώτερος αὐτῶν εἴη. μεταξὺ οὖν τις προσελθὼν ἀνέστησε τὸν Μενέξενον, φάσκων καλεῖν τὸν παιδοτρίβην· ἐδόκει γάρ μοι ἱεροποιῶν τυγχάνειν. ἐκεῖνος μὲν οὖν ᾤχετο· ἐγὼ δὲ τὸν Λύσιν ἠρόμην, Ἦ που, ἦν δ' ἐγώ, ὦ Λύσι, σφόδρα φιλεῖ σε ὁ πατὴρ καὶ ἡ μήτηρ;—Πάνυ γε, ἦ δ' ὅς.—Οὐκοῦν βούλοιντο ἄν σε ὡς εὐδαιμονέστατον εἶναι;—Πῶς γὰρ οὔ;—Δοκεῖ δέ σοι εὐδαίμων εἶναι ἄνθρωπος δουλεύων τε καὶ ᾧ μηδὲν ἐξείη ποιεῖν ὧν ἐπιθυμοῖ;—Μὰ Δί' οὐκ ἔμοιγε, ἔφη.—Οὐκοῦν εἴ σε φιλεῖ ὁ πατὴρ καὶ ἡ μήτηρ καὶ εὐδαίμονά σε ἐπιθυμοῦσι γενέσθαι, τοῦτο παντὶ τρόπῳ δῆλον ὅτι προθυμοῦνται ὅπως ἂν εὐδαιμονοίης.—Πῶς γὰρ οὐχί; ἔφη.—Ἐῶσιν ἄρα σε ἃ βούλει ποιεῖν, καὶ οὐδὲν ἐπιπλήττουσιν οὐδὲ διακωλύουσι ποιεῖν ὧν ἂν ἐπιθυμῇς;—Ναὶ μὰ Δία ἐμέ γε, ὦ Σώκρατες, καὶ μάλα γε πολλὰ κωλύουσιν.—Πῶς λέγεις; ἦν δ' ἐγώ. βουλόμενοί σε μακάριον εἶναι διακωλύουσι τοῦτο ποιεῖν ὃ ἂν βούλῃ; ὧδε δέ μοι λέγε. ἢν ἐπιθυμήσῃς ἐπί τινος τῶν τοῦ πατρὸς ἁρμάτων ὀχεῖσθαι λαβὼν τὰς ἡνίας, ὅταν ἁμιλλᾶται, οὐκ ἂν ἐῷέν σε ἀλλὰ διακωλύοιεν;—Μὰ Δί' οὐ μέντοι ἄν, ἔφη, ἐῷεν.—Ἀλλὰ τίνα μήν;—Ἔστιν τις ἡνίοχος παρὰ τοῦ πατρὸς μισθὸν φέρων.—Πῶς λέγεις; μισθωτῷ μᾶλλον ἐπιτρέπουσιν ἢ σοὶ ποιεῖν ὅτι ἂν βούληται περὶ τοὺς ἵππους, καὶ προσέτι αὐτοῦ τούτου ἀργύριον τελοῦσιν;—Ἀλλὰ τί μήν; ἔφη.—Ἀλλὰ τοῦ ὀρικοῦ ζεύγους οἶμαι ἐπιτρέπουσίν σοι ἄρχειν, κἂν εἰ βούλοιο λαβὼν τὴν μάστιγα τύπτειν, ἐῷεν ἄν.—

e 1 ⟨ἂν⟩ ἄνθρωπος Madvig (Lysidi tribuit H. Richards)
b 1 τούτου B : τοῦτο T

a 5 τίνα] τί Schanz (ἀλλὰ τί μήν;
a 6 μισθωτῷ T : μισθωτῇ B

当然，他俩〈异口同声地〉说道。

那好，据说朋友间的事情无论如何都是共同的[101]，因此你们俩肯定不会对这点起争执，如果你俩关于你们的友谊在说真话的话。

他俩一致同意。

于是，我试图在此之后就问他们两人中哪个是更为公正的和更为智慧的。但其间一个人走了进来，让墨涅克塞诺斯起身，他说体育教练[102]在叫他；其实在我看来，恰好该他去献祭了[103]。于是乎那人就离开了，而我就继续询问吕西斯：真的[104]，我说道，吕西斯啊，你的父亲和母亲非常爱你吗？——那是当然，他说。——那他们岂不会希望你是尽可能幸福的[105]？——那还用说？——但是，在你看来，一个人，如果他在做奴隶，并且他不被允许做他所渴望的任何事情，那他是幸福的吗？——宙斯在上，我肯定不那么认为，他说道。——那么，如果你父亲和母亲爱你，并且渴望你变得是幸福的，那么下面这点就是显而易见的，那就是，他们会用尽每一种方式一心要使得你变得幸福[106]。——为何不呢，他说道。——那么，他们会允许你做你希望做的那些事情，并且既不会责备你，也不会禁止你做你所渴望的那些事情吗？——宙斯在上，他们肯定禁止我，苏格拉底啊，事实上非常非常多的事情他们都进行阻止。——你为何这么说呢？我说道。他们虽然希望你是幸福的，但他们又禁止你做你希望做的那种事情？请你这样来对我说说吧！如果[107]你渴望驾驭你父亲的那些战车中的一辆，自己手握缰绳，当进行比赛的时候，那么，他们不会允许你，而是禁止你吗？——宙斯在上，他说道，他们当然不会允许。——那究竟会允许其他哪个人呢？——他是一个从父亲那里拿酬金的御者。——你为何这么说呢？他们竟然不容许你而宁愿容许一个被雇佣的人做他关于马所希望做的事情[108]，并且他们还要恰恰为此对他奉上银子[109]？——难道还能做什么别的？他说道。——而同轭的一对骡子[110]，我认为他们也许会容许你管理它们，并且如果你希望拿鞭子抽打它们，他们也会允许。——那怎么可能呢[111]，

208 b ΠΛΑΤΩΝΟΣ

Πόθεν, ἦ δ' ὅς, ἐῷεν;—Τί δέ; ἦν δ' ἐγώ· οὐδενὶ ἔξεστιν
αὐτοὺς τύπτειν;—Καὶ μάλα, ἔφη, τῷ ὀρεοκόμῳ.—Δούλῳ
ὄντι ἢ ἐλευθέρῳ;—Δούλῳ, ἔφη.—Καὶ δοῦλον, ὡς ἔοικεν,
ἡγοῦνται περὶ πλείονος ἢ σὲ τὸν ὑόν, καὶ ἐπιτρέπουσι τὰ
ἑαυτῶν μᾶλλον ἢ σοί, καὶ ἐῶσιν ποιεῖν ὅτι βούλεται, σὲ δὲ
c διακωλύουσι· καί μοι ἔτι τόδε εἰπέ. σὲ αὐτὸν ἐῶσιν ἄρχειν
σεαυτοῦ, ἢ οὐδὲ τοῦτο ἐπιτρέπουσί σοι;—Πῶς γάρ, ἔφη,
ἐπιτρέπουσιν;—Ἀλλ' ἄρχει τίς σου;—Ὅδε, παιδαγωγός,
ἔφη.—Μῶν δοῦλος ὤν;—Ἀλλὰ τί μήν; ἡμέτερός γε, ἔφη.
—Ἦ δεινόν, ἦν δ' ἐγώ, ἐλεύθερον ὄντα ὑπὸ δούλου ἄρχεσθαι.
τί δὲ ποιῶν αὖ οὗτος ὁ παιδαγωγός σου ἄρχει;—Ἄγων δήπου,
ἔφη, εἰς διδασκάλου.—Μῶν μὴ καὶ οὗτοί σου ἄρχουσιν, οἱ
d διδάσκαλοι;—Πάντως δήπου.—Παμπόλλους ἄρα σοι δε-
σπότας καὶ ἄρχοντας ἑκὼν ὁ πατὴρ ἐφίστησιν. ἀλλ' ἆρα
ἐπειδὰν οἴκαδε ἔλθῃς παρὰ τὴν μητέρα, ἐκείνη σε ἐᾷ ποιεῖν
ὅτι ἂν βούλῃ, ἵν' αὐτῇ μακάριος ᾖς, ἢ περὶ τὰ ἔρια ἢ περὶ
τὸν ἱστόν, ὅταν ὑφαίνῃ; οὔ τι γάρ που διακωλύει σε ἢ τῆς
σπάθης ἢ τῆς κερκίδος ἢ ἄλλου του τῶν περὶ ταλασιουργίαν
ὀργάνων ἅπτεσθαι.—Καὶ ὃς γελάσας, Μὰ Δία, ἔφη, ὦ
e Σώκρατες, οὐ μόνον γε διακωλύει, ἀλλὰ καὶ τυπτοίμην ἂν εἰ
ἁπτοίμην.—Ἡράκλεις, ἦν δ' ἐγώ, μῶν μή τι ἠδίκηκας τὸν
πατέρα ἢ τὴν μητέρα;—Μὰ Δί' οὐκ ἔγωγε, ἔφη.

Ἀλλ' ἀντὶ τίνος μὴν οὕτω σε δεινῶς διακωλύουσιν εὐδαί-
μονα εἶναι καὶ ποιεῖν ὅτι ἂν βούλῃ, καὶ δι' ἡμέρας ὅλης
τρέφουσί σε ἀεί τῳ δουλεύοντα καὶ ἑνὶ λόγῳ ὀλίγου ὧν
ἐπιθυμεῖς οὐδὲν ποιοῦντα; ὥστε σοι, ὡς ἔοικεν, οὔτε τῶν
χρημάτων τοσούτων ὄντων οὐδὲν ὄφελος, ἀλλὰ πάντες
209 αὐτῶν μᾶλλον ἄρχουσιν ἢ σύ, οὔτε τοῦ σώματος οὕτω γεν-
ναίου ὄντος, ἀλλὰ καὶ τοῦτο ἄλλος ποιμαίνει καὶ θεραπεύει·
σὺ δὲ ἄρχεις οὐδενός, ὦ Λύσι, οὐδὲ ποιεῖς οὐδὲν ὧν ἐπιθυ-

b 4 ἐῷεν secl. Hirschig   b 8 σὲ δὲ T: σε B (sed suprascr. δὲ B²)
c 1 καί μοι ἔτι BW et in marg. T: καὶ ἔτι μοι T   c 3 ὅδε] ὁ
δὲ BT   παιδαγωγός secl. ci. H. Richards   d 4 βούλῃ ἵν' αὐτῇ
T: βούληι ναύτη B   ᾖς ἦ T: ησ|η B   e 1 ἂν T: om. B

他说道，他们会允许？——然后呢？我说；任何人都不被允许抽打它们 208b5
吗？——肯定有人可以[112]，他说道，那就是赶骡子的人。——那他是一
个奴隶，还是一个自由人？——一个奴隶，他说道。——甚至[113]一个
奴隶，如看起来的那样，他们岂不都更为重视他，而不是你这位儿子；
他们把他们自己的东西托付给他，而不是你；并且他们允许他做他所希
望做的任何事情，却禁止你？也请你进而对我说说下面这件事吧。他们 208c1
会允许你自己管理你自己吗，还是说，甚至连这件事，他们也不会容许
你？——那怎么可能呢，他说道，他们会容许？——那么谁在管着你
呢？——这里的这个人，一个接送学童的人，他说道。——肯定不是一
个奴隶吧？——那还能是别的什么吗？肯定是我们的〈一位奴隶〉，他
说道。——真的[114]可怕啊，我说道，明明是一个自由人[115]，却竟然受 208c5
制于一个奴隶。这位接送学童的奴隶复又通过做什么来管着你呢？——
无疑通过领着我，他说道，前往老师的〈家里〉[116]。——难道他们也会
管着你吗，这些老师？——肯定会[117]。——那么，你的父亲就有意为 208d1
你安排了非常非常多的主人和管理者。但是，每当你回家前往你母亲那
儿，她会允许你做你所希望做的任何事情吗，为了如她所希望的那样你
能是幸福的[118]，无论是就羊毛，还是就〈织布机上的〉纬线[119]，当她织 208d5
布时？因为她无论如何都不会禁止你触碰压线板，或者织布的梭子，或
者那些同毛纺业相关的工具中的其他工具吧[120]。——于是他笑了，宙斯
在上，他说道，苏格拉底啊，她肯定不仅会禁止，而且还会打我，如果 208e1
我触碰那些东西的话。——赫拉克勒斯！我说，你确实未曾对你父亲或
母亲行过什么不义吗？——宙斯在上，我肯定没有，他说道。

那么，究竟为了什么[121]他们如此可怕地禁止你是幸福的，以及禁 208e5
止你做你希望做的事情，并且一整天[122]都如下面这样来养育你：你始
终受制于某人[123]，甚至可以一言以蔽之[124]，你差不多[125]不能做你所渴
望的任何事情？因此，你，如看起来的那样，既没有从那些财产中得到
任何的益处，虽然它们是如此地多，反倒是每个人都远比你掌管着它 209a1
们；也没有从你的身体那里得到任何的益处，虽然它是如此地高贵，相
反，甚至连它，也是另外某个人在进行照顾和看护。而你既没有掌管任
何东西，吕西斯啊，也不能做你所渴望的任何事情。——那是因为，他

ΛΥΣΙΣ

μεῖς.—Οὐ γάρ πω, ἔφη, ἡλικίαν ἔχω, ὦ Σώκρατες.—Μὴ οὐ τοῦτό σε, ὦ παῖ Δημοκράτους, κωλύῃ, ἐπεὶ τό γε τοσόνδε, ὡς ἐγῷμαι, καὶ ὁ πατὴρ καὶ ἡ μήτηρ σοι ἐπιτρέπουσιν καὶ οὐκ ἀναμένουσιν ἕως ἂν ἡλικίαν ἔχῃς. ὅταν γὰρ βούλωνται αὐτοῖς τινα ἀναγνωσθῆναι ἢ γραφῆναι, σέ, ὡς ἐγῷμαι, πρῶτον τῶν ἐν τῇ οἰκίᾳ ἐπὶ τοῦτο τάττουσιν. ἦ γάρ;— Πάνυ γ', ἔφη.—Οὐκοῦν ἔξεστί σοι ἐνταῦθ' ὅτι ἂν βούλῃ πρῶτον τῶν γραμμάτων γράφειν καὶ ὅτι ἂν δεύτερον· καὶ ἀναγιγνώσκειν ὡσαύτως ἔξεστιν. καὶ ἐπειδάν, ὡς ἐγῷμαι, τὴν λύραν λάβῃς, οὐ διακωλύουσί σε οὔτε ὁ πατὴρ οὔτε ἡ μήτηρ ἐπιτεῖναί τε καὶ ἀνεῖναι ἣν ἂν βούλῃ τῶν χορδῶν, καὶ ψῆλαι καὶ κρούειν τῷ πλήκτρῳ. ἢ διακωλύουσιν;—Οὐ δῆτα.—Τί ποτ' ἂν οὖν εἴη, ὦ Λύσι, τὸ αἴτιον ὅτι ἐνταῦθα μὲν οὐ διακωλύουσιν, ἐν οἷς δὲ ἄρτι ἐλέγομεν κωλύουσι;— Ὅτι οἶμαι, ἔφη, ταῦτα μὲν ἐπίσταμαι, ἐκεῖνα δ' οὔ.—Εἶεν, ἦν δ' ἐγώ, ὦ ἄριστε· οὐκ ἄρα τὴν ἡλικίαν σου περιμένει ὁ πατὴρ ἐπιτρέπειν πάντα, ἀλλ' ᾗ ἂν ἡμέρᾳ ἡγήσηταί σε βέλτιον αὑτοῦ φρονεῖν, ταύτῃ ἐπιτρέψει σοι καὶ αὑτὸν καὶ τὰ αὑτοῦ.—Οἶμαι ἔγωγε, ἔφη.—Εἶεν, ἦν δ' ἐγώ· τί δέ; τῷ γείτονι ἆρ' οὐχ ὁ αὐτὸς ὅρος ὅσπερ τῷ πατρὶ περὶ σοῦ; πότερον οἴει αὐτὸν ἐπιτρέψειν σοι τὴν αὑτοῦ οἰκίαν οἰκονομεῖν, ὅταν σε ἡγήσηται βέλτιον περὶ οἰκονομίας ἑαυτοῦ φρονεῖν, ἢ αὐτὸν ἐπιστατήσειν;—Ἐμοὶ ἐπιτρέψειν οἶμαι.— Τί δ'; Ἀθηναίους οἴει σοι οὐκ ἐπιτρέψειν τὰ αὑτῶν, ὅταν αἰσθάνωνται ὅτι ἱκανῶς φρονεῖς;—Ἔγωγε.—Πρὸς Διός, ἦν δ' ἐγώ, τί ἄρα ὁ μέγας βασιλεύς; πότερον τῷ πρεσβυτάτῳ ὑεῖ, οὗ ἡ τῆς Ἀσίας ἀρχὴ γίγνεται, μᾶλλον ἂν ἐπιτρέψειεν ἑψομένων κρεῶν [ἐμβάλλειν] ὅτι ἂν βούληται ἐμ-

---

a 4 πω corr. Coisl.: που BTW   a 7 ἔχῃς scr. recc.: ἔχοις BTW: σχῇς? H. Richards   a 8 τινα] τι ἢ Badham   b 7 ψῆλαι BTW sed in marg. τίλαι T: γρ. καὶ τίλλαι in marg. W   c 1 ἐν οἷς... κωλύουσι om. W sed add. in marg. W   c 6 τί δαί· τωι in ras. B²   d 1 οἰκονομεῖν T²: οἰκοδομεῖν BTW   d 2 οἰκονομίας T: οἰκοδομίας BW   d 7 ἐπιτρέψειεν ἑψωμένων W (sed o supra ω W): ἐπιτρέψειν ἐνεψομένων B: ἐπιτρέψειεν ἐν ἑψομένων T   d 8 ἐμβάλλειν secl. Heindorf: ἐμβαλεῖν Bekker (secl. mox ἐμβαλεῖν)

说道，苏格拉底啊，我尚未到年龄[126]。——不会是这，德谟克刺忒斯的孩子啊，在阻止你，既然无论如何都还有如此多的事情，如我所认为的那样，你的父亲和母亲其实都会将之托付给你，而无需一直等到你成年为止。因为，当他们希望某些东西被读或写给他们时，你，如我所认为的那样，是他们在家里委派做这件事的那些人中首先想到的那个人。是这样吗？——肯定是，他说道。——那么，你在这里被容许，即在诸字母那里，随你所愿意的，首先写哪个，以及其次写哪个；并且在读〈它们时先读哪个，后读哪个〉也同样被容许。而每当，如我所认为的那样，你拿起七弦琴，无论是你的父亲，还是你的母亲，他们都不会禁止你做下面这些事，那就是，就那些琴弦，上紧或调松你会愿意上紧或调松的那根琴弦，以及用手指弹，或者用琴拨敲击。抑或他们会禁止？——肯定不会禁止。——那究竟什么，吕西斯啊，会是下面这点的原因呢，那就是，他们在这里〈的这些事情上〉不禁止你，但在我们刚才所说的那些事情上阻止你？——那是因为，他说道，我认为我知道这些事情，而不知道那些事情。——很好！我说，最优秀的人啊。那么你的父亲就不是一直等你到了年龄才把所有的事情托付给你，而是在某一天只要他相信你比他本人理解得更好，在那天他就会把他自己以及他的事情托付给你。——我确实这么认为，他说道。——很好，我说；然后呢？对你的邻人来说，他岂不恰如你的父亲一样用同样的标准[127]来待你？你会认为，他将委托你来管理他自己的家庭呢，当他相信关于那些理家的事情你比他本人理解得更好时，还是他仍然将自己来掌管？——将委托我，我认为。——然后呢？你认为雅典人将把他们的事情托付给你吗，当他们注意到你充分地对那些事情有所理解时？——我肯定这么认为。——宙斯在上，我说，那么波斯大王[128]又如何呢？他的长子获得了对亚细亚的统治，在煮肉时，他是会宁愿容许他的这位长子往汤

e βαλεῖν εἰς τὸν ζωμόν, ἢ ἡμῖν, εἰ ἀφικόμενοι παρ' ἐκεῖνον
ἐνδειξαίμεθα αὐτῷ ὅτι ἡμεῖς κάλλιον φρονοῦμεν ἢ ὁ ὑὸς
αὐτοῦ περὶ ὄψου σκευασίας;—Ἡμῖν δῆλον ὅτι, ἔφη.—
Καὶ τὸν μέν γε οὐδ' ἂν σμικρὸν ἐάσειεν ἐμβαλεῖν· ἡμᾶς
5 δέ, κἂν εἰ βουλοίμεθα δραξάμενοι τῶν ἁλῶν, ἐῴη ἂν
ἐμβαλεῖν.—Πῶς γὰρ οὔ;—Τί δ' εἰ τοὺς ὀφθαλμοὺς ὁ ὑὸς
αὐτοῦ ἀσθενοῖ, ἆρα ἐῴη ἂν αὐτὸν ἅπτεσθαι τῶν ἑαυτοῦ
210 ὀφθαλμῶν, μὴ ἰατρὸν ἡγούμενος, ἢ κωλύοι ἄν;—Κωλύοι
ἄν.—Ἡμᾶς δέ γε εἰ ὑπολαμβάνοι ἰατρικοὺς εἶναι, κἂν
εἰ βουλοίμεθα διανοίγοντες τοὺς ὀφθαλμοὺς ἐμπᾶσαι τῆς
τέφρας, οἶμαι οὐκ ἂν κωλύσειεν, ἡγούμενος ὀρθῶς φρονεῖν.
5 —Ἀληθῆ λέγεις.—Ἆρ' οὖν καὶ τἆλλα πάντα ἡμῖν ἐπι-
τρέποι ἂν μᾶλλον ἢ ἑαυτῷ καὶ τῷ ὑεῖ, περὶ ὅσων ἂν
δόξωμεν αὐτῷ σοφώτεροι ἐκείνων εἶναι;—Ἀνάγκη, ἔφη, ὦ
Σώκρατες.

Οὕτως ἄρα ἔχει, ἦν δ' ἐγώ, ὦ φίλε Λύσι· εἰς μὲν ταῦτα,
b ἃ ἂν φρόνιμοι γενώμεθα, ἅπαντες ἡμῖν ἐπιτρέψουσιν, Ἕλ-
ληνές τε καὶ βάρβαροι καὶ ἄνδρες καὶ γυναῖκες, ποιήσομέν
τε ἐν τούτοις ὅτι ἂν βουλώμεθα, καὶ οὐδεὶς ἡμᾶς ἑκὼν εἶναι
ἐμποδιεῖ, ἀλλ' αὐτοί τε ἐλεύθεροι ἐσόμεθα ἐν αὐτοῖς καὶ
5 ἄλλων ἄρχοντες, ἡμέτερά τε ταῦτα ἔσται—ὀνησόμεθα γὰρ
ἀπ' αὐτῶν—εἰς ἃ δ' ἂν νοῦν μὴ κτησώμεθα, οὔτε τις ἡμῖν
ἐπιτρέψει περὶ αὐτὰ ποιεῖν τὰ ἡμῖν δοκοῦντα, ἀλλ' ἐμπο-
c διοῦσι πάντες καθ' ὅτι ἂν δύνωνται, οὐ μόνον οἱ ἀλλότριοι,
ἀλλὰ καὶ ὁ πατὴρ καὶ ἡ μήτηρ καὶ εἴ τι τούτων οἰκειότερόν
ἐστιν, αὐτοί τε ἐν αὐτοῖς ἐσόμεθα ἄλλων ὑπήκοοι, καὶ ἡμῖν
ἔσται ἀλλότρια· οὐδὲν γὰρ ἀπ' αὐτῶν ὀνησόμεθα. συγχω-
5 ρεῖς οὕτως ἔχειν;—Συγχωρῶ.—Ἆρ' οὖν τῳ φίλοι ἐσόμεθα
καί τις ἡμᾶς φιλήσει ἐν τούτοις, ἐν οἷς ἂν ὦμεν ἀνωφελεῖς;

a 1 ἰατρὸν B T W Priscianus : ἰατρικὸν scr. Coisl.   a 3 διανοίγοντες
W : διαγαγόντες B : διανύγοντες T   a 6 ἂν δόξωμεν] δὴ δόξαιμεν
ci. H. Richards   a 7 αὐτῷ... ἐκείνων] αὐτῶν... ἐκείνῳ Heindorf
a 9 ἄρα ἔχει Priscianus : ἄρα ἔχοι B T : ἆρ' ἂν ἔχοι ci. Stallbaum
b 6 ἃ in ras. duarum litterarum B   c 6 φιλήσει ἐν scr. Laur.
lxxxv. 17 : φιλήσειεν ἐν B T W

里扔他所希望扔的任何东西呢[129]，还是会容许我们，如果我们通过前往他那里向他展示在菜肴的料理方面[130]我们比他的儿子理解得更好的话？——显然容许我们，他说道。——一方面，他肯定不会允许那个儿子往里扔一丁点东西，另一方面，即使我们手里抓的只是一把盐，但只要我们愿意，他也会允许我们往里扔。——为何不呢？——如果他儿子在眼睛方面生了病，又会如何呢，他会允许他触碰他自己的眼睛吗，如果他并不把他视作一位医生的话，还是会阻止？——他会阻止。——而至于我们，如果他接受下面这点，即我们是精通医术的，那么，即使我们希望通过掰开他儿子的眼睛往里撒灰，我认为他也不会进行阻止，因为他相信我们理解得正确。——你说得对。——因此，他甚至也会宁愿把其他所有事情都委托给我们，而不委托给他自己以及他的儿子吗，只要在所有那些事情上我们会对他显得是比他们两人更为智慧的？——必然，他说道，苏格拉底啊。

　　那么，情况就是下面这样，我说，亲爱的吕西斯啊：一方面，就那些对之我们会变得明智的事情，所有人都会把它们委托给我们，无论是希腊人，还是外邦人[131]，也无论是男人，还是女人，在这些事情上我们将做我们会希望做的任何事情，并且无人将有意[132]阻碍我们；相反，我们自己在这些事情上不仅将是自由的，而且也将是其他人的统治者，这些事情将是我们的——因为我们将从它们那里为自己取得某种用处[133]——。另一方面，就那些对之我们不曾能够有理解力的事情[134]，不仅任何人都不会容许们我们去做关于它们我们以为是恰当的那些事情，而且每个人都将尽其所能地阻止我们，不单单是那些外人[135]，甚至还有我们的父亲和母亲，并且如果还有什么是比这两人更亲近的，也会如此；我们自己在这些事情上将是服从别人的，并且它们也将是外在于我们的，因为从它们那里我们将不会为自己取得任何用处。你同意情况就是这样吗？——我同意。——那么，对某个人来说我们将是朋友吗，并且一个人将爱我们吗，在这些我们于其中会是毫无用处的事情方面？——无疑不会，他说道。——于是乎，你的父亲不会爱你，其他任何人也不会爱其他任何人，就他是毫无用处的这点而言[136]。——看起来

ΛΥΣΙΣ   210 C

—Οὐ δῆτα, ἔφη.—Νῦν ἄρα οὐδὲ σὲ ὁ πατὴρ οὐδὲ ἄλλος ἄλλον οὐδένα φιλεῖ, καθ' ὅσον ἂν ᾖ ἄχρηστος.—Οὐκ ἔοικεν, ἔφη.—Ἐὰν μὲν ἄρα σοφὸς γένῃ, ὦ παῖ, πάντες σοι φίλοι d καὶ πάντες σοι οἰκεῖοι ἔσονται—χρήσιμος γὰρ καὶ ἀγαθὸς ἔσῃ—εἰ δὲ μή, σοὶ οὔτε ἄλλος οὐδεὶς οὔτε ὁ πατὴρ φίλος ἔσται οὔτε ἡ μήτηρ οὔτε οἱ οἰκεῖοι. οἷόν τε οὖν ἐπὶ τούτοις, ὦ Λύσι, μέγα φρονεῖν, ἐν οἷς τις μήπω φρονεῖ;—Καὶ πῶς 5 ἄν; ἔφη.—Εἰ δ' ἄρα σὺ διδασκάλου δέῃ, οὔπω φρονεῖς.— Ἀληθῆ.—Οὐδ' ἄρα μεγαλόφρων εἶ, εἴπερ ἄφρων ἔτι.—Μὰ Δία, ἔφη, ὦ Σώκρατες, οὔ μοι δοκεῖ.

Καὶ ἐγὼ ἀκούσας αὐτοῦ ἀπέβλεψα πρὸς τὸν Ἱπποθάλη, e καὶ ὀλίγου ἐξήμαρτον· ἐπῆλθε γάρ μοι εἰπεῖν ὅτι Οὕτω χρή, ὦ Ἱππόθαλες, τοῖς παιδικοῖς διαλέγεσθαι, ταπεινοῦντα καὶ συστέλλοντα, ἀλλὰ μὴ ὥσπερ σὺ χαυνοῦντα καὶ διαθρύπτοντα. κατιδὼν οὖν αὐτὸν ἀγωνιῶντα καὶ τεθορυβημένον 5 ὑπὸ τῶν λεγομένων, ἀνεμνήσθην ὅτι καὶ προσεστὼς λανθάνειν τὸν Λύσιν ἐβούλετο· ἀνέλαβον οὖν ἐμαυτὸν καὶ ἐπέσχον τοῦ λόγου. καὶ ἐν τούτῳ ὁ Μενέξενος πάλιν ἧκεν, 211 καὶ ἐκαθέζετο παρὰ τὸν Λύσιν, ὅθεν καὶ ἐξανέστη. ὁ οὖν Λύσις μάλα παιδικῶς καὶ φιλικῶς, λάθρᾳ τοῦ Μενεξένου, σμικρὸν πρός με λέγων ἔφη· Ὦ Σώκρατες, ἅπερ καὶ ἐμοὶ λέγεις, εἰπὲ καὶ Μενεξένῳ. 5

Καὶ ἐγὼ εἶπον, Ταῦτα μὲν σὺ αὐτῷ ἐρεῖς, ὦ Λύσι· πάντως γὰρ προσεῖχες τὸν νοῦν.

Πάνυ μὲν οὖν, ἔφη.

Πειρῶ τοίνυν, ἦν δ' ἐγώ, ἀπομνημονεῦσαι αὐτὰ ὅτι μάλιστα, ἵνα τούτῳ σαφῶς πάντα εἴπῃς· ἐὰν δέ τι αὐτῶν b ἐπιλάθῃ, αὖθίς με ἀνερέσθαι ὅταν ἐντύχῃς πρῶτον.

Ἀλλὰ ποιήσω, ἔφη, ταῦτα, ὦ Σώκρατες, πάνυ σφόδρα, εὖ ἴσθι. ἀλλά τι ἄλλο αὐτῷ λέγε, ἵνα καὶ ἐγὼ ἀκούω, ἕως ἂν οἴκαδε ὥρα ᾖ ἀπιέναι. 5

c 7 οὐδὲ... οὐδὲ...] οὔτε... οὔτε... ci. H. Richards   d 5 φρονεῖ T: φρόνιμος BW (sed οἷ supra ιμος W)   d 8 δοκεῖ] δοκῶ ci. H. Richards   b 2 ἀνερέσθαι] ε in ras. B

不会，他说道。——因此，一方面，如果你变得智慧了，孩子啊，那么，每个人对你都将是友好的，并且每个人对你来说也都将是亲近的——因为你将既是有用的，也是美好的——；另一方面，如果你没有变得智慧，那么，其他任何人对你来说也都将不是友好的，甚至连你的父亲、母亲以及其他亲近的人也都将不是。那么，吕西斯啊，对于一个人于其中尚无所理解的那些事情，能够对之感到自豪吗[137]？——那怎么能够呢？他说道。——但如果你还需要一位老师，那么你就还尚未理解它们。——正确。——那么，你也就不可能是狂妄自大的，如果你的确还是无理解的话[138]。——宙斯在上，他说道，苏格拉底啊，在我看来不是。

而当我听到他这样说之后，我就看向希珀塔勒斯，并且差一点犯了错。因为我突然想说[139]：就应当以这种方式，希珀塔勒斯啊，同你的心上人交谈，通过看低他和使他遭受挫折，而不是像你那样使他飘飘然和娇惯他。于是，当我看到他内心挣扎并且被我所说的那些话弄得困惑不已时[140]，我想起了他虽然站在旁边，但希望不被吕西斯注意到。因此，我抑制住了我自己，并且硬生生地把话吞了回去[141]。而在这时，墨涅克塞诺斯重新回来了，并且坐在了吕西斯的旁边，他其实就是从那里起身离开的。于是，吕西斯非常孩子气地和友好地，为了不被墨涅克塞诺斯注意到[142]，低声对我讲话，他说道，苏格拉底啊，你对我说的这些，请你也对墨涅克塞诺斯讲讲吧！

而我说道，请你自己对他说这些吧[143]，吕西斯啊；因为你刚才非常集中注意力。

完全如此，他说道。

那么，请你试着，我说，尽可能地[144]回忆它们，以便你能够非常清楚地把每件事说给这个人。但如果你忘了其中的任何一点，那么，当你〈下次〉一遇见〈我〉就[145]〈请你试着〉再次问我[146]。

那好，我将这么做，他说道，苏格拉底啊，而且是满怀热情地，请你放心[147]！不过请你对他说点别的什么，以便我也可以听听，直至是时候回家了为止[148]。

ΠΛΑΤΩΝΟΣ

Ἀλλὰ χρὴ ποιεῖν ταῦτα, ἦν δ' ἐγώ, ἐπειδή γε καὶ σὺ κελεύεις. ἀλλὰ ὅρα ὅπως ἐπικουρήσεις μοι, ἐάν με ἐλέγχειν ἐπιχειρῇ ὁ Μενέξενος· ἢ οὐκ οἶσθα ὅτι ἐριστικός ἐστιν;

Ναὶ μὰ Δία, ἔφη, σφόδρα γε· διὰ ταῦτά τοι καὶ βούλομαί σε αὐτῷ διαλέγεσθαι.

Ἵνα, ἦν δ' ἐγώ, καταγέλαστος γένωμαι;

Οὐ μὰ Δία, ἔφη, ἀλλ' ἵνα αὐτὸν κολάσῃς.

Πόθεν; ἦν δ' ἐγώ. οὐ ῥᾴδιον· δεινὸς γὰρ ὁ ἄνθρωπος, Κτησίππου μαθητής. πάρεστι δέ τοι αὐτός—οὐχ ὁρᾷς;—Κτήσιππος.

Μηδενός σοι, ἔφη, μελέτω, ὦ Σώκρατες, ἀλλ' ἴθι διαλέγου αὐτῷ.

Διαλεκτέον, ἦν δ' ἐγώ.

Ταῦτα οὖν ἡμῶν λεγόντων πρὸς ἡμᾶς αὐτούς, Τί ὑμεῖς, ἔφη ὁ Κτήσιππος, αὐτὼ μόνω ἑστιᾶσθον, ἡμῖν δὲ οὐ μεταδίδοτον τῶν λόγων;

Ἀλλὰ μήν, ἦν δ' ἐγώ, μεταδοτέον. ὅδε γάρ τι ὧν λέγω οὐ μανθάνει, ἀλλά φησιν οἴεσθαι Μενέξενον εἰδέναι, καὶ κελεύει τοῦτον ἐρωτᾶν.

Τί οὖν, ἦ δ' ὅς, οὐκ ἐρωτᾷς;

Ἀλλ' ἐρήσομαι, ἦν δ' ἐγώ. καί μοι εἰπέ, ὦ Μενέξενε, ὃ ἄν σε ἔρωμαι. τυγχάνω γὰρ ἐκ παιδὸς ἐπιθυμῶν κτήματός του, ὥσπερ ἄλλος ἄλλου. ὁ μὲν γάρ τις ἵππους ἐπιθυμεῖ κτᾶσθαι, ὁ δὲ κύνας, ὁ δὲ χρυσίον, ὁ δὲ τιμάς· ἐγὼ δὲ πρὸς μὲν ταῦτα πρᾴως ἔχω, πρὸς δὲ τὴν τῶν φίλων κτῆσιν πάνυ ἐρωτικῶς, καὶ βουλοίμην ἄν μοι φίλον ἀγαθὸν γενέσθαι μᾶλλον ἢ τὸν ἄριστον ἐν ἀνθρώποις ὄρτυγα ἢ ἀλεκτρυόνα, καὶ ναὶ μὰ Δία ἔγωγε μᾶλλον ἢ ἵππον τε καὶ κύνα—οἶμαι δέ, νὴ τὸν κύνα, μᾶλλον ἢ τὸ Δαρείου χρυσίον κτήσασθαι δεξαίμην πολὺ πρότερον ἑταῖρον, μᾶλλον ⟨δὲ⟩

b 7 ὅρα secl. Cobet   ἐπικουρήσεις T : ἐπικουρήσῃς B (ησ refictum in ras. sed non videtur εισ fuisse)   e 2 πρᾴως] παρέργως ci. H. Richards (coll. Dinarch. 3. 14)   e 7 μᾶλλον ἢ αὐτὸν Δαρεῖον secl. Schanz   δὲ add. Buttmann

那么我就必须这么做，我说，既然是你在进行要求。不过你得看看你将如何援助我[149]，如果墨涅克塞诺斯试图驳斥我的话。或者你不知道他是热衷于争论的？

是的，宙斯在上，他说道，他极其热衷于争论。其实[150]也正是由于这点，我才希望你同他交谈。　　　　　　　　　　　　　211c1

就为了，我说，让我成为笑柄？

不是的，宙斯在上，他说道，而是为了让你惩戒他。

怎么可能？我说。那可不容易！因为这个人很厉害[151]，他是克忒希　211c5
珀斯的学生。而事实上他本人也在场——难道你没有看到？——克忒希
珀斯！

你勿用在乎任何人[152]！他说道，苏格拉底啊，而是请你上前同他
交谈！

看样子必须得交谈，我说。

而正当我们互相[153]说这些的时候，你们怎么回事啊，克忒希珀斯　211c10
说道，你俩独自在开私人宴席吗[154]，而不把谈话分给我们一份[155]？　　211d1

当然[156]，我说，应当分给你们一份。因为这里的这个人对我所说的
那些事情有点没有弄明白，而声称他相信墨涅克塞诺斯知道，并且他要
求我问问这个人。

那么，他说，你为何不问呢？　　　　　　　　　　　　　　　　　211d5

那好，我将问他，我说。也请你都对我讲讲，墨涅克塞诺斯啊，无
论我问你什么。其实，从孩提时起，我就恰好渴望得到某种东西[157]，正
如有的人渴望得到这，有的人渴望得到那[158]。因为，有的人渴望得到一
些马，有的人渴望得到一些狗，有的人渴望得到黄金，有的人则渴望　　211e1
得到各种尊荣。至于我，虽然对这些都是无所谓的[159]，但对于得到一
些朋友却满怀爱欲[160]；并且我会希望我得到一个好朋友[161]，而远不是
世上最好的鹌鹑或最好的雄鸡[162]，是的，宙斯在上，我也肯定不宁愿　　211e5
要一匹马和一条狗——而我认为，就以狗起誓[163]，同大流士的黄金相
比[164]，我也远远地更宁愿首先选择得到一个伙伴，甚或同大流士本人相

ΛΥΣΙΣ

ἢ αὐτὸν Δαρεῖον—οὕτως ἐγὼ φιλέταιρός τίς εἰμι. ὑμᾶς οὖν ὁρῶν, σέ τε καὶ Λύσιν, ἐκπέπληγμαι καὶ εὐδαιμονίζω ὅτι οὕτω νέοι ὄντες οἷοι τ' ἐστὸν τοῦτο τὸ κτῆμα ταχὺ καὶ ῥᾳδίως κτᾶσθαι, καὶ σύ τε τοῦτον οὕτω φίλον ἐκτήσω ταχύ τε καὶ σφόδρα, καὶ αὖ οὗτος σέ· ἐγὼ δὲ οὕτω πόρρω εἰμὶ τοῦ κτήματος, ὥστε οὐδ' ὅντινα τρόπον γίγνεται φίλος ἕτερος ἑτέρου οἶδα, ἀλλὰ ταῦτα δὴ αὐτά σε βούλομαι ἐρέσθαι ἅτε ἔμπειρον.

Καί μοι εἰπέ· ἐπειδάν τίς τινα φιλῇ, πότερος ποτέρου φίλος γίγνεται, ὁ φιλῶν τοῦ φιλουμένου ἢ ὁ φιλούμενος τοῦ φιλοῦντος· ἢ οὐδὲν διαφέρει;—Οὐδέν, ἔφη, ἔμοιγε δοκεῖ διαφέρειν.—Πῶς λέγεις; ἦν δ' ἐγώ· ἀμφότεροι ἄρα ἀλλήλων φίλοι γίγνονται, ἐὰν μόνος ὁ ἕτερος τὸν ἕτερον φιλῇ;—Ἔμοιγε, ἔφη, δοκεῖ.—Τί δέ; οὐκ ἔστιν φιλοῦντα μὴ ἀντιφιλεῖσθαι ὑπὸ τούτου ὃν ἂν φιλῇ;—Ἔστιν.—Τί δέ; ἆρα ἔστιν καὶ μισεῖσθαι φιλοῦντα; οἷόν που ἐνίοτε δοκοῦσι καὶ οἱ ἐρασταὶ πάσχειν πρὸς τὰ παιδικά· φιλοῦντες γὰρ ὡς οἷόν τε μάλιστα οἱ μὲν οἴονται οὐκ ἀντιφιλεῖσθαι, οἱ δὲ καὶ μισεῖσθαι. ἢ οὐκ ἀληθὲς δοκεῖ σοι τοῦτο;—Σφόδρα γε, ἔφη, ἀληθές.—Οὐκοῦν ἐν τῷ τοιούτῳ, ἦν δ' ἐγώ, ὁ μὲν φιλεῖ, ὁ δὲ φιλεῖται;—Ναί.—Πότερος οὖν αὐτῶν ποτέρου φίλος ἐστίν; ὁ φιλῶν τοῦ φιλουμένου, ἐάντε καὶ ἀντιφιλῆται ἐάντε καὶ μισῆται, ἢ ὁ φιλούμενος τοῦ φιλοῦντος; ἢ οὐδέτερος αὖ ἐν τῷ τοιούτῳ οὐδετέρου φίλος ἐστίν, ἂν μὴ ἀμφότεροι ἀλλήλους φιλῶσιν;—Ἔοικε γοῦν οὕτως ἔχειν.—Ἀλλοίως ἄρα νῦν ἡμῖν δοκεῖ ἢ πρότερον ἔδοξεν. τότε μὲν γάρ, εἰ ὁ ἕτερος φιλοῖ, φίλω εἶναι ἄμφω· νῦν δέ, ἂν μὴ ἀμφότεροι φιλῶσιν, οὐδέτερος φίλος.—Κινδυνεύει, ἔφη.—Οὐκ ἄρα ἐστὶν φίλον τῷ φιλοῦντι οὐδὲν μὴ οὐκ ἀντιφιλοῦν.—Οὐκ ἔοικεν.—Οὐδ' ἄρα φίλιπποί εἰσιν

a 3 σύ τε Heindorf: σὺ δὲ BT   b 4 μόνος] μόνος μόνον ci. C. Schmidt: μόνον ci. H. Richards   c 1 οἱ μὲν Heindorf: οἰόμενοι BT   c 4 πότερος Hirschig: ὁπότερος BT   c 6 καὶ ἀντιφιλῆται] μὴ ἀντιφιλῆται ci. H. Müller

比 [165]——，我如此地是一个热爱朋友的人。因此，当我看到你们，你和吕西斯，我既大感惊异，又认为你们可称幸福，因为，你们虽然是如此的年轻，但你俩却能够迅速和轻易地就获得了这种财富；一方面，你已经如此迅速和彻底地赢得了这位朋友，另一方面，这个人也同样赢得了你。而我却离这种财富仍然是如此地遥远，以至于我不知道一个人究竟以何种方式能成为另一个人的朋友；然而，恰恰这些事情是我希望问你的，鉴于你是有经验的。

那就请告诉我：每当一个人爱上了某个人，那么，两人中哪个成为了另一个人的朋友，是爱者成为了被爱者的朋友呢，还是被爱者成为了爱者的朋友；抑或没有任何区别？——至少在我看来，他说道，没有任何区别。——你为何这么讲呢？我说；那么两人彼此就成为了朋友，哪怕只是其中一个在爱另一个？——至少对我，他说道，看起来是这样。——然后呢？难道这不可能吗[166]，那就是一个爱者并不被他所爱的那个人回报以爱[167]？——有可能。——然后呢？那么这有可能吗，那就是一个爱者甚至被〈他所爱的那个人〉恨？像这种情况，不知怎的，有时候甚至一些爱慕者认为在心上人面前遭受了它；因为，虽然他们尽可能地[168]在爱，但其中一些人认为他们并未被回报以爱，一些人则认为甚至在被恨。抑或在你看来这不是真的？——确实非常真，他说道。——那么，在这样一种情形下，我说，岂不一个在爱，另一个在被爱？——是的。——那么，他们两人中哪个是哪个的朋友呢？是爱者是被爱者的朋友呢，无论他被回报以爱与否，甚或被恨与否，还是被爱者是爱者的朋友？抑或完全相反[169]，在这样一种情形下，两人谁都不是谁的朋友，除非他们双方彼此相爱？——无论如何看起来情况就是最后这样。——那么，现在对我们就显得同前面对我们所显得的不一样。因为在那时，如果两人中只要一个在爱，那么两人就已然是朋友；而现在，除非他们双方彼此相爱，否则两人谁都不是谁的朋友。——有可能[170]，他说道。——因此，对于爱者来说，没有任何东西是朋友，如果它不回报以爱的话[171]。——看起来没有。——那么，马不会回报以爱的

212a1
212a5
212b1
212b5
212c1
212c5
212d1
212d5

ΠΛΑΤΩΝΟΣ

οὓς ἂν οἱ ἵπποι μὴ ἀντιφιλῶσιν, οὐδὲ φιλόρτυγες, οὐδ' αὖ φιλόκυνές γε καὶ φίλοινοι καὶ φιλογυμνασταὶ καὶ φιλόσοφοι, ἂν μὴ ἡ σοφία αὐτοὺς ἀντιφιλῇ. ἢ φιλοῦσι μὲν ταῦτα ἕκαστοι, οὐ μέντοι φίλα ὄντα, ἀλλὰ ψεύδεθ' ὁ ποιητής, ὃς ἔφη—

ὄλβιος, ᾧ παῖδές τε φίλοι καὶ μώνυχες ἵπποι
καὶ κύνες ἀγρευταὶ καὶ ξένος ἀλλοδαπός;

—Οὐκ ἔμοιγε δοκεῖ, ἦ δ' ὅς.—Ἀλλ' ἀληθῆ δοκεῖ λέγειν σοι; —Ναί.—Τὸ φιλούμενον ἄρα τῷ φιλοῦντι φίλον ἐστίν, ὡς ἔοικεν, ὦ Μενέξενε, ἐάντε φιλῇ ἐάντε καὶ μισῇ· οἷον καὶ τὰ νεωστὶ γεγονότα παιδία, τὰ μὲν οὐδέπω φιλοῦντα, τὰ δὲ καὶ μισοῦντα, ὅταν κολάζηται ὑπὸ τῆς μητρὸς ἢ ὑπὸ τοῦ πατρός, ὅμως καὶ μισοῦντα ἐν ἐκείνῳ τῷ χρόνῳ πάντων μάλιστά ἐστι τοῖς γονεῦσι φίλτατα.—Ἔμοιγε δοκεῖ, ἔφη, οὕτως ἔχειν.—Οὐκ ἄρα ὁ φιλῶν φίλος ἐκ τούτου τοῦ λόγου, ἀλλ' ὁ φιλούμενος.—Ἔοικεν.—Καὶ ὁ μισούμενος ἐχθρὸς ἄρα, ἀλλ' οὐχ ὁ μισῶν.—Φαίνεται.—Πολλοὶ ἄρα ὑπὸ τῶν ἐχθρῶν φιλοῦνται, ὑπὸ δὲ τῶν φίλων μισοῦνται, καὶ τοῖς μὲν ἐχθροῖς φίλοι εἰσίν, τοῖς δὲ φίλοις ἐχθροί, εἰ τὸ φιλούμενον φίλον ἐστὶν ἀλλὰ μὴ τὸ φιλοῦν. καίτοι πολλὴ ἀλογία, ὦ φίλε ἑταῖρε, μᾶλλον δὲ οἶμαι καὶ ἀδύνατον, τῷ τε φίλῳ ἐχθρὸν καὶ τῷ ἐχθρῷ φίλον εἶναι.—Ἀληθῆ, ἔφη, ἔοικας λέγειν, ὦ Σώκρατες.—Οὐκοῦν εἰ τοῦτ' ἀδύνατον, τὸ φιλοῦν ἂν εἴη φίλον τοῦ φιλουμένου.—Φαίνεται.—Τὸ μισοῦν ἄρα πάλιν ἐχθρὸν τοῦ μισουμένου.—Ἀνάγκη.—Οὐκοῦν ταὐτὰ ἡμῖν συμβήσεται ἀναγκαῖον εἶναι ὁμολογεῖν, ἅπερ ἐπὶ τῶν πρότερον, πολλάκις φίλον εἶναι μὴ φίλου, πολλάκις δὲ καὶ ἐχθροῦ, ὅταν ἢ μὴ φιλοῦν τις φιλῇ ἢ καὶ μισοῦν φιλῇ· πολλάκις δ' ἐχθρὸν εἶναι μὴ ἐχθροῦ ἢ καὶ φίλου, ὅταν ἢ ⟨μὴ⟩ μισοῦν τις μισῇ ἢ καὶ φιλοῦν μισῇ.— Κινδυνεύει, ἔφη.—Τί οὖν δὴ χρησώμεθα, ἦν δ' ἐγώ, εἰ μήτε

e 7 ἐάν τε ⟨μὴ⟩ φιλῇ Schanz   a 6 μισῶν scr. recc.: φιλῶν BTW   c 4 ἢ μὴ μισοῦν τις Cornarius: ἢ μισοῦν τις BT: μὴ μισοῦν τις scr. recc.   μισῇ scr. recc.: φιλῇ BT: om. Cornarius

那些人就不是马的朋友¹⁷²,〈爱鹌鹑的人〉不是鹌鹑的朋友,此外〈爱狗的人〉不是狗的朋友,〈热爱酒的人〉不是酒的朋友,〈热爱体育锻炼的人〉不是体育锻炼的朋友,以及〈热爱智慧的人〉不是智慧的朋友,如果智慧不会回报他们以爱的话。或者,虽然每个人各自都热爱着相应的这些东西,但它们对他来说却并不是朋友,因而诗人就在说假话,因为他说—— 212e1

> 幸福的人啊,你有那么多朋友,孩子、奇蹄的马
> 还有猎犬¹⁷³ 和来自外邦的客人¹⁷⁴?

——至少在我看来他没有说假话,他说。——那么在你看来他说得正确?——是的。——因此,被爱者对于爱者来说就是朋友,如看起来的那样,墨涅克塞诺斯啊,无论它自己是在爱还是在恨;例如,那些刚刚才降生的小孩,一些尚不懂得爱;一些甚至在恨,当他们被母亲或被父亲责罚时,尽管在这一时间里他们在恨,但毫无疑问他们对父母来说仍然是最可爱的¹⁷⁵。——无论如何在我看来,他说道,事情就是这样。——那么,基于这种说法,爱者就不是朋友,而被爱者才是。——有可能。——并且被恨者,那他也不是仇敌,而恨者才是。——显然。——因此,许多人被其仇敌所爱,而被其朋友所恨,于是对那些仇敌来说他们是朋友,而对那些朋友来说他们是仇敌,如果被爱者才是朋友,而并非爱者是朋友的话。然而,这是多么的不合道理,亲爱的伙伴啊;而我甚至更宁愿认为这其实是不可能的,那就是,对朋友来说是仇敌,对仇敌来说是朋友。——你看起来说得正确,他说道,苏格拉底啊。——因此,如果这是不可能的,那么,爱者就会是被爱者的朋友。——显然。——那么,恨者就复又会是被恨者的仇敌。——必然。——因此,对我们来说就会得出,我们必然同意先前对之所说的同样那些话,那就是:一个人,他经常是一个并非其朋友的朋友,甚至经常是一个仇敌的朋友,每当他或者爱那个不爱他的东西,甚或爱那个在恨他的东西时;而一个人,他也经常是一个并非其仇敌的仇敌,甚或是一个朋友的仇敌,每当他或者恨那个不恨他的东西¹⁷⁶,甚或恨那个在爱他东西时。——有可能,他说道。——那么,我们究竟该怎么办呢,我说,如 212e5 213a1 213a5 213b1 213b5 213c1 213c5

ΛΥΣΙΣ

οἱ φιλοῦντες φίλοι ἔσονται μήτε οἱ φιλούμενοι μήτε οἱ
φιλοῦντές τε καὶ φιλούμενοι; ἀλλὰ καὶ παρὰ ταῦτα ἄλλους
τινὰς ἔτι φήσομεν εἶναι φίλους ἀλλήλοις γιγνομένους;—
Οὐ μὰ τὸν Δία, ἔφη, ὦ Σώκρατες, οὐ πάνυ εὐπορῶ ἔγωγε.
—Ἆρα μή, ἦν δ' ἐγώ, ὦ Μενέξενε, τὸ παράπαν οὐκ ὀρθῶς
ἐζητοῦμεν;—Οὐκ ἔμοιγε δοκεῖ, ὦ Σώκρατες, ἔφη, ὁ Λύσις,
καὶ ἅμα εἰπὼν ἠρυθρίασεν· ἐδόκει γάρ μοι ἄκοντ' αὐτὸν
ἐκφεύγειν τὸ λεχθὲν διὰ τὸ σφόδρα προσέχειν τὸν νοῦν
τοῖς λεγομένοις, δῆλος δ' ἦν καὶ ὅτε ἠκροᾶτο οὕτως ἔχων.

Ἐγὼ οὖν βουλόμενος τόν τε Μενέξενον ἀναπαῦσαι καὶ
ἐκείνου ἡσθεὶς τῇ φιλοσοφίᾳ, οὕτω μεταβαλὼν πρὸς τὸν
Λύσιν ἐποιούμην τοὺς λόγους, καὶ εἶπον· Ὦ Λύσι, ἀληθῆ
μοι δοκεῖς λέγειν ὅτι εἰ ὀρθῶς ἡμεῖς ἐσκοποῦμεν, οὐκ ἄν
ποτε οὕτως ἐπλανώμεθα. ἀλλὰ ταύτῃ μὲν μηκέτι ἴωμεν—
καὶ γὰρ χαλεπή τίς μοι φαίνεται ὥσπερ ὁδὸς ἡ σκέψις—ᾗ
δὲ ἐτράπημεν, δοκεῖ μοι χρῆναι ἰέναι, σκοποῦντα [τὰ] κατὰ
τοὺς ποιητάς· οὗτοι γὰρ ἡμῖν ὥσπερ πατέρες τῆς σοφίας
εἰσὶν καὶ ἡγεμόνες. λέγουσι δὲ δήπου οὐ φαύλως ἀποφαινό-
μενοι περὶ τῶν φίλων, οἳ τυγχάνουσιν ὄντες· ἀλλὰ τὸν θεὸν
αὐτόν φασιν ποιεῖν φίλους αὐτούς, ἄγοντα παρ' ἀλλήλους.
λέγουσι δέ πως ταῦτα, ὡς ἐγᾦμαι, ὡδί—

αἰεί τοι τὸν ὁμοῖον ἄγει θεὸς ὡς τὸν ὁμοῖον

καὶ ποιεῖ γνώριμον· ἢ οὐκ ἐντετύχηκας τούτοις τοῖς ἔπεσιν;
—Ἔγωγ', ἔφη.—Οὐκοῦν καὶ τοῖς τῶν σοφωτάτων συγγράμ-
μασιν ἐντετύχηκας ταῦτα αὐτὰ λέγουσιν, ὅτι τὸ ὅμοιον τῷ
ὁμοίῳ ἀνάγκη ἀεὶ φίλον εἶναι; εἰσὶν δέ που οὗτοι οἱ περὶ
φύσεώς τε καὶ τοῦ ὅλου διαλεγόμενοι καὶ γράφοντες.—
Ἀληθῆ, ἔφη, λέγεις.—Ἆρ' οὖν, ἦν δ' ἐγώ, εὖ λέγουσιν;—

c 7 ἀλλά] ἆρα ci. Cornarius (ante ἀλλὰ signum interrogandi posuit Goldbacher)   c 9 εὐπορῶ B T²: ἀπορῶ T   d 2 ἔφη Vat. 1029: om. B T   e 5 σκοποῦντα] σκοποῦντας ci. Schleiermacher   τὰ secl. Heindorf   a 5 ὡδί T: ὡιδί B (sed δί ex emend. in ras.): ὡδήν W   b 3 ταῦτα αὐτά] ταῦτα ταὐτὰ Heindorf   b 4 ἀνάγκη B: ἀνάγκῃ T

果那些爱者将不是朋友，那些被爱者也不是，甚至那些既在爱又在被爱的同样不是？而除了这些，我们将宣称还有其他的一些彼此成为朋友的吗？——没有，宙斯在上，他说道，苏格拉底啊，至少我完全找不到出路[177]。——难道就没有可能，我说，墨涅克塞诺斯啊，我们其 213d1
实压根儿[178]就没有正确地进行寻找？——至少在我看来没有，苏格拉底啊，吕西斯说道；并且在说这话的同时，他脸红了。其实在我看来，这话他是无意间脱口而出的[179]，因为他全副身心地把注意力放在那些被说的事情上；而这也是显而易见的，那就是，当他倾听时，他总是 213d5
那个样子[180]。

于是，一方面，我想让墨涅克塞诺斯休息一下，另一方面，我对那个人对智慧的热爱感到高兴，因此我转而同吕西斯进行讨论[181]，并且说 213e1
道：吕西斯啊，在我看来你说得正确，因为，如果我们已经正确地进行了考察，那么我们就从不会像现在这样迷路。因此，让我们不要再这样往前走了——真的[182]，〈我们现在的这种〉考察对我显得就像是一条艰难的路似的——，而是让我们就在这儿转向，在我看来我们必须通过下 213e5
面这样来往前走，那就是根据诗人们来进行考察[183]；因为，对我们来 214a1
说，这些人就像是智慧的父亲和引领者。而他们无疑说得并不坏，当他们关于朋友们发表意见时[184]，即究竟哪些人才恰好是朋友；他们事实上宣称，是神本人使得他们成为朋友，通过把他们互相领到一起。而对于 214a5
这些事情，如我所认为的那样，他们约莫是这样来说的——

> 真的，一位神总是把相似者引向相似者[185]

并且使他们彼此相熟识；或者，你未曾碰到过这些诗句？——我肯定 214b1
碰到过，他说道。——那么，你也碰到过那些最智慧的人的作品吗[186]，他们说了同样这些话，那就是相似者同相似者必然永远是朋友？而他们 214b5
肯定就是那些关于自然和宇宙[187]进行讨论和书写的人。——你说得对，他说道。——那么，我说，他们说得正确吗？——也许吧，他说道。——或许，我说，它的一半说得正确，但也或许是全部，只不过我们没有理

ΠΛΑΤΩΝΟΣ

Ἴσως, ἔφη.—Ἴσως, ἦν δ' ἐγώ, τὸ ἥμισυ αὐτοῦ, ἴσως δὲ καὶ πᾶν, ἀλλ' ἡμεῖς οὐ συνίεμεν. δοκεῖ γὰρ ἡμῖν ὅ γε πονηρὸς τῷ πονηρῷ, ὅσῳ ἂν ἐγγυτέρω προσίῃ καὶ μᾶλλον ὁμιλῇ, τοσούτῳ ἐχθίων γίγνεσθαι. ἀδικεῖ γάρ· ἀδικοῦντας δὲ καὶ ἀδικουμένους ἀδύνατόν που φίλους εἶναι. οὐχ οὕτως;—Ναί, ἦ δ' ὅς.—Ταύτῃ μὲν ἂν τοίνυν τοῦ λεγομένου τὸ ἥμισυ οὐκ ἀληθὲς εἴη, εἴπερ οἱ πονηροὶ ἀλλήλοις ὅμοιοι.—Ἀληθῆ λέγεις.—Ἀλλά μοι δοκοῦσιν λέγειν τοὺς ἀγαθοὺς ὁμοίους εἶναι ἀλλήλοις καὶ φίλους, τοὺς δὲ κακούς, ὅπερ καὶ λέγεται περὶ αὐτῶν, μηδέποτε ὁμοίους μηδ' αὐτοὺς αὑτοῖς εἶναι, ἀλλ' ἐμπλήκτους τε καὶ ἀσταθμήτους· ὃ δὲ αὐτὸ αὑτῷ ἀνόμοιον εἴη καὶ διάφορον, σχολῇ γέ τῳ ἄλλῳ ὅμοιον ἢ φίλον γένοιτ' ἄν. ἢ οὐ καὶ σοὶ δοκεῖ οὕτως;—Ἔμοιγ', ἔφη.—Τοῦτο τοίνυν αἰνίττονται, ὡς ἐμοὶ δοκοῦσιν, ὦ ἑταῖρε, οἱ τὸ ὅμοιον τῷ ὁμοίῳ φίλον λέγοντες, ὡς ὁ ἀγαθὸς τῷ ἀγαθῷ μόνος μόνῳ φίλος, ὁ δὲ κακὸς οὔτε ἀγαθῷ οὔτε κακῷ οὐδέποτε εἰς ἀληθῆ φιλίαν ἔρχεται. συνδοκεῖ σοι;—Κατένευσεν.—Ἔχομεν ἄρα ἤδη τίνες εἰσὶν οἱ φίλοι· ὁ γὰρ λόγος ἡμῖν σημαίνει ὅτι οἳ ἂν ὦσιν ἀγαθοί.—Πάνυ γε, ἔφη, δοκεῖ.

Καὶ ἐμοί, ἦν δ' ἐγώ. καίτοι δυσχεραίνω τί γε ἐν αὐτῷ· φέρε οὖν, ὦ πρὸς Διός, ἴδωμεν τί καὶ ὑποπτεύω. ὁ ὅμοιος τῷ ὁμοίῳ καθ' ὅσον ὅμοιος φίλος, καὶ ἔστιν χρήσιμος ὁ τοιοῦτος τῷ τοιούτῳ; μᾶλλον δὲ ὧδε· ὁτιοῦν ὅμοιον ὁτῳοῦν ὁμοίῳ τίνα ὠφελίαν ἔχειν ἢ τίνα βλάβην ἂν ποιῆσαι δύναιτο, ὃ μὴ καὶ αὐτὸ αὑτῷ; ἢ τί ἂν παθεῖν, ὃ μὴ καὶ ὑφ' αὑτοῦ πάθοι; τὰ δὴ τοιαῦτα πῶς ἂν ὑπ' ἀλλήλων ἀγαπηθείη, μηδεμίαν ἐπικουρίαν ἀλλήλοις ἔχοντα; ἔστιν ὅπως;—Οὐκ ἔστιν.—Ὃ δὲ μὴ ἀγαπῷτο, πῶς φίλον;—Οὐδαμῶς.—Ἀλλὰ δὴ ὁ μὲν ὅμοιος τῷ ὁμοίῳ οὐ φίλος· ὁ δὲ ἀγαθὸς τῷ ἀγαθῷ

---

b 8 οὐ TW: om. B   c 1 προσίῃ T: προσείη B   c 2 δὲ in ras. refinxit B²   d 2 εἴη T: ἂν εἴη B   σχολῇ γέ BT: σχολῇ γ' ἂν Bekker   γένοιτ' ἂν scripsi: γένοιτο BT   e 2 τί γε] γέ τι ci. H. Richards   e 6 ἔχειν B: ἔχει T: secl. Schanz   e 7 prius ὃ] ἣν ci. H. Richards   αὑτῷ BT: αὑτό T²

解。因为无论如何在我们看来，邪恶的人之于邪恶的人，他同他走得有 214c1
多么近，以及同他交往得有多么亲密，他也就有多么地成为被憎恨的。
因为他在对他行不义；而那些行不义的人和那些被行不义的人，无论
如何都不可能是朋友。难道不是这样吗？——是，他说。——那么，在这
点上，所说的东西中的一半肯定就不会是真的，假如那些邪恶的人彼此 214c5
相似的话。——你说得对。——他们其实对我们显得在说：那些优秀的
人彼此是相似的，并且是朋友；至于那些糟糕的人[188]，就像关于他们
所说的那样，甚至连他们自己都从不与他们自己是相似的，而是反复无 214d1
常[189]和不稳定的。而任何自身同自身是不相似的和不一样的东西，无
论如何都难以[190]变得同其他某个东西是相似的或友好的。莫非在你看
来其实不是这样？——在我看来肯定是这样，他说道。——因此，这
的确就是，如对我显得的那样，朋友啊，那些人用隐语所说的东西[191]，
当他们说相似者同相似者是朋友时，那就是：唯有优秀的人单单同优 214d5
秀的人是朋友[192]；而糟糕的人，无论是之于优秀的人，还是之于糟糕
的人，他都从不会与之抵达真正的友谊。你也一道这么认为吗？——他
点头同意。——那么，我们从此就知道[193]究竟哪些人是朋友；因为道
理[194]向我们显明，他们应该是那些优秀的人。——完全如此，他说道， 214e1
看起来。

在我看来也是这样，我说。尽管如此，但我至少还是对其中的某点
感到不满意。那就来吧[195]！哦，宙斯在上，让我们看看我究竟还在怀
疑什么。相似的人之于相似的人，就他是相似的来说，是朋友吗，并且
这样一种人对于这样一种人来说是有益的吗？但毋宁这样来说：任何一 214e5
个相似的东西之于任何一个相似的东西，它能够对之具有何种益处，或
者带来何种坏处[196]，〈如果那种益处或坏处〉它自身其实不能将之加给
它自身的话？或者，它其实能够遭受某种东西，虽然这种东西它不会通
过它自身而遭受它？那么，如此这般的两个东西究竟如何会被彼此所 215a1
珍视呢，如果它们对彼此没有任何帮助的话？这是如何可能的？——
不可能。——而不被珍视的东西，它如何能够是朋友？——绝不。——
那么，虽然相似的人之于相似的人不是朋友，但优秀的人之于优秀的

ΛΥΣΙΣ

καθ' ὅσον ἀγαθός, οὐ καθ' ὅσον ὅμοιος, φίλος ἂν εἴη;—Ἴσως.
—Τί δέ; οὐχ ὁ ἀγαθός, καθ' ὅσον ἀγαθός, κατὰ τοσοῦτον
ἱκανὸς ἂν εἴη αὑτῷ;—Ναί.—Ὁ δέ γε ἱκανὸς οὐδενὸς δεό-
μενος κατὰ τὴν ἱκανότητα.—Πῶς γὰρ οὔ;—Ὁ δὲ μή του
δεόμενος οὐδέ τι ἀγαπῴη ἄν.—Οὐ γὰρ οὖν.—Ὁ δὲ μὴ
ἀγαπῴη, οὐδ' ἂν φιλοῖ.—Οὐ δῆτα.—Ὁ δὲ μὴ φιλῶν γε οὐ
φίλος.—Οὐ φαίνεται.—Πῶς οὖν οἱ ἀγαθοὶ τοῖς ἀγαθοῖς
ἡμῖν φίλοι ἔσονται τὴν ἀρχήν, οἳ μήτε ἀπόντες ποθεινοὶ
ἀλλήλοις—ἱκανοὶ γὰρ ἑαυτοῖς καὶ χωρὶς ὄντες—μήτε πα-
ρόντες χρείαν αὑτῶν ἔχουσιν; τοὺς δὴ τοιούτους τίς μηχανὴ
περὶ πολλοῦ ποιεῖσθαι ἀλλήλους;—Οὐδεμία, ἔφη.—Φίλοι
δέ γε οὐκ ἂν εἶεν μὴ περὶ πολλοῦ ποιούμενοι ἑαυτούς.—
Ἀληθῆ.

Ἄθρει δή, ὦ Λύσι, πῇ παρακρουόμεθα. ἆρά γε ὅλῳ
τινὶ ἐξαπατώμεθα;—Πῶς δή; ἔφη.—Ἤδη ποτέ του ἤκουσα
λέγοντος, καὶ ἄρτι ἀναμιμνῄσκομαι, ὅτι τὸ μὲν ὅμοιον τῷ
ὁμοίῳ καὶ οἱ ἀγαθοὶ τοῖς ἀγαθοῖς πολεμιώτατοι εἶεν· καὶ δὴ
καὶ τὸν Ἡσίοδον ἐπήγετο μάρτυρα, λέγων ὡς ἄρα—

καὶ κεραμεὺς κεραμεῖ κοτέει καὶ ἀοιδὸς ἀοιδῷ
καὶ πτωχὸς πτωχῷ,

καὶ τἆλλα δὴ πάντα οὕτως ἔφη ἀναγκαῖον εἶναι μάλιστα τὰ
ὁμοιότατα ⟨πρὸς⟩ ἄλληλα φθόνου τε καὶ φιλονικίας καὶ
ἔχθρας ἐμπίμπλασθαι, τὰ δ' ἀνομοιότατα φιλίας· τὸν γὰρ
πένητα τῷ πλουσίῳ ἀναγκάζεσθαι φίλον εἶναι καὶ τὸν ἀσθενῆ
τῷ ἰσχυρῷ τῆς ἐπικουρίας ἕνεκα, καὶ τὸν κάμνοντα τῷ ἰατρῷ,
καὶ πάντα δὴ τὸν μὴ εἰδότα ἀγαπᾶν τὸν εἰδότα καὶ φιλεῖν.
καὶ δὴ καὶ ἔτι ἐπεξῄει τῷ λόγῳ μεγαλοπρεπέστερον, λέγων
ὡς ἄρα παντὸς δέοι τὸ ὅμοιον τῷ ὁμοίῳ φίλον εἶναι, ἀλλ'
αὐτὸ τὸ ἐναντίον εἴη τούτου· τὸ γὰρ ἐναντιώτατον τῷ
ἐναντιωτάτῳ εἶναι μάλιστα φίλον. ἐπιθυμεῖν γὰρ τοῦ

---

b 1 ὁ ... ἀγαπῴη] ὁ ... ἀγαπῶν ci. Schleiermacher   d 2 ἔφη
BW: ἐφάνη T   d 3 πρὸς add. corr. Coisl.   d 7 φιλεῖν TW:
φιλεῖν καὶ φιλει*** B: φιλεῖν καὶ φιλεῖσθαι b   e 4 ἐπιθυμεῖν TW:
ἐπιθυμεῖ B

人，就他是优秀的来说，而不是就他是相似的来说，会是朋友吗？—— 215a5
或许吧。——然后呢？优秀的人，他有多优秀，他岂不也就会有多自
足[197]？——是。——而自足的人，凭借其自足而肯定不需要任何东西。——
为何不呢？——但一个人，如果他不需要任何东西，那他也就不会珍视 215b1
任何东西。——当然不会。——而那不珍视任何东西的人，他也就会不
爱任何东西。——无疑不。——而一个人，如果他一无所爱，那他肯定
就不会是朋友。——显然不是。——那么，那些优秀的人之于那些优秀
的人，对我们来说究竟[198]如何将是朋友呢，如果他们即使离开也并不
彼此渴望——因为他们彼此间都是自足的，哪怕他们是分离的——，即 215b5
使在场互相[199]也没有任何需要的话？究竟何种办法能够使得这样一些
人彼此珍惜呢[200]？——没有任何办法，他说道。——那他们无论如何 215c1
都不会是朋友，既然他们并不互相珍惜。——正确。

那就请你看看，吕西斯啊，我们在哪个地方被误导了[201]。难道我们
事实上或许整个地[202]被欺骗了？——究竟怎么回事？他说道。——我
曾经听某人说过，我也刚刚才记起来，说相似者之于相似者，那些优秀 215c5
的人之于那些优秀的人，彼此间是最有敌意的。而且他还把赫西俄德引
来作为一个证人，说其实——

    陶工气愤陶工，歌者之于歌者
    乞丐之于乞丐亦然[203]，   215d1

并且就其他所有的东西他也都同样说下面这点是必然的，那就是，那些
最相似的东西最为互相[204]充满了嫉妒、争胜和敌意，而那些最不相似
的东西则充满了友谊；因为，穷人必然对富人是友好的，虚弱的人也必 215d5
然对强有力的人是友好的，以便获得帮助，而患病的人对医生亦然，并
且每个不知道的人也必然珍视那知道的人，并爱他。而且他进而更加目 215e1
空一切地[205]用下面这番话来进行攻击[206]，他说：其实相似者之于相似
者，完全不应是朋友[207]，而情况与这是正相反对的；因为最相反的东西
之于最相反的东西[208]，才最为是朋友。因为每个东西都渴望诸如此类的

ΠΛΑΤΩΝΟΣ

τοιούτου ἕκαστον, ἀλλ' οὐ τοῦ ὁμοίου· τὸ μὲν γὰρ ξηρὸν
ὑγροῦ, τὸ δὲ ψυχρὸν θερμοῦ, τὸ δὲ πικρὸν γλυκέος, τὸ δὲ
ὀξὺ ἀμβλέος, τὸ δὲ κενὸν πληρώσεως, καὶ τὸ πλῆρες δὲ
κενώσεως, καὶ τἆλλα οὕτω κατὰ τὸν αὐτὸν λόγον. τροφὴν
γὰρ εἶναι τὸ ἐναντίον τῷ ἐναντίῳ· τὸ γὰρ ὅμοιον τοῦ ὁμοίου
οὐδὲν ἂν ἀπολαῦσαι. καὶ μέντοι, ὦ ἑταῖρε, καὶ κομψὸς
ἐδόκει εἶναι ταῦτα λέγων· εὖ γὰρ ἔλεγεν. ὑμῖν δέ, ἦν δ'
ἐγώ, πῶς δοκεῖ λέγειν;—Εὖ γε, ἔφη ὁ Μενέξενος, ὥς γε
οὑτωσὶ ἀκοῦσαι.—Φῶμεν ἄρα τὸ ἐναντίον τῷ ἐναντίῳ μά-
λιστα φίλον εἶναι;—Πάνυ γε.—Εἶεν, ἦν δ' ἐγώ· οὐκ ἀλλό-
κοτον, ὦ Μενέξενε; καὶ ἡμῖν εὐθὺς ἄσμενοι ἐπιπηδήσονται
οὗτοι οἱ πάσσοφοι ἄνδρες, οἱ ἀντιλογικοί, καὶ ἐρήσονται εἰ
οὐκ ἐναντιώτατον ἔχθρα φιλίᾳ; οἷς τί ἀποκρινούμεθα; ἢ
οὐκ ἀνάγκη ὁμολογεῖν ὅτι ἀληθῆ λέγουσιν;—Ἀνάγκη.—Ἆρ'
οὖν, φήσουσιν, τὸ ἐχθρὸν τῷ φίλῳ φίλον ἢ τὸ φίλον τῷ
ἐχθρῷ;—Οὐδέτερα, ἔφη.—Ἀλλὰ τὸ δίκαιον τῷ ἀδίκῳ, ἢ τὸ
σῶφρον τῷ ἀκολάστῳ, ἢ τὸ ἀγαθὸν τῷ κακῷ;—Οὐκ ἄν μοι
δοκεῖ οὕτως ἔχειν.—Ἀλλὰ μέντοι, ἦν δ' ἐγώ, εἴπερ γε κατὰ
τὴν ἐναντιότητά τί τῳ [φίλῳ] φίλον ἐστίν, ἀνάγκη καὶ ταῦτα
φίλα εἶναι.—Ἀνάγκη.—Οὔτε ἄρα τὸ ὅμοιον τῷ ὁμοίῳ οὔτε
τὸ ἐναντίον τῷ ἐναντίῳ φίλον.—Οὐκ ἔοικεν.

Ἔτι δὲ καὶ τόδε σκεψώμεθα, μὴ ἔτι μᾶλλον ἡμᾶς λανθά-
νει τὸ φίλον ὡς ἀληθῶς οὐδὲν τούτων ὄν, ἀλλὰ τὸ μήτε
ἀγαθὸν μήτε κακὸν φίλον οὕτω ποτὲ γιγνόμενον τοῦ ἀγαθοῦ.
—Πῶς, ἦ δ' ὅς, λέγεις;—Ἀλλὰ μὰ Δία, ἦν δ' ἐγώ, οὐκ
οἶδα, ἀλλὰ τῷ ὄντι αὐτὸς εἰλιγγιῶ ὑπὸ τῆς τοῦ λόγου ἀπο-
ρίας, καὶ κινδυνεύει κατὰ τὴν ἀρχαίαν παροιμίαν τὸ καλὸν
φίλον εἶναι. ἔοικε γοῦν μαλακῷ τινι καὶ λείῳ καὶ λιπαρῷ·
διὸ καὶ ἴσως ῥᾳδίως διολισθαίνει καὶ διαδύεται ἡμᾶς, ἅτε
τοιοῦτον ὄν. λέγω γὰρ τἀγαθὸν καλὸν εἶναι· σὺ δ' οὐκ

a 5 ἀλλόκοτον Baiter: ἀλλοκότων BT: ἀλλοκότως t   b 4 ἢ τὸ
T: τὸ B (sed ἢ suprascr. B²)   b 7 τῷ φίλον Cornarius: τῷ φίλῳ
φίλον Bt: τῷ φίλῳ φίλον T   c 1 ἔτι μᾶλλον TW: om. B
λανθάνει] ει in ras. B   d 1 ἴσως] οὕτως Schanz

东西[209]，而不是渴望相似的东西；也即是说，干燥的东西渴望湿润的 215e5
东西，冷的东西渴望热的东西，苦的东西渴望甜的东西，锋利的东西渴
望钝的东西，空的东西渴望充满，而充满的东西则渴望空，并且其他东
西依照相同的道理也同样如此。因为相反的东西对于相反的东西来说会
是一种营养品；而相似的东西从相似的东西那儿不会得到任何益处。而 216a1
且，朋友啊，他也的确显得是巧妙的，当他说这些时，因为他说得很
好。但对你们来说，我说，他看起来说得怎样？——的确很好，墨涅克
塞诺斯说道，至少听起来是这样。——那么，我们会宣称相反的东西之
于相反的东西才最为是朋友吗？——完全如此。——好吧！我说；难道 216a5
听起来不奇怪吗，墨涅克塞诺斯啊？并且那些极其智慧的人，即那些精
通辩论技艺的人，他们将立马兴高采烈地扑向我们，并且问到，是否敌 216b1
意同友谊是最为相反的？对于他们我们将如何作答？或者岂不必然同意
他们说得正确？——必然。——于是，他们将说，有敌意的东西同友好
的东西是朋友吗，或者友好的东西同敌意的东西是朋友？——两者都不
是，他说道。——而正当的东西同不正当的东西，或者自制的东西同放 216b5
纵的东西，或者好的东西同坏的东西是朋友？——在我看来不会是这
样。——但是，我说，如果真的基于相反性某个东西才同某个东西是朋
友[210]，那么，这些东西也就必然是朋友。——必然。——因此，无论
是相似的东西同相似的东西，还是相反的东西同相反的东西，都不是朋
友。——看起来不。

然而，让我们继续考察下面这点，免得友好的东西愈发[211]逃脱 216c1
了我们的注意，那就是它其实[212]不属于这些东西，反倒是那既不好也
不坏的东西有时[213]成为了好的东西的朋友。——你为何这么说呢，他
说。——宙斯在上，我说，其实我也不知道；而事实上我自己也被讨 216c5
论的走投无路[214]弄得晕头转向，并且根据古老的谚语，有可能美的东
西才是朋友。至少它看起来像某种柔软的、光滑的和油亮亮的东西；也 216d1
正因为如此，它或许才如此轻易地从我们这里溜走和逃掉，鉴于它是这
样一种东西。因而我说好的东西是美的，而你不这么认为吗？——我肯

ΛΥΣΙΣ

οἴει;—Ἔγωγε.—Λέγω τοίνυν ἀπομαντευόμενος, τοῦ καλοῦ
τε καὶ ἀγαθοῦ φίλον εἶναι τὸ μήτε ἀγαθὸν μήτε κακόν·
πρὸς ἃ δὲ λέγων μαντεύομαι, ἄκουσον. δοκεῖ μοι ὡσπερεὶ
τρία ἄττα εἶναι γένη, τὸ μὲν ἀγαθόν, τὸ δὲ κακόν, τὸ δ' οὔτ'
ἀγαθὸν οὔτε κακόν· τί δὲ σοί;—Καὶ ἐμοί, ἔφη.—Καὶ οὔτε
τἀγαθὸν τἀγαθῷ οὔτε τὸ κακὸν τῷ κακῷ οὔτε τἀγαθὸν τῷ
κακῷ φίλον εἶναι, ὥσπερ οὐδ' ὁ ἔμπροσθεν λόγος ἐᾷ· λεί-
πεται δή, εἴπερ τῳ τί ἐστιν φίλον, τὸ μήτε ἀγαθὸν μήτε
κακὸν φίλον εἶναι ἢ τοῦ ἀγαθοῦ ἢ τοῦ τοιούτου οἷον αὐτό
ἐστιν. οὐ γὰρ ἄν που τῷ κακῷ φίλον ἄν τι γένοιτο.—
Ἀληθῆ.—Οὐδὲ μὴν τὸ ὅμοιον τῷ ὁμοίῳ ἔφαμεν ἄρτι· ἢ
γάρ;—Ναί.—Οὐκ ἄρα ἔσται τῷ μήτε ἀγαθῷ μήτε κακῷ τὸ
τοιοῦτον φίλον οἷον αὐτό.—Οὐ φαίνεται.—Τῷ ἀγαθῷ ἄρα
τὸ μήτε ἀγαθὸν μήτε κακὸν μόνῳ μόνον συμβαίνει γίγνεσθαι
φίλον.—Ἀνάγκη, ὡς ἔοικεν.

Ἆρ' οὖν καὶ καλῶς, ἦν δ' ἐγώ, ὦ παῖδες, ὑφηγεῖται ἡμῖν
τὸ νῦν λεγόμενον; εἰ γοῦν θέλοιμεν ἐννοῆσαι τὸ ὑγιαῖνον
σῶμα, οὐδὲν ἰατρικῆς δεῖται οὐδὲ ὠφελίας· ἱκανῶς γὰρ ἔχει,
ὥστε ὑγιαίνων οὐδεὶς ἰατρῷ φίλος διὰ τὴν ὑγίειαν. ἦ γάρ;
—Οὐδείς.—Ἀλλ' ὁ κάμνων οἶμαι διὰ τὴν νόσον.—Πῶς γὰρ
οὔ;—Νόσος μὲν δὴ κακόν, ἰατρικὴ δὲ ὠφέλιμον καὶ ἀγαθόν.
—Ναί.—Σῶμα δέ γέ που κατὰ τὸ σῶμα εἶναι οὔτε ἀγαθὸν
οὔτε κακόν.—Οὕτως.—Ἀναγκάζεται δέ γε σῶμα διὰ νόσον
ἰατρικὴν ἀσπάζεσθαι καὶ φιλεῖν.—Δοκεῖ μοι.—Τὸ μήτε
κακὸν ἄρα μήτ' ἀγαθὸν φίλον γίγνεται τοῦ ἀγαθοῦ διὰ κακοῦ
παρουσίαν.—Ἔοικεν.—Δῆλον δέ γε ὅτι πρὶν γενέσθαι αὐτὸ
κακὸν ὑπὸ τοῦ κακοῦ οὗ ἔχει. οὐ γὰρ δή γε κακὸν γεγονὸς
ἔτι ἄν τι τοῦ ἀγαθοῦ [οὗ] ἐπιθυμοῖ καὶ φίλον εἴη· ἀδύνατον
γὰρ ἔφαμεν κακὸν ἀγαθῷ φίλον εἶναι.—Ἀδύνατον γάρ.—

d 5 λέγων] βλέπων ci. anonymus apud Heindorf   e 2 δή
Heindorf: δ' BT   e 3 τοῦ ἀγαθοῦ B: οὐ τοῦ ἀγαθοῦ T   e 4 ἄν
που] δήπου Schanz   a 1 γίγνεσθαι φίλον TW: γίγνεσθαι B
a 4 ἐθέλοιμεν Ast   c 1 ἔτι ci. Salvini: ἔστι B: ἐστιν T   ἄν τι
. Schmidt: ἀντὶ BT: ἂν Heindorf   οὗ om. recc.

定这么认为。——因此,我说,仿佛在进行预言[215],那既不好也不坏的东西是那既美又好的东西的朋友;至于我进行预言而说的这些,请你听听。在我看来它们仿佛是三个种类[216],好的东西,坏的东西,以及既不好也不坏的东西。而在你看来是怎样?——在我看来也是这样,他说。——并且无论是好的东西之于好的东西,还是坏的东西之于坏的东西,还是好的东西之于坏的东西,都不是朋友,正如前面的讨论不允许的那样;而剩下的,如果某个东西对某个东西真的是朋友的话,那么,那既不好也不坏的东西,它或者是好的东西的朋友,或者是如它自身所是那样的诸如此类的东西的朋友。因为无论如何对于坏的东西来说任何东西都不会成为朋友。——正确。——甚至相似的东西之于相似的东西我们刚才声称也不会成为朋友;难道不是吗?——是。——那么,对于那既不好也不坏的东西来说,那如它自身所是那样的诸如此类的东西也将不是朋友。——显然不。——于是就会得出,唯有对于好的东西,单单那既不好也不坏的东西会成为朋友。——必然,如看起来的那样。

216d5

216e1

216e5

217a1

那么,我说,孩子们啊,刚才所说的,它正确地引导了我们吗?如果我们至少愿意思考一下健康的身体的话:它既不需要任何医术,也不需要什么帮助;因为它是自足的,从而没有任何人,当他是健康的时,他因健康而对一个医生来说是朋友。是这样吗?——没有人。——但患病的人,我认为由于疾病他会是。——为何不呢?——但疾病肯定是一种坏的东西,而医术则是一种有帮助的东西和好的东西。——是的。——而身体,就它作为身体来说,无论如何都既不是好的,也不是坏的。——是这样。——但身体至少会因疾病而被迫欢迎医术,并爱它。——在我看来是这样。——那么,那既不坏也不好的东西,它因某种坏的东西的在场而成为好的东西的朋友。——有可能。——但这无论如何都显然发生在他自身通过它所拥有的那种坏的东西而变坏之前。因为,一旦它真的已经变坏了,那它无论如何都不会再渴望好的东西了[217],并且是它的朋友;因为我们说过,坏的东西对于好的东西,不可能是朋友。——的确不可能。——那么请你们考虑一下我下面要说

217a5

217b1

217b5

217c1

Σκέψασθε δὴ ὃ λέγω. λέγω γὰρ ὅτι ἔνια μέν, οἷον ἂν ᾖ τὸ παρόν, τοιαῦτά ἐστι καὶ αὐτά, ἔνια δὲ οὔ. ὥσπερ εἰ ἐθέλοι τις χρώματί τῳ ὁτιοῦν [τι] ἀλεῖψαι, πάρεστίν που τῷ ἀλειφθέντι τὸ ἐπαλειφθέν.—Πάνυ γε.—Ἆρ' οὖν καὶ ἔστιν τότε τοιοῦτον τὴν χρόαν τὸ ἀλειφθέν, οἷον τὸ ἐπόν; —Οὐ μανθάνω, ἦ δ' ὅς.—Ἀλλ' ὧδε, ἦν δ' ἐγώ. εἴ τίς σου ξανθὰς οὔσας τὰς τρίχας ψιμυθίῳ ἀλείψειεν, πότερον τότε λευκαὶ εἶεν ἢ φαίνοιντ' ἄν;—Φαίνοιντ' ἄν, ἦ δ' ὅς.— Καὶ μὴν παρείη γ' ἂν αὐταῖς λευκότης.—Ναί.—Ἀλλ' ὅμως οὐδέν τι μᾶλλον ἂν εἶεν λευκαί πω, ἀλλὰ παρούσης λευκότητος οὔτε τι λευκαὶ οὔτε μέλαιναί εἰσιν.—Ἀληθῆ.—Ἀλλ' ὅταν δή, ὦ φίλε, τὸ γῆρας αὐταῖς ταὐτὸν τοῦτο χρῶμα ἐπαγάγῃ, τότε ἐγένοντο οἷόνπερ τὸ παρόν, λευκοῦ παρουσίᾳ λευκαί.—Πῶς γὰρ οὔ;—Τοῦτο τοίνυν ἐρωτῶ νῦν δή, εἰ ᾧ ἂν τι παρῇ, τοιοῦτον ἔσται τὸ ἔχον οἷον τὸ παρόν· ἢ ἐὰν μὲν κατά τινα τρόπον παρῇ, ἔσται, ἐὰν δὲ μή, οὔ;—Οὕτω μᾶλλον, ἔφη.—Καὶ τὸ μήτε κακὸν ἄρα μήτ' ἀγαθὸν ἐνίοτε κακοῦ παρόντος οὔπω κακόν ἐστιν, ἔστιν δ' ὅτε ἤδη τὸ τοιοῦτον γέγονεν.—Πάνυ γε.—Οὐκοῦν ὅταν μήπω κακὸν ᾖ κακοῦ παρόντος, αὕτη μὲν ἡ παρουσία ἀγαθοῦ αὐτὸ ποιεῖ ἐπιθυμεῖν· ἡ δὲ κακὸν ποιοῦσα ἀποστερεῖ αὐτὸ τῆς τε ἐπιθυμίας ἅμα καὶ τῆς φιλίας τοῦ ἀγαθοῦ. οὐ γὰρ ἔτι ἐστὶν οὔτε κακὸν οὔτε ἀγαθόν, ἀλλὰ κακόν· φίλον δὲ ἀγαθῷ κακὸν οὐκ ἦν.—Οὐ γὰρ οὖν.—Διὰ ταῦτα δὴ φαῖμεν ἂν καὶ τοὺς ἤδη σοφοὺς μηκέτι φιλοσοφεῖν, εἴτε θεοὶ εἴτε ἄνθρωποί εἰσιν οὗτοι· οὐδ' αὖ ἐκείνους φιλοσοφεῖν τοὺς οὕτως ἄγνοιαν ἔχοντας ὥστε κακοὺς εἶναι· κακὸν γὰρ καὶ ἀμαθῆ οὐδένα φιλοσοφεῖν. λείπονται δὴ οἱ ἔχοντες μὲν τὸ κακὸν τοῦτο, τὴν ἄγνοιαν, μήπω δὲ ὑπ' αὐτοῦ ὄντες ἀγνώμονες μηδὲ

c 5 τι BTW: om. recc.   c 6 πάνυ γε BW: om. T
c 7 ἀλειφθέν Heindorf: ἐπαλειφθέν BT   ἐπόν (vel ἐπιόν) Heindorf:
ἔτι ὂν BT   d 3 τότε Heindorf: ποτε BT   altero loco φαίνοιτ' ἄν
B   d 7 τοῦτο B: τοῦτο τὸ T   a 1 ἀγαθῷ κακὸν Heindorf:
ἀγαθῶν κακῷ T: ἀγαθὸν κακῷ Bt

的。其实我要说的是：一些东西，〈于它们那儿〉在场的那种东西是什么样子，它们自身甚至就是那个样子；一些则不。就像，如果一个人打算用某种颜色来涂抹任何东西[218]，那么，被用来涂抹的颜色肯定在场于被涂抹的东西那里。——当然。——那么，刚才[219]用颜色被涂抹的东西，在它上面的东西[220]是什么样子，它岂不也就是那个样子？——我没有明白，他说。——那就以下面这种方式来试试，我说。你的头发是金黄色，如果有人想用白色的铅粉来涂抹它们，那么，它们那时会是白色的，还是会显得是白色的？——会显得是，他说。——而且白色肯定会在场于它们那里。——是的。——然而[221]，它们到此时丝毫不[222]会是白色的，而且，即使白色在场，它们也既不是白色的，也不是黑色的。——正确。——但是，朋友啊，当老年把这同样的颜色带给它们时，那时它们就变成了如在场者那样的颜色，即通过白色的在场而变成了白色的。——为何不呢？——那好，而这就是我现在要问的，那就是，如果某种东西在场于某种东西那里，那么，在场的东西是什么样子，那具有它的那个东西也就将是那个样子吗？抑或，只有当在场于它的那个东西以某种方式在场时，它才将是那个样子，否则，将不是那个样子？——毋宁是后者这样，他说道。——那既不坏也不好的东西，即使某个坏的东西在场，它有时也还不是坏的，但有时[223]它却已经变成了那个样子。——完全如此。——因此，当它尚没有因某种坏的东西在场而是坏的时，坏的东西的这种在场使得它渴望某种好的东西；而使它已经变成坏的东西的那种在场，则使它既丧失了对好的东西的渴望，同时也使它丧失了同好的东西的友谊。因为，它不再是既不坏的也不好的，而是坏的；而对于好的东西，坏的东西向来就不是朋友[224]。——当然不是。——正由于这些我们也才能够宣称：那些已经智慧的人不再爱智慧，无论他们是诸神，还是一些人[225]。另一方面，下面那些人也不会爱智慧，那就是，他们由于如此地有着无知以至于是坏的；因为，任何一个坏人和无知的人都绝不爱智慧。于是，只还剩下这样一些人，他们虽然

ΛΥΣΙΣ

ἀμαθεῖς, ἀλλ' ἔτι ἡγούμενοι μὴ εἰδέναι ἃ μὴ ἴσασιν. διὸ b
δὴ καὶ φιλοσοφοῦσιν οἱ οὔτε ἀγαθοὶ οὔτε κακοί πω ὄντες,
ὅσοι δὲ κακοὶ οὐ φιλοσοφοῦσιν, οὐδὲ οἱ ἀγαθοί· οὔτε γὰρ
τὸ ἐναντίον τοῦ ἐναντίου οὔτε τὸ ὅμοιον τοῦ ὁμοίου φίλον
ἡμῖν ἐφάνη ἐν τοῖς ἔμπροσθεν λόγοις. ἢ οὐ μέμνησθε;— 5
Πάνυ γε, ἐφάτην.—Νῦν ἄρα, ἦν δ' ἐγώ, ὦ Λύσι τε καὶ
Μενέξενε, παντὸς μᾶλλον ἐξηυρήκαμεν ὃ ἔστιν τὸ φίλον καὶ
οὔ. φαμὲν γὰρ αὐτό, καὶ κατὰ τὴν ψυχὴν καὶ κατὰ τὸ
σῶμα καὶ πανταχοῦ, τὸ μήτε κακὸν μήτε ἀγαθὸν διὰ κακοῦ c
παρουσίαν τοῦ ἀγαθοῦ φίλον εἶναι.—Παντάπασιν ἐφάτην τε
καὶ συνεχωρείτην οὕτω τοῦτ' ἔχειν.

Καὶ δὴ καὶ αὐτὸς ἐγὼ πάνυ ἔχαιρον, ὥσπερ θηρευτής τις,
ἔχων ἀγαπητῶς ὃ ἐθηρευόμην. κἄπειτ' οὐκ οἶδ' ὁπόθεν μοι 5
ἀτοπωτάτη τις ὑποψία εἰσῆλθεν ὡς οὐκ ἀληθῆ εἴη τὰ
ὡμολογημένα ἡμῖν, καὶ εὐθὺς ἀχθεσθεὶς εἶπον· Βαβαῖ, ὦ
Λύσι τε καὶ Μενέξενε, κινδυνεύομεν ὄναρ πεπλουτηκέναι.

Τί μάλιστα; ἔφη ὁ Μενέξενος. d

Φοβοῦμαι, ἦν δ' ἐγώ, μὴ ὥσπερ ἀνθρώποις ἀλαζόσιν
λόγοις τισὶν τοιούτοις [ψευδέσιν] ἐντετυχήκαμεν περὶ τοῦ
φίλου.

Πῶς δή; ἔφη. 5

Ὧδε, ἦν δ' ἐγώ, σκοπῶμεν· φίλος ὃς ἂν εἴη, πότερόν
ἐστίν τῳ φίλος ἢ οὔ;—Ἀνάγκη, ἔφη.—Πότερον οὖν οὐδενὸς
ἕνεκα καὶ δι' οὐδέν, ἢ ἕνεκά του καὶ διά τι;—Ἕνεκά του καὶ
διά τι.—Πότερον φίλου ὄντος ἐκείνου τοῦ πράγματος, οὗ
ἕνεκα φίλος ὁ φίλος τῷ φίλῳ, ἢ οὔτε φίλου οὔτε ἐχθροῦ; 10
—Οὐ πάνυ, ἔφη, ἕπομαι.—Εἰκότως γε, ἦν δ' ἐγώ· ἀλλ' e
ὧδε ἴσως ἀκολουθήσεις, οἶμαι δὲ καὶ ἐγὼ μᾶλλον εἴσομαι
ὅτι λέγω. ὁ κάμνων, νυνδὴ ἔφαμεν, τοῦ ἰατροῦ φίλος· οὐχ
οὕτως;—Ναί.—Οὐκοῦν διὰ νόσον ἕνεκα ὑγιείας τοῦ ἰατροῦ

b6 πάνυ γε ἐφάτην· νῦν ἄρα B: νῦν πάνυ γε ἐφάτην ἄρα TW
b8 αὐτό] fort. οὕτω H. Richards   d3 ψευδέσιν secl. ci. Heindorf
d6 πότερον scr. recc.: πότερος BTW   e3 ἔφαμεν Heindorf:
φαμὲν BT

具有这种坏的东西，即无知，但尚未因它而是无知的和愚昧的，而是仍 218b1
然相信自己不知道自己所不知道的。因此，其实只有那些还是既不好也
不坏的人爱智慧，而所有那些坏人都不爱智慧，所有那些好人也不；因
为，无论是相反的东西之于相反的东西，还是相似的东西之于相似的东
西，都不是朋友，这在前面的那些讨论中[226]已经向我们显明了。难道 218b5
你们已经不记得了？——当然记得，他俩〈异口同声地〉说道。——那
么现在，我说，吕西斯和墨涅克塞诺斯啊，我们必定[227]已经发现了友
好的东西是什么和不是什么。因为我们主张，无论是就灵魂来说，还是
就身体来说，还是在其他方方面面，那既不坏也不好的东西，它由于坏 218c1
的东西的在场而是好的东西的朋友。——当然，他俩也声称并同意事情
就是这个样子。

而我自己感到非常高兴，就像一个猎人似的，因为我心满意足地捉 218c5
住了我所追捕的东西。而随后我不知道从什么地方一种极其荒谬的怀疑
进入到我的脑海里，说被我们所同意的那些不是真的，并且我由于立马
感到烦恼就说道：哎呀，吕西斯和墨涅克塞诺斯啊，我们有可能只是在
梦里变得富有了[228]。

究竟为什么呢？[229] 墨涅克塞诺斯说道。 218d1

我担心[230]，我说，我们就像遇到了一些夸夸其谈的人似的，关于友
好的东西我们也遇到了这样一些虚假的说法[231]。

究竟为何？他说道。 218d5

让我们以下面这种方式，我说，进行考察：一个人，如果他会是朋
友，那么，他对于某个人是朋友呢，还是不？——必然对于某个人，他
说道。——那么，他不是为了任何东西和由于任何东西，还是为了某种
东西和由于某种东西[232]而对某个人是朋友？——为了某个东西和由于
某个东西。——为之朋友对朋友才是友好的那个东西[233]，它自身是友
好的呢，还是说，它既不是友好的，也不是敌意的？——我完全无法跟 218d10
上，他说道。——的确可以理解，我说；但以下面这种方式或许你就能 218e1
跟上，而我认为，我自己也将更为知道我所说的。患病的人，我们刚才
说过，他是医生的朋友；难道不是这样吗？——是。——那么，岂不由

ΠΛΑΤΩΝΟΣ

φίλος;—Ναί.—Ἡ δέ γε νόσος κακόν;—Πῶς δ' οὔ;—Τί δὲ
ὑγίεια; ἦν δ' ἐγώ· ἀγαθὸν ἢ κακὸν ἢ οὐδέτερα;—Ἀγαθόν,
ἔφη.—Ἐλέγομεν δ' ἄρα, ὡς ἔοικεν, ὅτι τὸ σῶμα, οὔτε ἀγα-
θὸν οὔτε κακὸν ⟨ὄν⟩, διὰ τὴν νόσον, τοῦτο δὲ διὰ τὸ κακόν,
τῆς ἰατρικῆς φίλον ἐστίν, ἀγαθὸν δὲ ἰατρική· ἕνεκα δὲ τῆς
ὑγιείας τὴν φιλίαν ἡ ἰατρικὴ ἀνῄρηται, ἡ δὲ ὑγίεια ἀγαθόν.
ἦ γάρ;—Ναί.—Φίλον δὲ ἢ οὐ φίλον ἡ ὑγίεια;—Φίλον.—
Ἡ δὲ νόσος ἐχθρόν.—Πάνυ γε.—Τὸ οὔτε κακὸν οὔτε
ἀγαθὸν ἄρα διὰ τὸ κακὸν καὶ τὸ ἐχθρὸν τοῦ ἀγαθοῦ φίλον
ἐστὶν ἕνεκα τοῦ ἀγαθοῦ καὶ φίλου.—Φαίνεται.—Ἕνεκα ἄρα
τοῦ φίλου ⟨τοῦ φίλου⟩ τὸ φίλον φίλον διὰ τὸ ἐχθρόν.—
Ἔοικεν.

Εἶεν, ἦν δ' ἐγώ. ἐπειδὴ ἐνταῦθα ἥκομεν, ὦ παῖδες,
πρόσσχωμεν τὸν νοῦν μὴ ἐξαπατηθῶμεν. ὅτι μὲν γὰρ φίλον
τοῦ φίλου τὸ φίλον γέγονεν, ἐῶ χαίρειν, καὶ τοῦ ὁμοίου γε
τὸ ὅμοιον φίλον γίγνεται, ὃ φαμεν ἀδύνατον εἶναι· ἀλλ'
ὅμως τόδε σκεψώμεθα, μὴ ἡμᾶς ἐξαπατήσῃ τὸ νῦν λεγό-
μενον. ἡ ἰατρική, φαμέν, ἕνεκα τῆς ὑγιείας φίλον.—Ναί.
—Οὐκοῦν καὶ ἡ ὑγίεια φίλον;—Πάνυ γε.—Εἰ ἄρα φίλον,
ἕνεκά του.—Ναί.—Φίλου γέ τινος δή, εἴπερ ἀκολουθήσει τῇ
πρόσθεν ὁμολογίᾳ.—Πάνυ γε.—Οὐκοῦν καὶ ἐκεῖνο φίλον αὖ
ἔσται ἕνεκα φίλου;—Ναί.—Ἆρ' οὖν οὐκ ἀνάγκη ἀπειπεῖν
ἡμᾶς οὕτως ἰόντας ἢ ἀφικέσθαι ἐπί τινα ἀρχήν, ἢ οὐκέτ'
ἐπανοίσει ἐπ' ἄλλο φίλον, ἀλλ' ἥξει ἐπ' ἐκεῖνο ὅ ἐστιν
πρῶτον φίλον, οὗ ἕνεκα καὶ τὰ ἄλλα φαμὲν πάντα φίλα
εἶναι;—Ἀνάγκη.—Τοῦτο δή ἐστιν ὃ λέγω, μὴ ἡμᾶς τἆλλα
πάντα ἃ εἴπομεν ἐκείνου ἕνεκα φίλα εἶναι, ὥσπερ εἴδωλα

a 2 ὄν add. Heindorf   διὰ τὸ κα|κὸν B (sed διὰ in ras. et τὸ κα
extra lineam suppl. B²)   a 3 δὲ] δ' ἡ Heindorf   a 4 ἀνῄρηται
B T (sed suprascr. ἐπ B² t)   b 3 τοῦ φίλου addidi : post τὸ φίλον add.
Hermann   b 6 πρόσσχωμεν T : πρόσχωμεν B   b 7 γε] γ' ὅτι ci.
Madvig   b 8 φαμὲν B T : ἔφαμεν t   c 2 ἡ B T : om. W   c 3 δὴ
W : δεῖ B T (an δή τινος ! Schanz)   c 6 ἢ Schanz : καὶ B T   ἢ
recc. : ἢ B T : ἢ W   c 7 ἄλλο scr. recc. : ἄλλον B T   ἀλλ' ἥξει
secl. Schanz   d 1 ⟨τὸ⟩ πρῶτον Heindorf   d 2 ἡμᾶς τἆλλα T
et γρ. W : μάλιστα ἄλλα B : μάλιστα ἀλλὰ B² W

于疾病为了健康他才是医生的朋友?——是。——但疾病肯定是一种坏的东西吧?——那还用说?——而健康又是什么呢,我说;它是一种好的东西,还是一种坏的东西,还是两者都不是?——一种好的东西,他说道。——而我们肯定已经说过,如看起来的那样,身体,因为它既不是好的也不是坏的[234],由于疾病,即由于坏的东西,它之于医术是友好的,而医术是一种好的东西;但为了健康医术才获得了友谊,而健康是一种好的东西。是这样吗?——是。——但健康是某种友好的东西呢,抑或不是某种友好的东西?——某种友好的东西。——而疾病是某种有敌意的东西。——当然。——那么,那既不坏也不好的东西,它由于坏的东西和有敌意的东西,为了好的东西和友好的东西而是好的东西的朋友。——显然。——因此,为了友好的东西,友好的东西由于敌意的东西而是友好的东西的朋友[235]。——看起来是这样。

好吧,我说。既然我们已经走到了这儿,孩子们啊,那就让我们注意,我们不要被欺骗了。因为,友好的东西成为了友好的东西的朋友,因而相似的东西成为相似的东西的朋友[236],让我将这放到一边[237],因为我们宣称这是不可能的[238]。尽管如此,但还是让我们考察一下下面这点,以免我们现在所说的欺骗我们。医术,我们宣称,为了健康而是某种友好的东西。——是。——那么,健康岂不也是某种友好的东西?——当然。——如果它真是某种友好的东西,那它肯定是为了某种东西。——是的。——而且肯定是为了某种友好的东西,如果要同前面的同意保持一致的话。——完全如此。——而那种东西岂不也复又为了某种友好的东西而将是友好的?——是的。——那么,这岂不是必然的,那就是,要么我们这样往前走而最终变得筋疲力尽[239],要么我们抵达了某个本源[240]那里,它不再将被归因于其他某个友好的东西[241],它关乎这样一种东西[242],这种东西自身就是首要友好的东西[243],也正是为了它我们才说其他的东西是友好的东西。——必然。——那么这才是我在说的,那就是:其他所有那些东西,我们说为了那种首要友好的东西它们才是

ΛΥΣΙΣ

ἄττα ὄντα αὐτοῦ, ἐξαπατᾷ, ᾗ δ' ἐκεῖνο τὸ πρῶτον, ὃ ὡς
ἀληθῶς ἐστι φίλον. ἐννοήσωμεν γὰρ οὑτωσί· ὅταν τίς τι
περὶ πολλοῦ ποιῆται, οἷόνπερ ἐνίοτε πατὴρ ὑὸν ἀντὶ πάντων
τῶν ἄλλων χρημάτων προτιμᾷ, ὁ δὴ τοιοῦτος ἕνεκα τοῦ τὸν
ὑὸν περὶ παντὸς ἡγεῖσθαι ἆρα καὶ ἄλλο τι ἂν περὶ πολλοῦ
ποιοῖτο; οἷον εἰ αἰσθάνοιτο αὐτὸν κώνειον πεπωκότα, ἆρα
περὶ πολλοῦ ποιοῖτ' ἂν οἶνον, εἴπερ τοῦτο ἡγοῖτο τὸν ὑὸν
σώσειν;—Τί μήν; ἔφη.—Οὐκοῦν καὶ τὸ ἀγγεῖον, ἐν ᾧ ὁ
οἶνος ἐνείη;—Πάνυ γε.—Ἆρ' οὖν τότε οὐδὲν περὶ πλείονος
ποιεῖται, κύλικα κεραμέαν ἢ τὸν ὑὸν τὸν αὑτοῦ, οὐδὲ τρεῖς
κοτύλας οἴνου ἢ τὸν ὑόν; ἢ ὧδέ πως ἔχει· πᾶσα ἡ τοιαύτη
σπουδὴ οὐκ ἐπὶ τούτοις ἐστὶν ἐσπουδασμένη, ἐπὶ τοῖς ἕνεκά
του παρασκευαζομένοις, ἀλλ' ἐπ' ἐκείνῳ οὗ ἕνεκα πάντα τὰ
τοιαῦτα παρασκευάζεται. οὐχ ὅτι πολλάκις λέγομεν ὡς
περὶ πολλοῦ ποιούμεθα χρυσίον καὶ ἀργύριον· ἀλλὰ μὴ
οὐδέν τι μᾶλλον οὕτω τό γε ἀληθὲς ἔχῃ, ἀλλ' ἐκεῖνό ἐστιν
ὃ περὶ παντὸς ποιούμεθα, ὃ ἂν φανῇ ὄν, ὅτου ἕνεκα καὶ
χρυσίον καὶ πάντα τὰ παρασκευαζόμενα παρασκευάζεται.
ἆρ' οὕτως φήσομεν;—Πάνυ γε.—Οὐκοῦν καὶ περὶ τοῦ φίλου
ὁ αὐτὸς λόγος; ὅσα γάρ φαμεν φίλα εἶναι ἡμῖν ἕνεκα φίλου
τινὸς ἑτέρου, ῥήματι φαινόμεθα λέγοντες αὐτό· φίλον δὲ
τῷ ὄντι κινδυνεύει ἐκεῖνο αὐτὸ εἶναι, εἰς ὃ πᾶσαι αὗται αἱ
λεγόμεναι φιλίαι τελευτῶσιν.—Κινδυνεύει οὕτως, ἔφη, ἔχειν.
—Οὐκοῦν τό γε τῷ ὄντι φίλον οὐ φίλου τινὸς ἕνεκα φίλον
ἐστίν;—Ἀληθῆ.

Τοῦτο μὲν δὴ ἀπήλλακται, μὴ φίλου τινὸς ἕνεκα τὸ
φίλον φίλον εἶναι· ἀλλ' ἆρα τὸ ἀγαθόν ἐστιν φίλον;—
Ἔμοιγε δοκεῖ.—Ἆρ' οὖν διὰ τὸ κακὸν τὸ ἀγαθὸν φιλεῖται,
καὶ ἔχει ὧδε· εἰ τριῶν ὄντων ὧν νυνδὴ ἐλέγομεν, ἀγαθοῦ
καὶ κακοῦ καὶ μήτε ἀγαθοῦ μήτε κακοῦ, τὰ δύο λειφθείη, τὸ

d 5 ἐννοήσω μὲν T   ὅταν ci. Stephanus : ὃ ἂν BT : εἰ ὃ ἂν W
τι secl. Heindorf (servato ὃ ἄν)   θ 6 κεραμέαν TW : κεραμέα B
b 1 ἑτέρου Hermann : ἑτέρῳ BT   c 2 λειφθείη Heindorf : λιφθείη
(ut videtur) B : ληφθείη B²T

友好的东西,它们就像是它的一些影子似的,让它们不要欺骗我们;而那首要友好的东西,它才可能是真正友好的[244]。其实让我们这样来进行思考:当一个人高度重视某种东西,就像一个父亲有时珍视他的儿子胜过所有其他的所有物那样,那么,这样一个人,他也会为了最为看重儿子这件事[245]而高度重视其他某种东西吗?例如,如果他察觉他儿子喝了毒芹汁,那么他会高度重视酒吗,假如他认为这种东西能够救儿子的话?——那还用说?他说道。——岂不还有酒在其中的那个器皿?——当然。——那么,难道那时他就更为重视的,是一个陶土做的杯子,而不是他的儿子,是三壶酒[246]而不是儿子?或者约莫是这个样子:所有诸如此类的热忱都不是对这些为了某种东西才被准备出来的东西的热忱,而是对那为了它所有诸如此类的东西才被准备出来的东西的热忱。虽然[247]我们经常说,我们非常珍视金子和银子;但真相其实根本就不是这个样子,相反,我们最为珍视的那种东西,无论它会显得是什么,是为了它金子以及其他所有被准备出来的东西才得以被准备的那种东西。我们会这样主张吗?——肯定。——那么,同样的说法甚至适用于友好的东西吗?因为我们宣称为了另外某个友好的东西而对我们是友好的所有东西,我们显得仅仅在用一个语词说它而已;而朋友在是的方式上[248]有可能恰恰是所有那些所谓的友谊所旨在的那种东西。——有可能,他说道,就是这样。——因此,那在是的方式上是着的友好的东西[249],岂不一定不是为了另外某个友好的东西而是友好的?——正确。

那么,下面这点就已经被排除了,那就是,友好的东西为了另外某个友好的东西而是友好的;然而,好的东西是友好的吗?——至少在我看来它是。——那么,难道是由于坏的东西好的东西才被爱吗,并且情况是下面这样:如果我们刚才说过的那三种是着的东西[250],即好的东西、坏的东西以及既不好也不坏的东西,其中两个被保留了下来,而坏的东西却完全走到了一边去,并且不会触及任何东西,既不会触及身体,也不会触及灵魂,也不会触及其他那些我们确实宣称它们自在自为

δὲ κακὸν ἐκποδὼν ἀπέλθοι καὶ μηδενὸς ἐφάπτοιτο μήτε
σώματος μήτε ψυχῆς μήτε τῶν ἄλλων, ἃ δή φαμεν αὐτὰ
καθ' αὑτὰ οὔτε κακὰ εἶναι οὔτε ἀγαθά, ἆρα τότε οὐδὲν ἂν
ἡμῖν χρήσιμον εἴη τὸ ἀγαθόν, ἀλλ' ἄχρηστον ἂν γεγονὸς
εἴη; εἰ γὰρ μηδὲν ἡμᾶς ἔτι βλάπτοι, οὐδὲν ἂν οὐδεμιᾶς
ὠφελίας δεοίμεθα, καὶ οὕτω δὴ ἂν τότε γένοιτο κατάδηλον
ὅτι διὰ τὸ κακὸν τἀγαθὸν ἠγαπῶμεν καὶ ἐφιλοῦμεν, ὡς
φάρμακον ὂν τοῦ κακοῦ τὸ ἀγαθόν, τὸ δὲ κακὸν νόσημα·
νοσήματος δὲ μὴ ὄντος οὐδὲν δεῖ φαρμάκου. ἆρ' οὕτω
πέφυκέ τε καὶ φιλεῖται τἀγαθὸν διὰ τὸ κακὸν ὑφ' ἡμῶν, τῶν
μεταξὺ ὄντων τοῦ κακοῦ τε καὶ τἀγαθοῦ, αὐτὸ δ' ἑαυτοῦ
ἕνεκα οὐδεμίαν χρείαν ἔχει;—Ἔοικεν, ἦ δ' ὅς, οὕτως ἔχειν.
—Τὸ ἄρα φίλον ἡμῖν ἐκεῖνο, εἰς ὃ ἐτελεύτα πάντα τὰ ἄλλα
—ἕνεκα ἑτέρου φίλου φίλα ἔφαμεν εἶναι ἐκεῖνα—οὐδὲν [δὲ]
τούτοις ἔοικεν. ταῦτα μὲν γὰρ φίλου ἕνεκα φίλα κέκληται,
τὸ δὲ τῷ ὄντι φίλον πᾶν τοὐναντίον τούτου φαίνεται πεφυ-
κός· φίλον γὰρ ἡμῖν ἀνεφάνη ὂν ἐχθροῦ ἕνεκα, εἰ δὲ τὸ
ἐχθρὸν ἀπέλθοι, οὐκέτι, ὡς ἔοικ', ἔσθ' ἡμῖν φίλον.—Οὔ μοι
δοκεῖ, ἔφη, ὥς γε νῦν λέγεται.—Πότερον, ἦν δ' ἐγώ, πρὸς
Διός, ἐὰν τὸ κακὸν ἀπόληται, οὐδὲ πεινῆν ἔτι ἔσται οὐδὲ
διψῆν οὐδὲ ἄλλο οὐδὲν τῶν τοιούτων; ἢ πείνη μὲν ἔσται,
ἐάνπερ ἄνθρωποί τε καὶ τἆλλα ζῷα ᾖ, οὐ μέντοι βλαβερά
γε; καὶ δίψα δὴ καὶ αἱ ἄλλαι ἐπιθυμίαι, ἀλλ' οὐ κακαί, ἅτε
τοῦ κακοῦ ἀπολωλότος; ἢ γελοῖον τὸ ἐρώτημα, ὅτι ποτ'
ἔσται τότε ἢ μὴ ἔσται; τίς γὰρ οἶδεν; ἀλλ' οὖν τόδε γ'
ἴσμεν, ὅτι καὶ νῦν ἔστιν πεινῶντα βλάπτεσθαι, ἔστιν δὲ καὶ
ὠφελεῖσθαι. ἦ γάρ;—Πάνυ γε.—Οὐκοῦν καὶ διψῶντα καὶ
τῶν ἄλλων τῶν τοιούτων πάντων ἐπιθυμοῦντα ἔστιν ἐνίοτε
μὲν ὠφελίμως ἐπιθυμεῖν, ἐνίοτε δὲ βλαβερῶς, ἐνίοτε δὲ
μηδέτερα;—Σφόδρα γε.—Οὐκοῦν ἐὰν ἀπολλύηται τὰ κακά,
ἅ γε μὴ τυγχάνει ὄντα κακά, τί προσήκει τοῖς κακοῖς συν-

e 1 ἃ ante ἕνεκα add. Cornarius secl. mox ἐκεῖνα post εἶναι   δὲ]
δὴ Heindorf: om. Cornarius   a 2 ἐάνπερ] ἕωσπερ ἂν ci. H. Richards
b 4 τυγχάνει scr. recc.: τυγχάνῃ B T W

地²⁵¹ 既不是坏的也不是好的的东西,那么,那时对我们来说好的东西 220c5
就不会是有任何用处的,而是会成为了无用的?因为,如果不再有任何
东西伤害我们,那么,我们就不会需要任何的帮助;并且由此一来,那 220d1
时下面这点也就肯定会变得一清二楚了,那就是:正是由于坏的东西我
们才珍视和热爱好的东西,仿佛好的东西是医治坏的东西的药物似的,
而坏的东西是一种疾病;而如果没有任何疾病,那也就不需要任何药
物。难道好的东西生来就是这个样子吗,并且正是由于坏的东西才被我 220d5
们这些处在好的东西和坏的东西之间的东西所爱,而它自身为了它自身
是没有任何用处的? ——有可能,他说,事情就是这样。——那么,对
我们来说友好的、所有其他的东西——它们正是为了另外某个友好的东
西我们宣称它们是友好的²⁵²——都旨在的那种东西,它与这些东西根本 220e1
就没有任何相似之处²⁵³。因为,一方面,这些东西为了另外某个友好的
东西而被称作友好的;另一方面,那以是的方式是着的友好的东西,它
生来就显得是完全与这相反的。因为,它对我们显得正是为了某个仇敌
它才对我们是友好的,但如果仇敌离开了,如看起来的那样,它就不再 220e5
对我们是友好的了。——在我看来它不再是了,他说道,至少根据现在
所说的。——宙斯在上,我说,如果恶的东西毁灭了,那么,是否就将
不再有饥饿、干渴或其他任何诸如此类的东西了吗?抑或,虽然仍将有 221a1
饥饿,只要还有着人和其他的生类,但它至少不再是一种有害的东西?
进而即使仍然有干渴和其他各种欲望,但它们也不是坏的,鉴于坏的东
西已经毁灭了?或者这种提问可笑吗,那就是:到那时究竟什么将是 221a5
〈着〉,或者什么将不是〈着〉?究竟谁知道呢?但至少我们知道下面这
点:甚至现在²⁵⁴,一个饥饿者既有可能被饥饿所伤害,但也可能被它所
助益。是这样吗?——当然。——那么,岂不进而一个干渴者以及其他 221b1
如此这般的所有欲望者,有时候在有益地进行欲望,有时候则在有害地
进行欲望,有时候则两者都不?——完全如此。——那么,如果各种坏
的东西都毁灭了,那么,那些其实恰恰不是坏的东西,为什么就应当同
那些坏的东西一起毁灭呢²⁵⁵?——不应当。——因此,仍然将有那些 221b5

ΛΥΣΙΣ

ἀπόλλυσθαι;—Οὐδέν.—Ἔσονται ἄρα αἱ μήτε ἀγαθαὶ μήτε κακαὶ ἐπιθυμίαι καὶ ἐὰν ἀπόληται τὰ κακά.—Φαίνεται.— Οἷόν τε οὖν ἐστιν ἐπιθυμοῦντα καὶ ἐρῶντα τούτου οὗ ἐπιθυμεῖ καὶ ἐρᾷ μὴ φιλεῖν;—Οὐκ ἔμοιγε δοκεῖ.—Ἔσται ἄρα καὶ τῶν κακῶν ἀπολομένων, ὡς ἔοικεν, φίλ' ἄττα.—Ναί.— Οὐκ ἄν, εἴ γε τὸ κακὸν αἴτιον ἦν τοῦ φίλον τι εἶναι, οὐκ ἂν ἦν τούτου ἀπολομένου φίλον ἕτερον ἑτέρῳ. αἰτίας γὰρ ἀπολομένης ἀδύνατόν που ἦν ἔτ' ἐκεῖνο εἶναι, οὗ ἦν αὕτη ἡ αἰτία.—Ὀρθῶς λέγεις.—Οὐκοῦν ὡμολόγηται ἡμῖν τὸ φίλον φιλεῖν τι καὶ διά τι· καὶ ᾠήθημεν τότε γε διὰ τὸ κακὸν τὸ μήτε ἀγαθὸν μήτε κακὸν τὸ ἀγαθὸν φιλεῖν;—Ἀληθῆ.— Νῦν δέ γε, ὡς ἔοικε, φαίνεται ἄλλη τις αἰτία τοῦ φιλεῖν τε καὶ φιλεῖσθαι.—Ἔοικεν.—Ἆρ' οὖν· τῷ ὄντι, ὥσπερ ἄρτι ἐλέγομεν, ἡ ἐπιθυμία τῆς φιλίας αἰτία, καὶ τὸ ἐπιθυμοῦν φίλον ἐστὶν τούτῳ οὗ ἐπιθυμεῖ καὶ τότε ὅταν ἐπιθυμῇ, ὃ δὲ τὸ πρότερον ἐλέγομεν φίλον εἶναι, ὕθλος τις ἦν, ὥσπερ ποίημα μακρὸν συγκείμενον;—Κινδυνεύει, ἔφη.—Ἀλλὰ μέντοι, ἦν δ' ἐγώ, τό γε ἐπιθυμοῦν, οὗ ἂν ἐνδεὲς ᾖ, τούτου ἐπιθυμεῖ. ἦ γάρ;—Ναί.—Τὸ δ' ἐνδεὲς ἄρα φίλον ἐκείνου οὗ ἂν ἐνδεὲς ᾖ;—Δοκεῖ μοι.—Ἐνδεὲς δὲ γίγνεται οὗ ἄν τι ἀφαιρῆται.—Πῶς δ' οὔ;—Τοῦ οἰκείου δή, ὡς ἔοικεν, ὅ τε ἔρως καὶ ἡ φιλία καὶ ἡ ἐπιθυμία τυγχάνει οὖσα, ὡς φαίνεται, ὦ Μενέξενέ τε καὶ Λύσι.—Συνεφάτην.—Ὑμεῖς ἄρα εἰ φίλοι ἐστὸν ἀλλήλοις, φύσει πῃ οἰκεῖοί ἐσθ' ὑμῖν αὐτοῖς.—Κομιδῇ, ἐφάτην.—Καὶ εἰ ἄρα τις ἕτερος ἑτέρου ἐπιθυμεῖ, ἦν δ' ἐγώ, ὦ παῖδες, ἢ ἐρᾷ, οὐκ ἄν ποτε ἐπεθύμει οὐδὲ ἤρα οὐδὲ ἐφίλει, εἰ μὴ οἰκεῖός πῃ τῷ ἐρωμένῳ ἐτύγχανεν ὢν ἢ κατὰ τὴν ψυχὴν ἢ κατά τι τῆς ψυχῆς ἦθος ἢ τρόπους ἢ εἶδος.— Πάνυ γε, ἔφη ὁ Μενέξενος· ὁ δὲ Λύσις ἐσίγησεν.—Εἶεν,

b 6 ἀπόληται scr. recc. : ἀπόλληται ΒΤ: ἀπολύηται W   c 2 οὐκ ἄν] οὐ τἄν ci. H. Richards   c 4 ἄν post ἀδύνατον add. ci. Goldbacher   d 6 ποίημα μακρὸν] ποίημα μάτην ci. Ast : ποίημα Κρόνῳ ci. Madvig   e 2 τι Stephanus : τις ΒΤ   e 5 λύσι Τ: λύσις Β   a 2 τῷ ἐρωμένῳ Τ: τῶν ἐρωμένων Β W   ὢν Τ: ὃν Β   a 3 τρόπους Β Τ (sed υ erasum in B)

既不好也不坏的欲望，即使各种坏的东西都毁灭了。——显然。——那么这是可能的吗，一个人，他虽然对某种东西有欲望和满怀爱欲，但对他所欲望和满怀爱欲的那种东西，他却并不爱？——至少在我看来不可能。——因此，即使各种坏的东西都毁灭了，如看起来的那样，仍将有一些友好的东西。——是的。——肯定不会，如果坏的东西真的向来就是某个东西是友好的这件事的原因[256]，那么，当这种东西毁灭后，一个东西之于另一个东西就不会再是友好的了。因为，如果原因毁灭了，那么，下面这点就肯定是不可能的，即它是其原因的那个东西依然还是〈在那儿〉。——你说得正确。——而我们岂不已经同意，友好的东西正是由于某种东西才爱某种东西；并且我们那时至少认为，正是由于坏的东西，那既不好也不坏的东西才爱好的东西？——正确。——而现在，如看起来的那样，另外某种原因显得是爱和被爱的原因。——似乎是这样。——那么，事实上，正如刚才我们所说的，难道欲望才是友谊的原因，并且在欲望的东西对于它所欲望的那个东西是友好的，只要那时它还在欲望；而我们先前就〈什么〉是友好的所说的，只是一种胡扯而已，就像一篇被写就的冗长诗作似的[257]。——有可能，他说道。——但是，我说，欲望者肯定欲望它所欠缺的东西。是这样吗？——是。——因此，欠缺者对于它所欠缺的那种东西来说是友好的？——在我看来是。——而什么从它那里被取走了，它也就变得欠缺什么。——为何不呢？——那么，亲近的东西，如看起来的那样，爱欲、友谊和欲望显然恰恰是与之相关的，墨涅克塞诺斯和吕西斯啊。——他俩一致同意。——那么，如果你们俩彼此是朋友，那么，你们也就在本性上以某种方式是互相亲近的。——的确，他俩说道。——因此，如果一个人渴求另一个人，我说，孩子们啊，或者对他满怀爱欲，那么，他既不会渴求他，也不会对他满怀爱欲，也不会爱他，除非他在某种方式上恰恰同那被他满怀爱欲的人是亲近的，无论是在灵魂方面，还是在灵魂的某种习性方面，还是在各种生活方式上，还是在模样上。——肯定是这样，墨涅克

ἦν δ' ἐγώ. τὸ μὲν δὴ φύσει οἰκεῖον ἀναγκαῖον ἡμῖν πέφαν-
ται φιλεῖν.—Ἔοικεν, ἔφη.—Ἀναγκαῖον ἄρα τῷ γνησίῳ
ἐραστῇ καὶ μὴ προσποιήτῳ φιλεῖσθαι ὑπὸ τῶν παιδικῶν.—
Ὁ μὲν οὖν Λύσις καὶ ὁ Μενέξενος μόγις πως ἐπενευσάτην,
ὁ δὲ Ἱπποθάλης ὑπὸ τῆς ἡδονῆς παντοδαπὰ ἠφίει χρώματα.
   Καὶ ἐγὼ εἶπον, βουλόμενος τὸν λόγον ἐπισκέψασθαι, Εἰ
μέν τι τὸ οἰκεῖον τοῦ ὁμοίου διαφέρει, λέγοιμεν ἄν τι, ὡς
ἐμοὶ δοκεῖ, ὦ Λύσι τε καὶ Μενέξενε, περὶ φίλου, ὃ ἔστιν·
εἰ δὲ ταὐτὸν τυγχάνει ὂν ὅμοιόν τε καὶ οἰκεῖον, οὐ ῥᾴδιον
ἀποβαλεῖν τὸν πρόσθεν λόγον, ὡς οὐ τὸ ὅμοιον τῷ ὁμοίῳ
κατὰ τὴν ὁμοιότητα ἄχρηστον· τὸ δὲ ἄχρηστον φίλον
ὁμολογεῖν πλημμελές. βούλεσθ' οὖν, ἦν δ' ἐγώ, ἐπειδὴ
ὥσπερ μεθύομεν ὑπὸ τοῦ λόγου, συγχωρήσωμεν καὶ φῶμεν
ἕτερόν τι εἶναι τὸ οἰκεῖον τοῦ ὁμοίου;—Πάνυ γε.—Πότερον
οὖν καὶ τἀγαθὸν οἰκεῖον θήσομεν παντί, τὸ δὲ κακὸν ἀλλότριον
εἶναι; ἢ τὸ μὲν κακὸν τῷ κακῷ οἰκεῖον, τῷ δὲ ἀγαθῷ τὸ
ἀγαθόν, τῷ δὲ μήτε ἀγαθῷ μήτε κακῷ τὸ μήτε ἀγαθὸν
μήτε κακόν;—Οὕτως ἐφάτην δοκεῖν σφίσιν ἕκαστον ἑκάστῳ
οἰκεῖον εἶναι.—Πάλιν ἄρα, ἦν δ' ἐγώ, ὦ παῖδες, οὓς τὸ
πρῶτον λόγους ἀπεβαλόμεθα περὶ φιλίας, εἰς τούτους
εἰσπεπτώκαμεν· ὁ γὰρ ἄδικος τῷ ἀδίκῳ καὶ ὁ κακὸς τῷ
κακῷ οὐδὲν ἧττον φίλος ἔσται ἢ ὁ ἀγαθὸς τῷ ἀγαθῷ.—
Ἔοικεν, ἔφη.—Τί δέ; τὸ ἀγαθὸν καὶ τὸ οἰκεῖον ἂν ταὐτὸν
φῶμεν εἶναι, ἄλλο τι ἢ ὁ ἀγαθὸς τῷ ἀγαθῷ μόνον φίλος;—
Πάνυ γε.—Ἀλλὰ μὴν καὶ τοῦτό γε ᾠόμεθα ἐξελέγξαι ἡμᾶς
αὐτούς· ἢ οὐ μέμνησθε;—Μεμνήμεθα.
   Τί οὖν ἂν ἔτι χρησαίμεθα τῷ λόγῳ; ἢ δῆλον ὅτι οὐδέν;
δέομαι οὖν, ὥσπερ οἱ σοφοὶ ἐν τοῖς δικαστηρίοις, τὰ εἰρημένα
ἅπαντα ἀναπεμπάσασθαι. εἰ γὰρ μήτε οἱ φιλούμενοι μήτε

b4 τί ὡς T : πως B W   b7 ἀποβαλεῖν T : ἀπολιπεῖν B : ἀπολεῖν
W sed γρ. καὶ ἀπολιπεῖν καὶ ἀποβαλεῖν in marg. W   c2 μεθύομεν
in marg. T : μυθεύομεν BT   c4 θήσομεν] φήσομεν Schanz
d6 ἄλλο τι T : ἢ ἄλλο τι B   e3 ἀναπεμπάσασθαι B (sed ε supra
αι B²)

塞诺斯说道；而吕西斯却沉默不语。——好吧，我说。那么，那在本性 222a5
上亲近的东西，如已经显明的那样，我们必然爱它。——看起来是，他
说道。——那么，真正的爱慕者，只要他不是伪装的，他必然被心上人
所爱。——于是乎，一方面，墨涅克塞诺斯和吕西斯两人最终勉勉强强 222b1
地点头同意；另一方面，希珀塔勒斯则喜形于色[258]。

而我说道——因为我想进一步检查一下论证——，如果彼此亲近的
东西之于彼此相似的东西有着某种不同，那么，关于下面这点我们就说
得在理[259]，如对我显得的那样，吕西斯和墨涅克塞诺斯啊，那就是关于 222b5
友好的东西，它是什么；但如果彼此相似的东西和彼此亲近的东西恰恰
是一回事，那么，就不容易抛弃前面的说法[260]，那就是相似的东西之于
相似的东西由于相似性而是毫无用处的。而把无用的东西承认为友好的
东西，这是不着调的[261]。因此，你们愿意，我说，既然我们被这个论证 222c1
弄得像喝醉了酒似的，让我们同意并宣称彼此亲近的东西是有点不同于
彼此相似的东西吗？——当然。——那么，我们是否甚至将设定好的东
西亲近每一东西，而坏的东西则异于每一东西呢？抑或，坏的东西亲近 222c5
坏的东西，好的东西亲近好的东西，而既不好也不坏的东西亲近既不好
也不坏的东西？——他们俩说，在他们看来是后面这样，即每个东西各
自是亲近于〈它所属于的那种东西的〉。——那么，我说，孩子们啊， 222d1
我们先前关于友谊所抛弃的那些说法，我们已经再次落入它们中了；因
为，不义的人之于不义的人，以及坏人之于坏人，将丝毫不差地是朋
友，同好人之于好人相比[262]。——看起来是这样，他说道[263]。——然 222d5
后呢？如果我们宣称好的东西和亲近的东西是一回事，那么，是不是[264]
只有好人才对好人是朋友呢？——当然。——真的，我们肯定会认为，
其实我们自己就已经驳斥了这点[265]；难道你们已经不记得了？——我
们记得。

那么，我们还能够用我们的论证达成什么呢？或者显然什么也不 222e1
能？因此，我恳求〈被允许〉，就像那些在各种法庭上的智慧者一样，
重新概述一下已经被说的所有东西。如果真的，无论是那些被爱的人，

ΛΥΣΙΣ

οἱ φιλοῦντες μήτε οἱ ὅμοιοι μήτε οἱ ἀνόμοιοι μήτε οἱ ἀγαθοὶ μήτε οἱ οἰκεῖοι μήτε τὰ ἄλλα ὅσα διεληλύθαμεν—οὐ γὰρ ἔγωγε ἔτι μέμνημαι ὑπὸ τοῦ πλήθους—ἀλλ' εἰ μηδὲν τούτων φίλον ἐστίν, ἐγὼ μὲν οὐκέτι ἔχω τί λέγω.

Ταῦτα δ' εἰπὼν ἐν νῷ εἶχον ἄλλον ἤδη τινὰ τῶν πρεσβυτέρων κινεῖν· κᾆτα, ὥσπερ δαίμονές τινες, προσελθόντες οἱ παιδαγωγοί, ὅ τε τοῦ Μενεξένου καὶ ὁ τοῦ Λύσιδος, ἔχοντες αὐτῶν τοὺς ἀδελφούς, παρεκάλουν καὶ ἐκέλευον αὐτοὺς οἴκαδ' ἀπιέναι· ἤδη γὰρ ἦν ὀψέ. τὸ μὲν οὖν πρῶτον καὶ ἡμεῖς καὶ οἱ περιεστῶτες αὐτοὺς ἀπηλαύνομεν· ἐπειδὴ δὲ οὐδὲν ἐφρόντιζον ἡμῶν, ἀλλ' ὑποβαρβαρίζοντες ἠγανάκτουν τε καὶ οὐδὲν ἧττον ἐκάλουν, ἀλλ' ἐδόκουν ἡμῖν ὑποπεπωκότες ἐν τοῖς Ἑρμαίοις ἄποροι εἶναι προσφέρεσθαι, ἡττηθέντες οὖν αὐτῶν διελύσαμεν τὴν συνουσίαν. ὅμως δ' ἔγωγε ἤδη ἀπιόντων αὐτῶν, Νῦν μέν, ἦν δ' ἐγώ, ὦ Λύσι τε καὶ Μενέξενε, καταγέλαστοι γεγόναμεν ἐγώ τε, γέρων ἀνήρ, καὶ ὑμεῖς. ἐροῦσι γὰρ οἵδε ἀπιόντες ὡς οἰόμεθα ἡμεῖς ἀλλήλων φίλοι εἶναι—καὶ ἐμὲ γὰρ ἐν ὑμῖν τίθημι—οὔπω δὲ ὅτι ἔστιν ὁ φίλος οἷοί τε ἐγενόμεθα ἐξευρεῖν.

e 7 φίλον B : φίλων T
b 1 ἀλλ'] καὶ Heindorf
ὑποπεπτωκότες T
a 2 κᾆτα B : κᾆτα T : εἶτα in marg. T
ὑποπεπωκότες B (sed πω refinxit B²) :

还是那些在爱的人，无论是那些相似的人，还是那些不相似的人，无论是那些好人，还是那些亲近的人，以及我们已经详述过的其他所有那些东西——由于数量很多，我确实不再记得了——，如果这些中没有任何一个是友好的东西，那么，我真的不知道我还能说什么。 222e5

而当我说这些时，我其实就已经打算激励²⁶⁶那些年龄比较大的人中的另外某个人〈来参与谈话〉。然而，就像两个讨厌鬼似的²⁶⁷，接送学童的奴隶们走过来了，一个是墨涅克塞诺斯的，一个是吕西斯的，他们带着这两个孩子的兄弟们，叫喊并且要求他们回家；因为此时已经很晚了。于是，最初虽然我们以及那些围着我们的人试图驱赶他们，但由于他们根本就不把我们当一回事²⁶⁸，而是说着蹩脚的希腊话²⁶⁹，一边对我们发怒，一边依旧叫喊他俩；而在我们看来，由于他们在赫尔墨斯节上也喝了一点酒，因而他们是难以对付的²⁷⁰，于是我们只好向他们屈服²⁷¹而终止了聚会²⁷²。然而，就在他们要离开时，我说，现在，吕西斯和墨涅克塞诺斯啊，我，一个老人，和你们，确实已经变得够可笑的了。因为，这里的这些人，当他们离开时，他们将说：我们认为我们彼此是朋友——因为我也把我自己算在你们中²⁷³——，但朋友是什么，我们尚未能够²⁷⁴找到。 223a1

223a5

223b1

223b5

注　释

1　阿卡得弥亚（Ακαδημία / Ἀκαδήμεια, Akademia / Akademeia），是位于雅典西北郊的一个体育场，以纪念传说中的英雄阿卡得墨斯（Ἀκάδημος, Akademos）得名；后来柏拉图在此建立了他的学园。根据希腊神话，引发特洛伊战争的斯巴达王后海伦，在年幼时曾被雅典国王忒修斯诱拐，将之藏于一个地方，让其母亲照料。海伦的两个哥哥前往雅典索要妹妹，但雅典人说海伦不在雅典，也不知道忒修斯把她藏在了哪里，于是兄弟俩威胁动用武力毁掉雅典。知道该秘密的阿卡得墨斯把海伦的藏身地点告诉了他们，拯救了雅典，从而成为这座城市的救星。

2　εὐθὺ Λυκείου［径直前往吕克昂］。属格 Λυκείου 在这里作副词，意思是"前往吕克昂"或"到吕克昂去"。吕克昂（Λύκειον, Lykeion），是位于雅典东郊的一个体育场，因附近祭奉太阳神阿波罗的吕克欧斯（Λύκειος, Lykeios）神庙而得名。吕克欧斯是阿波罗的别号之一，有三种解释：(1) 源出于 λύκος［狼］，意为"杀狼神"；(2) 源出于地名 Λυκία［吕西亚］，意为"吕西亚的神"；(3) 源出于 λυκή［光明］，意为"光明之神"。吕克昂是当时雅典青年人喜欢的聚集场所，苏格拉底也经常前往那里；后来，亚里士多德由于是异邦人，不能在雅典置产，因此他在吕克昂租建了一些房子建立了自己的学园。参见：

《欧悌弗戎》(2a1-4)：Τί νεώτερον, ὦ Σώκρατες, γέγονεν, ὅτι σὺ τὰς ἐν Λυκείῳ καταλιπὼν διατριβὰς ἐνθάδε νῦν διατρίβεις περὶ τὴν τοῦ βασιλέως στοάν; οὐ γάρ που καὶ σοί γε δίκη τις οὖσα τυγχάνει πρὸς τὸν βασιλέα ὥσπερ ἐμοί.［嘿，苏格拉底，什么特别新奇的事情发生了，你放弃在吕克昂的溜达，此刻在这儿于国王执政官的门廊前徘徊？因为你肯定不至于像我一样，恰好到国王执政官这儿来面对一场官司吧。］

《欧悌德谟斯》(271a1)：Τίς ἦν, ὦ Σώκρατες, ᾧ χθὲς ἐν Λυκείῳ διελέγου;［苏

格拉底啊，昨晚在吕克昂你与之谈话的那人是谁？］

《会饮》（223d10-12）：καὶ ἐλθόντα εἰς Λύκειον, ἀπονιψάμενον, ὥσπερ ἄλλοτε τὴν ἄλλην ἡμέραν διατρίβειν, καὶ οὕτω διατρίψαντα εἰς ἑσπέραν οἴκοι ἀναπαύεσθαι.［他来到吕克昂，洗了澡，像其他时候那样消磨完了那天剩下的时光，就这样一直待到晚上，然后回家休息。］

3 ἐπορευόμην ... τὴν ἔξω τείχους［沿着城墙外的那条路走］是一个整体，字面意思是"走过了城墙外的那条路"。由于"阿卡得弥亚"位于雅典的西北，而"吕克昂"位于东边，这一表达形象地刻画了苏格拉底所走的路。ἐπορευόμην 是动词 πορεύω 的未完成过去时直陈式中动态第一人称单数，πορεύω 的本义是"带过去""供应"，但中动态或被动态的意思是"前进""旅行"，跟宾格意味"走过"，如 πορευθῆναι μακροτέραν［走了一条较长的路］。鉴于定冠词阴性单数宾格 τήν，故这里省略了阴性名词宾格单数 ὁδόν［路］一词；《牛津希–英词典》（*A Greek-Englisch Lexicon*, H. G. Liddell and R. Scott, With a Revised Supplement. Charendon Press · Oxford, 1996）举了柏拉图在这里的这个表达，以 ἐπορευόμην τὴν ἔξω τείχους 为例，指出 ὁδός 一词经常省略。

4 ὑπ᾽ αὐτὸ τὸ τεῖχος［就在城墙下面］，αὐτό 在这里表强调，译出语气即可，不能译为"本身"；也可以转译为"靠近该城墙"。

5 ᾗ 是由关系代词的阴性单数与格派生而来的副词，表地点，意思是"在那儿""到那儿"；表方式，意思是"如何"。

6 ἡ Πάνοπος κρήνη［帕诺普斯的喷泉］。帕诺普斯（Πάνοψ, Panops）有可能是神使赫尔墨斯（Ἑρμῆς, Hermes）的别号，Πάνοψ 由 πᾶς［全部 / 一切］和 ὄψις［视力 / 目光］构成，意思是"看见一切"；形容词 πανόοψιος 的意思是"能看见一切的""在众目睽睽之下的"。

7 συνέτυχον 是动词 συντυγχάνω［遇见 / 碰到］的一次性过去时直陈式主动态第一人称单数，要求与格。

8 赫洛倪摩斯（Ἱερώνυμος, Hieronymos）和希珀塔勒斯（Ἱπποθάλης, Hippothales），生平不详。

9 派阿尼阿人克忒希珀斯（Κτήσιππος, Ktesippos）。在《斐洞》（59b8-10）中曾提到过克忒希珀斯：ἦν δὲ καὶ Κτήσιππος ὁ Παιανιεὺς καὶ Μενέξενος καὶ ἄλλοι τινὲς τῶν ἐπιχωρίων.［而派阿尼阿人克忒希珀斯和墨涅克塞诺斯，以及其他一些本地人那时也在。］派阿尼阿（Παιανία, Paiania）是位于雅典东部的一个地方，属于十个部族中的潘狄俄尼斯部族（Πανδιονίς, Pandionis），本身又分为"上派阿尼阿"和"下派阿尼阿"。著名演说家德摩斯忒涅斯（Δημοσθένης, Demosthenes）就来自该地方。

10 Ὦ Σώκρατες ... ποῖ δὴ πορεύῃ καὶ πόθεν;[苏格拉底啊，你究竟要去哪儿，并且从哪儿来？] 该表达，可参见《斐德若》(227a1)：Ὦ φίλε Φαῖδρε, ποῖ δὴ καὶ πόθεν;[亲爱的斐德若啊，你究竟到哪儿去，并且从哪儿来？]

11 ἦν δ' ἐγώ[我说]以及下文的 ἦ δ' ὅς[他说]，都是固定表达。

12 οὐ παραβάλλεις;[你就不能走近一点吗？]动词 παραβάλλω 的本义是"扔在旁边""撂在面前"，但作为不及物动词使用时，表"走近""接近"；《牛津希-英词典》举了柏拉图在这里的这个表达，对它的解释是：come near, approach。

13 καὶ παρὰ τίνας τοὺς ὑμᾶς;[并且前往你们哪些人那里？]介词 παρά 跟宾格，意思是"向着""朝向"；这句话也可以译为：并且你们是些什么人，〈我要〉前往〈你们〉那里？当然也可以如斯塔尔鲍姆（Stallbaum）在其注释中所解释的那么翻译，他指出这句话等于：καὶ τίνες εἰσὶν οὗτοι, οὓς λέγεις ὑμᾶς;[并且你将之称作你们的那些人是谁呢？]

14 ἐν τῷ καταντικρὺ τοῦ τείχους[在城墙正对面]。介词 καταντικρύ[在……正对面]要求属格，所以这里出现的是单数属格 τοῦ τείχους[城墙]。参见《卡尔米德斯》(153a3-5)：καὶ δὴ καὶ εἰς τὴν Ταυρέου παλαίστραν τὴν καταντικρὺ τοῦ τῆς Βασίλης ἱεροῦ εἰσῆλθον.[当然，我也进入到了陶瑞阿斯的摔跤学校里面，它就在巴西勒神庙的正对面。]

15 动词 διατρίβω 的词干是 τρίβω，其意思是"磨""揉"；因此，διατρίβω 的原初意思就是"消磨时间"，转义为"娱乐""消遣""讨论""研究"。

16 主题为讨论"自制"（περὶ σωφροσύνης）的《卡尔米德斯》，也发生在一所摔跤学校。参见《卡尔米德斯》(153a1-6)：Ἥκομεν τῇ προτεραίᾳ ἑσπέρας ἐκ Ποτειδαίας ἀπὸ τοῦ στρατοπέδου, οἷον δὲ διὰ χρόνου ἀφιγμένος ἀσμένως ᾖα ἐπὶ τὰς συνήθεις διατριβάς. καὶ δὴ καὶ εἰς τὴν Ταυρέου παλαίστραν τὴν καταντικρὺ τοῦ τῆς Βασίλης ἱεροῦ εἰσῆλθον, καὶ αὐτόθι κατέλαβον πάνυ πολλούς, τοὺς μὲν καὶ ἀγνῶτας ἐμοί, τοὺς δὲ πλείστους γνωρίμους.[我虽然在前一天于黄昏时才从在波底代亚的军营回来，但由于已经外出了很长一段时间，因此我很乐意前往习惯常去的那些地方。当然，我也进入到了陶瑞阿斯的摔跤学校里面，它就在巴西勒神庙的正对面；而我在那里也遇见了很多很多的人，对我来说，尽管其中一些人是不熟悉的，但绝大多数人都很熟识。]

17 τὰ πολλά 是一个整体，作副词使用，意思是"通常""多半"。参见：
《拉刻斯》(180d4-6)：Οὗτοι, ὦ Σώκρατές τε καὶ Νικία καὶ Λάχης, οἱ ἡλίκοι ἐγὼ ἔτι γιγνώσκομεν τοὺς νεωτέρους, ἅτε κατ' οἰκίαν τὰ πολλὰ διατρίβοντες ὑπὸ τῆς ἡλικίας.[真的，苏格拉底、尼基阿斯和拉刻斯啊，我和我这个年纪的

人都不再同年轻人相熟识了，因为，由于年纪的原因我们多半在家里打发时间。]

《斐洞》(59d6-7)：ἐπειδὴ δὲ ἀνοιχθείη, εἰσῇμεν παρὰ τὸν Σωκράτη καὶ τὰ πολλὰ διημερεύομεν μετ' αὐτοῦ.[但只要它一开门，我们就进去到苏格拉底那儿，并通常同他一起度过一整天。]

《泰阿泰德》(144a6-b1)：οἵ τε ὀξεῖς ὥσπερ οὗτος καὶ ἀγχίνοι καὶ μνήμονες ὡς τὰ πολλὰ καὶ πρὸς τὰς ὀργὰς ὀξύρροποί εἰσι, καὶ ἄττοντες φέρονται ὥσπερ τὰ ἀνερμάτιστα πλοῖα, καὶ μανικώτεροι ἢ ἀνδρειότεροι φύονται.[像这个人那样敏锐、机灵且记性好的那些人，多半是非常容易冲动的，猛冲乱窜，就像没有压舱物的船那样，他们也生来就比较豪肆，而不是比较勇敢。]

18　ὧν ἡδέως ἄν σοι μεταδιδοῖμεν[我们会乐意与你分享它们]。动词 μεταδίδωμι 的本义是"分给一份"，而 μεταδίδωμι τινί τινος 是固定用法，意思是"把某物给予某人""与某人分享某物"，"人"用与格，"物"用属格，所以这里分别出现的是单数与格 σοι[你] 和复数属格 ὧν[它们]，而 ὧν 指代前面的 λόγοις[讨论]。

19　καλῶς γε ... ποιοῦντες[那你们就确实做得很漂亮]，也可以译为"那你们就确实做得很正确"。副词 καλῶς 虽然派生自形容词 καλός[美的/漂亮的]，但其却是"很好地""正确地"；《牛津希-英词典》对之的解释是：well, rightly。

20　弥科斯（Μίκκος, Mikkos），生平不详。

21　ἵνα καὶ ἴδῃς τοὺς ὄντας αὐτόθι [αὐτοῦ][以便你也可以看一看究竟是哪些人在那儿]，也可以译为"以便你也可以结识一下在那儿的那些人"。希腊文方括号中的副词 αὐτοῦ[在那儿]，伯内特认为是窜入，因为与前面的副词 αὐτόθι[在那儿]重复；而法国布德本希腊文这句话作 ἵνα καὶ ἴδῃς τοὺς ὄντας αὐτοῦ，即删掉了前面的 αὐτόθι，但意思一样。

22　ἐπὶ τῷ καὶ εἴσειμι καὶ τίς ὁ καλός.[到底为了谁我要进去，也即是说，谁是英俊的人。] 之所以这么翻译，是把 τῷ 视为阳性单数与格；如果将之视为中性单数与格，那么这句话也可以译为：一则，为何我要进去，一则，谁是英俊的人。

23　ἄλλος ... ἄλλῳ ἡμῶν δοκεῖ[我们中，不同的人有不同的看法]。也可以译为："我们中，有的人认为是这个人，有的人认为是那个人。" ἄλλος 经常同它自己以及由它派生而来的词连用，例如：ἄλλος ἄλλα λέγει[一个人说这件事，另一个人说那件事]。ἄλλος ἄλλῃ φέρεται[各奔东西/不同的人前往不同的地方]，ἄλλος ἄλλοθεν[有的人从这里，有的人从那里/不同的人从不同的地方]。

24　ἐρᾷς του[你在爱慕〈那些人中的〉某位]。动词 ἐράω[爱慕/爱恋/渴望]

要求属格作宾语，所以这里出现的是单数属格 του[某位]。参见《卡尔米德斯》(154c2)：οἱ δὲ δὴ ἄλλοι πάντες ἐρᾶν ἔμοιγε ἐδόκουν αὐτοῦ[而且其他所有人，至少在我看来，都在爱慕他。]

25 πόρρω ἤδη 的本义是"已经远远地"，这里基于文义将之译为"还深深地"。参见《欧悌弗戎》(4a12-b2)：οὐ γὰρ οἶμαί γε τοῦ ἐπιτυχόντος ὀρθῶς αὐτὸ πρᾶξαι ἀλλὰ πόρρω που ἤδη σοφίας ἐλαύνοντος. [因为我真的不认为随便碰到的哪个人都能够正确地做〈你正在说的〉这件事，而是只有那在智慧上已经挺进得很远的人才行。]

26 εἰ πορευόμενος τοῦ ἔρωτος[你陷入到了爱慕中]，字面意思是"你走入到了爱慕中"。πορευόμενος 是动词 πορεύω 的现在时分词中动态阳性主格单数；εἰμί 的各种形式与动词的分词，尤其是完成时分词连用，构成一种委婉或迂回的表达。参见：

《卡尔米德斯》(153d3-5)：περί τε τῶν νέων, εἴ τινες ἐν αὐτοῖς διαφέροντες ἢ σοφίᾳ ἢ κάλλει ἢ ἀμφοτέροις ἐγγεγονότες εἶεν. [关于年轻人，是否在他们中间已经出现了一些人，他们或者凭借智慧，或者由于俊美，或者在这两方面都出类拔萃。]

《斐德若》(262d2-5)：καὶ ἔγωγε, ὦ Φαῖδρε, αἰτιῶμαι τοὺς ἐντοπίους θεούς· ἴσως δὲ καὶ οἱ τῶν Μουσῶν προφῆται οἱ ὑπὲρ κεφαλῆς ᾠδοὶ ἐπιπεπνευκότες ἂν ἡμῖν εἶεν τοῦτο τὸ γέρας. [至于我，斐德若啊，我肯定会将之归因于本地的一些神；但也许还有缪斯们的一些代言人——即头顶上的那些歌唱者——，它们或许已经把这奖品吹拂给了我们。]

《政制》(492a5-7)：ἢ καὶ σὺ ἡγῇ, ὥσπερ οἱ πολλοί, διαφθειρομένους τινὰς εἶναι ὑπὸ σοφιστῶν νέους. [或者就像众人一样，你也认为一些年轻人已经被智者们给败坏了。]

《政治家》(257a6-8)：οὕτω τοῦτο, ὦ φίλε Θεόδωρε, φήσομεν ἀκηκοότες εἶναι τοῦ περὶ λογισμοὺς καὶ τὰ γεωμετρικὰ κρατίστου; [那么，亲爱的忒俄多洛斯，我们会说我们已经如此这般地从在各种计算方面和在几何学的各种事情方面最卓越的人那儿听说了这点吗？]

《菲勒玻斯》(66c9-10)：ἀτὰρ κινδυνεύει καὶ ὁ ἡμέτερος λόγος ἐν ἕκτῃ καταπεπαυμένος εἶναι κρίσει. [然而，这点也是有可能的，即我们的谈话已经结束在了第六个剖判那里。]

27 οἵῳ τ' εἶναι[我能够]是一个整体。οἷός τ' εἶναι 是固定用法，意思是"能够""有能力""是可能的"；这里 οἷός 之所以用阳性与格单数 οἵῳ，是同前面的与格 μοί[我]保持一致。

28 πολὺ ἔτι μᾶλλον[更是愈发地]是一个整体。副词 ἔτι[更]，以及形容词 πολύς[多]的中性单数 πολύ 作副词使用，常同比较级形容词和比较级副词连用，起加强作用。

29 Ἀστεῖόν γε ... ὅτι ἐρυθριᾷς[这真是迷人呀，你的脸红起来。]是一个整体，这里省略了 ἐστι 一词。形容词 ἀστεῖος 的本义是"城市的""城里的"，转义为"文雅的""优美的"，同 ἄγροικος[乡下的 / 土气的 / 粗俗的]相对；这里的意思是"迷人的""可爱的"。《牛津希-英词典》举了柏拉图在这里的这个表达，对这句话的解释是：it is charming to see you blush。

30 οὗτος[这人]，即苏格拉底。

31 παραταθήσεται ὑπὸ σοῦ[被你折磨]，也可以译为"被你烦得要死"。παραταθήσεται 是动词 παρατείνω 的将来时直陈式被动态第三人称单数，παρατείνω 的本义是"拉长""在旁边伸长"，但其被动态的意思是"被折磨"；《牛津希-英词典》举了柏拉图在这里的这个表达，对它的解释是：to be tortured, to be worn out。

32 动词 ὑποπίνω 在这里的意思是"喝得不多""喝得适度"；《牛津希-英词典》举了柏拉图在这里的这个表达，对它的解释是：drink a little, drink moderately。

33 εὐμαρία ἡμῖν ἐστιν ... οἴεσθαι[对我们来说就容易设想]是一个整体。εὐμαρία 也拼作 εὐμάρεια，意思是"容易""方便"；οἴεσθαι 是动词 οἴομαι[设想 / 认为]的现在时不定式。εὐμαρία ἐστιν 跟不定式，意思是"容易做……"，《牛津希-英词典》对它的解释是：it is easy to …。

34 副词 καταλογάδην 的本义是"以对话的方式""用对话"，这里基于文义将之译为"在日常交谈中"。《牛津希-英词典》举了柏拉图在这里的这个表达，对它的解释是：by way of conversation。

35 οὐ πάνυ τι δεινά ἐστιν[无论如何都还不是非常的可怕]。πάνυ 的意思是"很""非常"，中性不定代词 τι 在这里表程度，意思是"根本""在任何程度上"等。

36 ἐπειδὰν τὰ ποιήματα ἡμῶν ἐπιχειρήσῃ καταντλεῖν καὶ συγγράμματα[每当他着手对我们滔滔不绝地倾吐他的那些诗作和文章时]。καταντλεῖν 是动词 καταντλέω 的现在时不定式，καταντλέω 的本义是"灌下去"，喻为"滔滔不绝地倾吐""倾吐出滔滔的言辞"；《牛津希-英词典》举了柏拉图在这里的这个表达，对该词的解释是：pour a flood of words over。

37 τὰ παιδικά[心上人 / 心爱的少年]是固定表达。形容词 παιδικός 的本义是"儿童的"，也专指"给心爱的少年的"；但其中性复数 παιδικά 则具有"宠儿""宝贝"等意思,《牛津希-英词典》对 τὰ παιδικά 的解释是：darling, favourite, minion。参见《斐德若》(236b5-6)：Ἐσπούδακας, ὦ Φαῖδρε, ὅτι σου τῶν παιδικῶν ἐπελαβόμην ἐρεσχηλῶν σε.[你是不是已经过于认真了些,斐德若啊,就因为我为了取笑你而攻击了你那心爱的少年。]

在其他地方,苏格拉底曾称 φιλοσοφία[热爱智慧/哲学]为他的 τὰ παιδικά[心上人],参见《高尔吉亚》(482a3-4)：καὶ μὴ θαύμαζε ὅτι ἐγὼ ταῦτα λέγω, ἀλλὰ τὴν φιλοσοφίαν, τὰ ἐμὰ παιδικά, παῦσον ταῦτα λέγουσαν.[请你不要吃惊我这样说,而是要让哲学,即我的心上人,停止这样说。]

38　πολλοῦ δεῖς ... ἀγνοεῖν[你远不应不知道]是一个整体。πολλοῦ δεῖν 是一固定表达,意味着"远不应……",其字面意思是"缺少许多""需要许多",跟不定式,所以这里后面出现的是动词不定式 ἀγνοεῖν[不知道]。参见:

《苏格拉底的申辩》(30d5-7)：νῦν οὖν, ὦ ἄνδρες Ἀθηναῖοι, πολλοῦ δέω ἐγὼ ὑπὲρ ἐμαυτοῦ ἀπολογεῖσθαι, ὥς τις ἂν οἴοιτο, ἀλλὰ ὑπὲρ ὑμῶν.[因此现在,诸位雅典人啊,我远不是为我自己而申辩,如有人会认为的那样,而是为了你们。](32e2-33a1)：Ἆρ' οὖν ἄν με οἴεσθε τοσάδε ἔτη διαγενέσθαι εἰ ἔπραττον τὰ δημόσια, καὶ πράττων ἀξίως ἀνδρὸς ἀγαθοῦ ἐβοήθουν τοῖς δικαίοις καὶ ὥσπερ χρὴ τοῦτο περὶ πλείστου ἐποιούμην; πολλοῦ γε δεῖ, ὦ ἄνδρες Ἀθηναῖοι· οὐδὲ γὰρ ἂν ἄλλος ἀνθρώπων οὐδείς.[因此,如果我曾从事各种公共事务,并通过以配得上一个好人的方式在从事〈各种公共事务〉时扶助各种正义的事情,并且如应当的那样,我将这当作最重大的事情,那么,你们认为我还能活这么大岁数吗？远不可能,诸位雅典人啊,其他任何人也都根本不可能。]

《斐德若》(243c8-d1)：πολλοῦ δ' ἂν δεῖν ἡμῖν ὁμολογεῖν ἃ ψέγομεν τὸν Ἔρωτα.[他远不可能同意我们指责厄洛斯的那些事情。]

39　λεγέσθω 是动词 λέγω[说]的现在时命令式被动态第三人称单数,这里权且译为"只管说"。

40　埃克索涅（Αἰξωνή, Aixone）是阿提卡的一个区,那里的人以滥用言辞出名。参见《拉刻斯》(179c9-d1)：Οὐδὲν ἐρῶ πρὸς ταῦτα, ἔχων εἰπεῖν, ἵνα μή με φῇς ὡς ἀληθῶς Αἰξωνέα εἶναι.[对此我将无话可说了,尽管我还能够说,免得你说我真的是一个埃克索涅人。]

41　νεανικὸν ... πανταχῇ[在各方面都意气风发]是一个整体。形容词 νεανικός 的本义是"年轻的",但在这里的意思是"意气风发的""朝气蓬勃的";《牛津希-英词典》举了柏拉图在这里的这个表达,对该词的解释是：high-spirited。

42　τοῖσδε[向这里的这些人]。τοῖσδε 是 ὅδε 的阳性与格复数；ὅδε 除了是指示代词之外,还常作表地点或时间的副词使用,但与所修饰的名词同样变格。

参见：

《智者》（216a2）：τόνδε τινὰ ξένον ἄγομεν.［我们还带来了这儿的这位客人。］

《政治家》（257c4-5）：ἀλλὰ γὰρ περὶ Θεαιτήτου τοῦδε τί χρὴ δρᾶν με;［然而就这里的这位泰阿泰德，我该为他做点什么呢？］

43 πρὸς αὐτόν［对他本人］，即 πρὸς παιδικά［对心上人］。

44 σταθμᾷ 是动词 σταθμάω 的现在时虚拟式中动态第二人称单数。σταθμάω 的本义是"称重量"，常用中动态，意思是"估计""衡量"，但在这里的意思是"重视"；《牛津希-英词典》举了柏拉图在这里的这个表达，对该词的解释是：attach weight to a thing, take it into account.

45 τὸ ἐρᾶν ἔξαρνος εἶ［你是要否认在爱慕］是一个整体。形容词 ἔξαρνος［否认的］同 εἰμι 或 γίγνομαι 连用，等于动词 ἐξαρνέομαι［否认］。参见《卡尔米德斯》（158c7-d1）：ὅτι οὐ ῥᾴδιον εἴη ἐν τῷ παρόντι οὔθ᾽ ὁμολογεῖν οὔτε ἐξάρνῳ εἶναι τὰ ἐρωτώμενα.［目前无论是赞同还是否认这些问题，〈对他而言〉都是不容易的。］

46 这里省略了 ἔξαρνός εἰμι［我否认］。当 μή 位于具有否定意义的词后面时，起加强语气的作用，不表否定，翻译时不译出。

47 Οὐχ ὑγιαίνει［他〈脑子这会儿肯定〉不健康］，有意按字面意思补充翻译，当然可以转译为"你不要相信这个人"。

48 μέτρων 是名词 μέτρον 的复数属格；μέτρον 的本义是"尺度""标准""适度"，其复数形式则具有"韵文""诗行"等意思。参见：

《斐德若》（267a2-5）：τὸν δὲ κάλλιστον Πάριον Εὐηνὸν ἐς μέσον οὐκ ἄγομεν, ὃς ὑποδηλώσίν τε πρῶτος ηὗρεν καὶ παρεπαίνους – οἱ δ᾽ αὐτὸν καὶ παραψόγους φασίν ἐν μέτρῳ λέγειν μνήμης χάριν – σοφὸς γὰρ ἀνήρ.［而那位最帅气的帕洛斯人欧埃诺斯，我们岂不也应把他引到中间来，他第一个发明了含沙射影和附带表扬——一些人说，为了方便记忆，他甚至以韵文的方式表达那些拐弯抹角的指责——，他真是一个智慧的人！］

《智者》（237a4-7）：Παρμενίδης δὲ ὁ μέγας, ὦ παῖ, παισὶν ἡμῖν οὖσιν ἀρχόμενός τε καὶ διὰ τέλους τοῦτο ἀπεμαρτύρατο, πεζῇ τε ὧδε ἑκάστοτε λέγων καὶ μετὰ μέτρων ...［而伟大的巴门尼德，孩子啊，当我们还是孩童时，他自始至终都坚持这点，无论是用散文，还是用韵文，他在任何时候都这样说道……］

49 名词 μέλος 除了具有"四肢""肢"这一本义之外，在音乐中指"曲调"。因此，词组 ἐν μέλει 的意思是"在调上的"，喻为"合适地""恰当地""正确地"，而 παρὰ μέλος 的意思则是"不在调上的"，转义为"不恰当地""不正确地"。

50 τίνα τρόπον 是短语，名词宾格作副词使用；意思是"以何种方式""如何"。《牛津希-英词典》对它的解释是：how?

51 τίνα τρόπον προσφέρῃ πρὸς τὰ παιδικά[你究竟在以何种方式同心上人打交道]。προσφέρῃ 在这里是动词 προσφέρω 的现在时直陈式被动态第二人称单数，προσφέρω 的本义是"带去""放到……上面""送上"，但其被动态则具有"对待"和"……打交道"等意思。《牛津希-英词典》举了柏拉图在这里的这个表达，对该词的解释是：deal with, behave oneself in a certain way towards a person。参见：

《卡尔米德斯》（165b5-c1）：Ἀλλ', ἦν δ' ἐγώ, ὦ Κριτία, σὺ μὲν ὡς φάσκοντος ἐμοῦ εἰδέναι περὶ ὧν ἐρωτῶ προσφέρῃ πρός με, καὶ ἐὰν δὴ βούλωμαι, ὁμολογήσοντός σοι· τὸ δ' οὐχ οὕτως ἔχει, ἀλλὰ ζητῶ γὰρ μετὰ σοῦ ἀεὶ τὸ προτιθέμενον διὰ τὸ μὴ αὐτὸς εἰδέναι.[但是，我说道，克里提阿斯啊，一方面，你对待我，就好像我在声称就我所询问的那些事情我自己知道似的；并且好像如果我愿意，那么我也就会同意你似的。但不是这个样子的，相反，我之所以始终与你一道进行探寻，就因为我自己不知道。]

《斐德若》（252d3-5）：καὶ τούτῳ τῷ τρόπῳ πρός τε τοὺς ἐρωμένους καὶ τοὺς ἄλλους ὁμιλεῖ τε καὶ προσφέρεται.[并且以这种方式来结交和对待那些被〈他所〉爱慕的人以及其他所有人。]

52 ὑπ' ἐμοῦ ... διατεθρύληται[被我说得变聋了]。διατεθρύληται 是动词 διαθρυλέω 的完成时直陈式被动态第三人称单数，διαθρυλέω 的本义是"传播"，但其被动态的意思是"被说得变聋了"；《牛津希-英词典》举了柏拉图在这里的这个表达，对该词的解释是：to be talked deaf。

53 διαφερόντως τῶν ἄλλων[远超其他任何人]是短语。副词 διαφερόντως 跟属格，意思是"超出……"，而 διαφερόντως τῶν ἄλλων 的字面意思是"超过其他〈一切〉"，《牛津希-英词典》对之的解释是：above all others。这里基于上下文将之译为"远超其他任何人"。参见《智者》（253a4-6）：Τὰ δέ γε φωνήεντα διαφερόντως τῶν ἄλλων οἷον δεσμὸς διὰ πάντων κεχώρηκεν, ὥστε ἄνευ τινὸς αὐτῶν ἀδύνατον ἁρμόττειν καὶ τῶν ἄλλων ἕτερον ἑτέρῳ.[而远超其他〈字母〉的那些元音字母，它们就像纽带似的贯穿了全部的〈其他字母〉，以至于没有它们中的某个，对于其他字母来说下面这点也是不可能的，即一个同另一个相适配。]

54 τὸν νοῦν προσέχοντα τῷ παιδὶ[把心思放在那个男孩身上]。τὸν νοῦν προσέχειν 是固定表达，意思是"专注于""把心思放在……上"。动词 προσέχω 的本

义是"带给""献上",同名词 νόος[思想/理智]构成词组,προσέχω τὸν νοῦν 的字面意思是"把思想转向……""把心思放在……上",转义为"重视""专注于",要求与格作宾语,所以这里出现的是单数与格 τῷ παιδὶ[那个男孩];而另一固定搭配 ἔχειν νοῦν,意思则是"有头脑""清醒"。

55 ἔχειν λέγειν[能够说]是一个整体。动词 ἔχω 跟不定式,表"能够……"。
56 ἴδιον[别具一格的]。形容词 ἴδιος 的本义是"自己的""属于自己的",也具有"特别的""独特的""别具一格的"等意思。
57 在当时,人们经常用祖父的名字来为孩子起名,以彰显其祖父的名声和对孩子的期盼。例如,苏格拉底有三个儿子,其二儿子名叫索佛洛尼斯科斯(Σωφρονίσκος, Sophroniskos),而这也就是其祖父,即苏格拉底父亲的名字。
58 皮托(Πυθώ, Pytho)是德尔斐(Δελφοί, Delphoi)的别称,皮托运动会,每四年在皮托举行一次,以敬奉阿波罗。
59 伊斯特摩斯(Ἰσθμός, Isthmos)是联结伯罗奔尼撒半岛同希腊大陆的狭长地带,在那里有著名的伊斯特摩斯地峡,每两年的春季在此处举办运动大会。
60 涅墨亚(Νεμέα, Nemea)是伯罗奔尼撒半岛东北部的山谷,涅墨亚运动会在每届奥林匹克运动会纪年的第二年和第四年举行。
61 这里出现的 πλούτους[财富]、ἱπποτροφίας[养马]和 νίκας[胜利],均为复数宾格,而不是单数属格,用来说明前面出现的 ἃ ἡ πόλις ὅλη ᾄδει[整个城邦所歌颂的]。
62 ταῦτα ποιεῖ τε καὶ λέγει[这些事情就是他所写和所讲的],也可以转译为"他把这些事情作成诗和写成文章"。
63 πρὸς τούτοις[除此之外]。介词 πρός 跟与格,表"在……之外""此外还有……"。
64 κρονικώτερα[更过时的],也可以译为"更老套的""更陈旧的",甚或直接转译为"更荒唐的""更可笑的"。
65 ὡς ... ὁ πρόγονος αὐτῶν ὑποδέξαιτο τὸν Ἡρακλέα[他们的一位祖先曾如何欢迎过赫拉克勒斯],也可以译为"他们的一位祖先曾如何接待过赫拉克勒斯"或"他们的一位祖先曾如何款待过赫拉克勒斯"。
66 γεγονὼς αὐτὸς ἐκ Διός τε καὶ τῆς οὗ δήμου ἀρχηγέτου θυγατρός[因为那人自己就来自宙斯和他们乡区的创建者的女儿],也可以直接译为"因为那人自己就是宙斯和他们乡区创建者的女儿的儿子"。这里的"乡区"(δῆμος),根据前文,显然指埃克索涅(Αἰξωνή, Aixone)。在希腊文神话中,赫拉克勒斯(Ἡρακλῆς, Herakles)是宙斯同阿尔克墨涅(Ἀλκμήνη, Alkmene)所生的儿子。

67 对观《泰阿泰德》（176b7-8）：ταῦτα μὲν γάρ ἐστιν ὁ λεγόμενος γραῶν ὕθλος, ὥς ἐμοὶ φαίνεται.［这些其实只是所谓的老太婆们的闲扯，如对我显得的那样。］

68 πρὶν νενικηκέναι［在已经取得胜利之前］，背后的意思是"在征服吕西斯之前""在把吕西斯搞到手之前"。

69 πάντων μάλιστα 是固定表达，表最高程度的肯定回答；这里基于上下文将之译为"毫无疑问"。参见《卡尔米德斯》（156c8-9）：Οὐκοῦν καλῶς σοι δοκεῖ λέγεσθαι καὶ ἀποδέχῃ τὸν λόγον; Πάντων μάλιστα, ἔφη.［那么，在你看来说得正确吗，并且你会接受该说法吗？毫无疑问，他说。］

70 动词 τείνω 的本义是"伸展""铺展开"，喻为"涉及""针对""关系到"。

71 ἕλῃς τὰ παιδικὰ τοιαῦτα ὄντα［你把一个如此这般的心上人搞到手了］，有意从字面上翻译，当然可以译为"你赢得了一个如此这般的心上人"。ἕλῃς 是动词 αἱρέω 的一次性过去时虚拟式主动态第二人称单数，αἱρέω 的字面意思是"搞到手""捕获"，转译为"赢得""得到"。

72 τῷ ὄντι［真正地／确实地］是固定表达，等于 ὄντως 或 ὡς ἀληθῶς；该词是由 εἰμί / εἶναι 的分词变来的副词，字面意思是"以是的方式是着的""在是的方式上是着的"。

73 τοιούτων παιδικῶν ἔτυχες［你已经得到了一个如此这般的心上人］。ἔτυχες 是动词 τυγχάνω 的一次性过去时直陈式主动态第二人称单数；τυγχάνω 跟属格，意思是"取得某物""得到某物"，所以这里出现的是属格 τοιούτων παιδικῶν［一个如此这般的心上人］。

74 ἐὰν ... σε διαφύγῃ［如果他从你那儿逃脱了］，动词 διαφύγῃ［逃脱］同前面的 ἕλῃς［搞到手／捕获］相呼应。

75 καλῶν τε καὶ ἀγαθῶν ἐστερημένος［丧失了漂亮的东西和美好的东西］。ἐστερημένος 是动词 στερέω 的完成时分词被动态阳性主格单数；στερέω 的本义是"剥夺""夺走"，被动态的意思是"被剥夺"，这里将之译为"丧失"，该动词要求属格，所以这里出现的是中性复数属格 καλῶν τε καὶ ἀγαθῶν［美好的东西和优秀的东西］。

76 ὅσῳ ... τοσούτῳ［多么……多么］，这两个词常同形容词比较级连用。

77 δεδιώς 是动词 δείδω 的完成时分词主动态阳性主格单数，本义是"害怕""恐惧"，这里基于文义将之译为"不知"。

78 ὅπῃ ἀποβήσεται［会以何种方式结束］。这一表达，可参见《欧悌弗戎》（3d9-e3）：εἰ μὲν οὖν, ὃ νυνδὴ ἔλεγον, μέλλοιέν μου καταγελᾶν ὥσπερ σὺ φῄς σαυτόν, οὐδὲν ἂν εἴη ἀηδὲς παίζοντας καὶ γελῶντας ἐν τῷ δικαστηρίῳ διαγαγεῖν·

εἰ δὲ σπουδάσονται, τοῦτ᾽ ἤδη ὅπῃ ἀποβήσεται ἄδηλον πλὴν ὑμῖν τοῖς μάντεσιν. [所以，如我刚才说过的，如果他们只是打算嘲笑我，就像你说他们嘲笑你那样，那么，通过戏谑和嘲笑来在法庭上度过时间，这也不会是令人生厌的事情；但如果他们认起真来，那么除了你们这些预言家，这件事将如何结束就不清楚啰。]

79 καὶ ἅμα 是一个整体，意思是"此外"；当然也可以译为"而与此同时"。参见《苏格拉底的申辩》(38a7-b1)：τὰ δὲ ἔχει μὲν οὕτως, ὡς ἐγώ φημι, ὦ ἄνδρες, πείθειν δὲ οὐ ῥᾴδιον. καὶ ἐγὼ ἅμα οὐκ εἴθισμαι ἐμαυτὸν ἀξιοῦν κακοῦ.[但正如我所说的，事情就是这样，诸位啊，只不过要说服〈你们〉是不容易的。此外，我也不曾习惯〈认为〉自己应受任何坏事。]

80 这里省略了 τοσούτῳ 一次。

81 καὶ μὲν δή 是一个整体，意思是"而事实上""其实"。参见：

《卡尔米德斯》(159c8-9)：Καὶ μὲν δὴ καὶ τὸ κιθαρίζειν ταχέως καὶ τὸ παλαίειν ὀξέως πολὺ κάλλιον τοῦ ἡσυχῇ τε καὶ βραδέως;[而事实上，轻快地弹琴和敏捷地摔跤，同缓慢地弹琴和迟钝地摔跤相比，也是美得多的吗？]

《斐德若》(231d6-8)：καὶ μὲν δὴ εἰ μὲν ἐκ τῶν ἐρώντων τὸν βέλτιστον αἱροῖο, ἐξ ὀλίγων ἄν σοι ἡ ἔκλεξις εἴη· εἰ δ᾽ ἐκ τῶν ἄλλων τὸν σαυτῷ ἐπιτηδειότατον, ἐκ πολλῶν.[而事实上，如果你从那些爱〈你〉的人中选择那最优秀的，那么，对你而言，选择就会是基于少数几个人〈而做出〉；而如果〈你〉从其他那些〈不爱你的〉人中〈选择〉那最为适合于你本人的，那么，〈你的选择就会是〉基于许多人〈而做出〉。]

82 ἀμουσία[欠缺文艺修养]，有意这么翻译，而不简单地译为"欠缺音乐修养"或"粗俗"。在古代希腊，广义的 μουσική[文艺] 同 γυμναστική[体育] 相对，前者锻炼灵魂，后者锻炼身体。参见《政制》(429e8-430a1)：ὅτε ἐξελεγόμεθα τοὺς στρατιώτας καὶ ἐπαιδεύομεν μουσικῇ καὶ γυμναστικῇ.[我们选择士兵，并用文艺和体育来教育他们。]

此外，关于 φιλόσοφος[爱智者/热爱智慧的人/哲学家] 与 μουσικός[精通文艺的人] 之间的关系，可参见《斐洞》(60e4-61a4)：ἦν γὰρ δὴ ἄττα τοιάδε· πολλάκις μοι φοιτῶν τὸ αὐτὸ ἐνύπνιον ἐν τῷ παρελθόντι βίῳ, ἄλλοτ᾽ ἐν ἄλλῃ ὄψει φαινόμενον, τὰ αὐτὰ δὲ λέγον, "Ὦ Σώκρατες," ἔφη, "μουσικὴν ποίει καὶ ἐργάζου." καὶ ἐγὼ ἔν γε τῷ πρόσθεν χρόνῳ ὅπερ ἔπραττον τοῦτο ὑπελάμβανον αὐτό μοι παρακελεύεσθαί τε καὶ ἐπικελεύειν, ὥσπερ οἱ τοῖς θέουσι διακελευόμενοι, καὶ ἐμοὶ οὕτω τὸ ἐνύπνιον ὅπερ ἔπραττον τοῦτο ἐπικελεύειν, μουσικὴν ποιεῖν, ὡς φιλοσοφίας μὲν οὔσης μεγίστης μουσικῆς, ἐμοῦ δὲ τοῦτο πράττοντος.［事情其实是这样，在过去的一生中同一个梦经常造访我，虽然在不同的时候以不同的形象出现，但它〈总是〉说相同的事情；它说："苏格拉底啊，你要创作和耕耘文艺！"而在以往的时间里，我认为它不过是在激励和鞭策我做我已经在做的事情而已；就像人们鼓励那些奔跑的人一样，梦也同样在勉励我做我已经在做的事情，即创作文艺，因为热爱智慧就是最高的文艺，而我就在从事这件事。］

83 ὅπως μή 是词组，意思是"以免""免得"。参见《拉刻斯》（198b3-5）：περὶ δὲ τῶν δεινῶν καὶ θαρραλέων σκεψώμεθα, ὅπως μὴ σὺ μὲν ἄλλ᾽ ἄττα ἡγῇ, ἡμεῖς δὲ ἄλλα.［让我们对那些可怕的事情和可以去冒险的事情进行考察，免得你认为它们是一回事，而我们认为它们是另一回事。］

84 πᾶσι τούτοις ἔνοχον［在所有这些事情上遭受谴责］是一个整体。形容词 ἔνοχος 的本义是"被束缚住的""难免受……的""应该被处以……的"，常用作法律术语，如 ἔνοχος τῇ κρίσει［难免受审判］，ἔνοχος ψευδομαρτυρίοις［遭受作伪证的惩罚］。

85 σοι ... ἀνακοινοῦμαι［我把我自己的事情透露给你］，当然也可以简单译为"我与你商量""我向你请教"。ἀνακοινοῦμαι 是动词 ἀνακοινέω 的现在时直陈式中动态第一人称单数，ἀνακοινέω 的本义是"透露""告知"，其中动态的意思则是"把一个人自己的事情告诉给另一个人""商量""请教"，要求与格。《牛津希-英词典》对其中动态的这层意思的解释是：communicate what is one's own to another, consult.

86 σοι ἐπιδεῖξαι［对你进行一番示范］。ἐπιδεῖξαι 是动词 ἐπιδείκνυμι 的一次性过去时不定式主动态，ἐπιδείκνυμι 常用被动态，意思是"展示""显示"，但其主动态的意思是"给出一个例子""展示一个样品"，《牛津希-英词典》对这一用法的解释是：exhibit as a specime.

87 Ἑρμαῖα［赫尔墨斯节］。赫尔墨斯（Ἑρμῆς, Hermes）是体育锻炼的保护神，一般在摔跤学校过赫尔墨斯节；该节日是儿童和青少年的节日，据说梭伦曾一度立法，禁止成年人参加。

88 墨涅克塞诺斯（Μενέξενος, Menexenos）是苏格拉底临死前在其身边的人之一，克忒希珀斯和墨涅克塞诺斯是表兄弟，柏拉图还有一篇对话就以他的名字命名；此外，苏格拉底有个儿子也叫墨涅克塞诺斯。

89 ὕστεροι ἡμῶν［跟在我们后面］是一个整体。形容词 ὕστερος 的本义是"在后的"，既可表时间，也可表地点，跟属格。《牛津希-英词典》举了柏拉图在这里的这个表达，对 ὕστεροι ἡμῶν 的解释是：behind us.

90 σχεδόν τι［差不多］是词组。不定代词 τις / τι 常同形容词或副词连用，表示不那么确定，一般表弱化，也可以表加强。

91 κεκοσμημένους ἅπαντας [个个都仍然还穿着盛装]。κεκοσμημένους 是动词 κοσμέω [装扮/修饰] 的完成时分词被动态阳性宾格复数。按照当时的习俗，在摔跤学校训练时，他们是赤身裸体的，而现在为了节日庆典，他们才穿上盛装。参见《泰阿泰德》(162b1-3)：Ἆρα κἂν εἰς Λακεδαίμονα ἐλθών, ὦ Θεόδωρε, πρὸς τὰς παλαίστρας ἀξιοῖς ἂν ἄλλους θεώμενος γυμνούς, ἐνίους φαύλους, αὐτὸς μὴ ἀντεπιδεικνύναι τὸ εἶδος παραποδυόμενος; [如果你前往拉栖岱蒙，忒俄多洛斯啊，到一些摔跤学校，你会认为下面这样是合适的吗，即旁观另外一些裸体的人，其中一些还身形丑陋，自己却不在旁边脱去衣服展示一下身材？]

92 ὧν [其中]，即在那些围着观看的人中间。

93 τὴν ὄψιν διαφέρων [在模样方面胜过了〈其他所有人〉]。名词 ὄψις 除了具有"视觉""视力"这一意思之外，还有"样子""外表""景象"等意思。之所以那么补充翻译，因为 διαφέρων 是动词 διαφέρω 的现在时分词主动态阳性主格单数，διαφέρω 除了具有"和……不同"的意思之外，也喻为"超过""优于""胜出"；当然将之简单译为"出类拔萃""非常的引人注目"等也可以。

参见《卡尔米德斯》(153d2-5)：Ἐπειδὴ δὲ τῶν τοιούτων ἅδην εἴχομεν, αὖθις ἐγὼ αὐτοὺς ἀνηρώτων τὰ τῇδε, περὶ φιλοσοφίας ὅπως ἔχοι τὰ νῦν, περί τε τῶν νέων, εἴ τινες ἐν αὐτοῖς διαφέροντες ἢ σοφίᾳ ἢ κάλλει ἢ ἀμφοτέροις ἐγγεγονότες εἶεν. [而当我们已经充分地知道了诸如此类的事情之后，就轮到我来询问他们在这里的那些事情，〈诸如〉现今在热爱智慧方面情况是怎样的，关于年轻人，是否在他们中间已经出现了一些人，他们或者凭借智慧，或者由于俊美，或者在这两方面都出类拔萃。]

94 οὐ τὸ καλὸς εἶναι μόνον ἄξιος ἀκοῦσαι [〈他〉是美的，不仅这点值得一说]。ἄξιος ἀκοῦσαι [值得一说] 是一个整体，ἀκοῦσαι 是动词 ἀκούω 的一次性过去时不定式主动态，其宾语是前面的不定式 τὸ καλὸς εἶναι [〈他〉是美的]。ἀκούω 的本义是"听"，但在被动的意义上等同于动词 λέγειν [说]，如 κακῶς ἀκούω ὑπό τινος [被人说坏话]；《牛津希-英词典》对这种用法的解释是：hear oneself called, be called。

95 εἰς τὸ καταντικρὺ ἀποχωρήσαντες [退到对面] 是一个整体。ἀποχωρήσαντες 是动词 ἀποχωρέω 的一次性过去时分词主动态阳性主格复数，ἀποχωρέω 的本义是"离开"，但也有"撤退""退却"等意思，而固定表达 ἀποχωρέω εἴς τι 的意思是"求助于某物"。

96 τέως μὲν ... ἔπειτα [一会儿……然后] 是固定表达。副词 τέως 的意思比较丰富，有"当其时""其间""到目前为止"等意思，但在该搭配中的意思是"一会儿"；《牛津希-英词典》对它的这种用法的解释是：for a time, a while。

97 καὶ δὴ καί 是固定表达，可以译为"当然""而"。

98 τούτους ἐπηλυγισάμενος［用这些人做掩护］。ἐπηλυγισάμενος 是动词 ἐπηλυγάζω 的一次性过去时分词中动态阳性主格单数，ἐπηλυγάζω 的本义是"掩盖""掩饰"，中动态跟宾格，意思是"拿……做掩护"；《牛津希-英词典》举了柏拉图在这里的这个表达，对 ἐπηλυγισάμενός τινα 这一表达的解释是：putting him as a screen before one。

99 德谟丰（Δημοφῶν, Demophon），生平不详。

100 γενναιότερος［在品格上更高尚些］，当然也可以译为"出生更高贵些"。

101 参见《斐德若》(279b7-c6)：{ΣΩ.} Ὦ φίλε Πάν τε καὶ ἄλλοι ὅσοι τῇδε θεοί, δοίητέ μοι καλῷ γενέσθαι τἄνδοθεν· ἔξωθεν δὲ ὅσα ἔχω, τοῖς ἐντὸς εἶναί μοι φίλια. πλούσιον δὲ νομίζοιμι τὸν σοφόν· τὸ δὲ χρυσοῦ πλῆθος εἴη μοι ὅσον μήτε φέρειν μήτε ἄγειν δύναιτο ἄλλος ἢ ὁ σώφρων. Ἔτ' ἄλλου του δεόμεθα, ὦ Φαῖδρε; ἐμοὶ μὲν γὰρ μετρίως ηὖκται. {ΦΑΙ.} Καὶ ἐμοὶ ταῦτα συνεύχου· κοινὰ γὰρ τὰ τῶν φίλων.［苏格拉底：哦，亲爱的潘神，以及这儿的其他所有的诸神！请你们允许我〈能够〉在内里变得漂亮；至于我在外面所拥有的一切，请你们允许它们同我内里的那些东西是友好的。但愿我会把智慧的人视作富足的；至于金钱的数量，对我来说只需一个有节制的人所能忍受和携带的那么多。我们还需要别的什么吗，斐德若啊？因为对于我来说，已经恰当地进行了祈祷。斐德若：也为我一起祈祷这些事情吧；因为朋友间的那些事情都是共同的。］

102 παιδοτρίβης［体育教练］。在《高尔吉亚》(452b6-7) 中曾界定了这种人所从事的工作：τὸ δὲ ἔργον μού ἐστιν καλούς τε καὶ ἰσχυροὺς ποιεῖν τοὺς ἀνθρώπους τὰ σώματα.［我的工作是使得人们在身体方面变得漂亮和强壮。］此外，还可参见《拉刻斯》(184d8-e3)：κἂν εἴ τις περὶ ἀγωνίας τοῦ υέος σοι βουλὴ εἴη τί χρὴ ἀσκεῖν, ἆρα τοῖς πλείοσιν ἂν ἡμῶν πείθοιο, ἢ 'κείνῳ ὅστις τυγχάνει ὑπὸ παιδοτρίβῃ ἀγαθῷ πεπαιδευμένος καὶ ἠσκηκώς;［如果你有一个关乎你儿子的体育训练的咨询，即他应当操练什么，那你是会听从我们中多数人的意见呢，还是听从那位恰好已经在一个优秀的体育教练〈的指导〉下得到教导和操练的人的意见？］

103 ἱεροποιῶν τυγχάνειν［恰好该他去献祭了］。ἱεροποιῶν 是动词 ἱεροποιέω［献祭］的现在时分词主动态阳性主格单数。动词 τυγχάνω 常作助动词使用，与分词连用，意思是"碰巧……""恰好……"。

104 ἦ που 在这里是一个整体，意思是"真的""毫无疑问""确实"。参见《政治家》(285d8-9)：Ἦ που τὸν τῆς ὑφαντικῆς γε λόγον αὐτῆς ταύτης ἕνεκα θηρεύειν οὐδεὶς ἂν ἐθελήσειεν νοῦν ἔχων.［毫无疑问，对纺织术的说明，任何有理智的人也都肯定不会愿意为了它本身而追踪它。］

105 ὡς εὐδαιμονέστατον［尽可能幸福的］。ὡς 加形容词最高级，意思是"尽可能……"。

106 ὅπως ἂν 是一个整体，在这里引导一个目的从句，等于 ἵνα；《牛津希-英词典》对之的解释是：in order that。参见：

《拉刻斯》(181c2-6)：νῦν δ᾽ οὖν ἀπὸ τῆσδε τῆς ἡμέρας, ἐπειδὴ ἀνεγνωρίσαμεν ἀλλήλους, μὴ ἄλλως ποίει, ἀλλὰ σύνισθί τε καὶ γνώριζε καὶ ἡμᾶς καὶ τούσδε τοὺς νεωτέρους, ὅπως ἂν διασῴζητε καὶ ὑμεῖς τὴν ἡμετέραν φιλίαν.［而现在，那么就从这天起，既然我们已经彼此重新结识了，那你就不要拒绝，而是既要结交和熟识我们，也要〈结交和熟识〉这儿的这两个年轻人，以便你们也能够继续保持我们的友谊。］

《斐德若》(239b6-8)：τά τε ἄλλα μηχανᾶσθαι ὅπως ἂν ᾖ πάντα ἀγνοῶν καὶ πάντα ἀποβλέπων εἰς τὸν ἐραστήν, οἷος ὢν τῷ μὲν ἥδιστος, ἑαυτῷ δὲ βλαβερώτατος ἂν εἴη.［在其他方面那人也必然想尽办法，以便〈他所爱的人〉完全是无知的，并且完全看其爱慕者的脸色行事，由此一来，虽然他对于那人来说是最令人快乐的，但对他自己来说却将是最有害的。］

107 ἢν 在这里是 εἰ 和 ἄν 的合拼，等于 ἐάν。

108 μισθωτῷ μᾶλλον ἐπιτρέπουσιν ἢ σοὶ ποιεῖν［他们竟然不容许你而宁愿容许一个被雇佣的人做］。动词 ἐπιτρέπω［允许］跟不定式，同时要求被允许的对象用与格，故这里既出现了单数与格 μισθωτῷ［一个被雇佣的人］和 σοὶ［你］，也出现了不定式 ποιεῖν［做］。

109 αὐτοῦ τούτου ἀργύριον τελοῦσιν［恰恰为此对他奉上银子］。αὐτοῦ τούτου［恰恰为此］，αὐτοῦ 在这里表强调，译出语气即可；当然，将之译为"为这件事本身"也可以。动词 τελέω 除了具有"实现""完成"这一本义之外，还有"付款""用钱"等意思；《牛津希-英词典》举了柏拉图在这里的这个表达，对 τελέω 的解释是：pay, present。类似的表达还有 τελέω χρήματα［花钱］；参见《苏格拉底的申辩》(20a4-5)：ἔτυχον γὰρ προσελθὼν ἀνδρὶ ὃς τετέλεκε χρήματα σοφισταῖς πλείω ἢ σύμπαντες οἱ ἄλλοι, Καλλίᾳ τῷ Ἱππονίκου.［因为我恰好结交了一个人，他在智者们身上所花的钱比所有其他人都多，他就是希珀尼科斯的儿子卡利亚斯。］

110 τοῦ ὀρικοῦ ζεύγους［同轭的一对骡子］是固定表达，《牛津希-英词典》举了柏拉图在这里的这个表达，对它的解释是：a pair of mules。这里之所以使用单数属格，是后面的动词不定式 ἄρχειν[管理/统治]所要求的。

111 疑问副词 πόθεν 的本义是"从何处"，但表示惊讶时，意思则是"怎么会？""怎么可能？""胡说八道！"《牛津希-英词典》对它的这一用法的解释是：how can it be? impossible! nonsense!

112 καὶ μάλα 是一个整体；καί 在这里不是并列连词，而是加强语气，副词 μάλα 的意思就是"很""极其"，这里整体地把 καὶ μάλα 译为"肯定"。

113 καί 在这里不是连词，而是副词表强调，故译为"甚至"。

114 ἦ 在这里是副词，意思是"真的""确实""毫无疑问"。

115 ἐλεύθερον ὄντα[明明是一个自由人]，也可以简单译为"作为一个自由人"。

116 εἰς διδασκάλου[前往老师的〈家里〉]。之所以这么补充翻译，因为这句话补全当为 εἰς διδασκάλων οἰκίαν 或 εἰς διδασκάλων οἶκον；当然也可以把整个表达简单译为"上学"。参见《拉刻斯》(201b1-4)：εἰ δέ τις ἡμῶν καταγελάσεται, ὅτι τηλικοίδε ὄντες εἰς διδασκάλων ἀξιοῦμεν φοιτᾶν, τὸν Ὅμηρον δοκεῖ μοι χρῆναι προβάλλεσθαι, ὃς ἔφη οὐκ ἀγαθὴν εἶναι αἰδῶ κεχρημένῳ ἀνδρὶ παρεῖναι.[但如果有人嘲笑我们,〈说已经〉是如此这把年纪，我们竟然还认为值得经常前往老师们的〈家里〉，那么，在我看来就必须援引荷马，这个人说：对于一个处在贫困中的人来说，羞耻心并不是好的。]

117 πάντως δήπου[肯定]是词组，《牛津希-英词典》对它的解释是：assuredly。

118 ἵν' αὐτῇ μακάριος ᾖς[为了如她所希望的那样你能是幸福的]，也可以转译为"以便她能够使得你是幸福的"。之所以这么翻译，因为人称代词阴性与格 αὐτῇ[她]在这里的语法现象是 dativus ethicus[伦理与格]，而所谓"伦理与格"，说的是人称代词的与格通常用来表达被指称的人的某种要求、关切等；因此，αὐτῇ 在这里可以译为"如她所希望的那样"。类似的情况参见：

《苏格拉底的申辩》(20e3-5)：καί μοι, ὦ ἄνδρες Ἀθηναῖοι, μὴ θορυβήσητε, μηδ' ἐὰν δόξω τι ὑμῖν μέγα λέγειν.[诸位雅典人啊，我请求你们不要喧哗，即使我看起来在对你们说某种大话。]

《斐德若》(241d2-3)：Τοῦτ' ἐκεῖνο, ὦ Φαῖδρε. οὐκέτ' ἂν τὸ πέρα ἀκούσαις ἐμοῦ λέγοντος, ἀλλ' ἤδη σοι τέλος ἐχέτω ὁ λόγος.[瞧，我竟然吟了一句诗！斐德若啊。你不会再听我继续往下说了，而现在如果你愿意，就让该讲辞就此结束吧！]

《政制》(343a8-9)：ὅς γε αὐτῇ οὐδὲ πρόβατα οὐδὲ ποιμένα γιγνώσκεις.[肯定是由于她，你才既不认识羊群，也不认识牧羊人。]

119 τὸν ἱστόν[〈织布机上的〉纬线]，当然可以简单译为"织布机"，而之所以这么翻译，是为了同后面的名词 σπάθη［压线板］呼应；所谓"压线板"，指的是在织布时，当把纬线穿入经线之后，用它把纬线压紧，使织出的布更加的细密和紧实。名词 ἱστός 既有"纬线"的意思，也有"织布机"的意思。

120 ἅπτεσθαι 是动词 ἅπτω［触碰］的现在时不定式中动态，它要求属格作宾语，所以这里出现的是单数属格 τῆς σπάθης［压线板］和 τῆς κερκίδος［织布的梭子］等。

121 ἀντὶ τίνος［为了什么］是固定表达，也可以简单译为"为何"。介词 ἀντί 跟属格，可以等于 πρός，意思是"为了……目的"；《牛津希-英词典》对它的这一用法解释是: for the sake of。

122 δι' ἡμέρας ὅλης［一整天］是固定表达。

123 τῷ δουλεύοντα［受制于某人］，当然也可以译为"沦为某人的奴隶"。

124 ἑνὶ λόγῳ［一言以蔽之］是词组，也可以译为"一句话""简而言之"。

125 形容词 ὀλίγος 本义是"少""小"的意思，其属格 ὀλίγου 单独使用，表"几乎""差不多""差一点"；但之所以使用属格，是省掉了无人称动词 δεῖν，其完整表达是 ὀλίγου δεῖ［差一点点／差得不多／几乎］。参见《拉刻斯》(187c6-d1): ὅτι μεμεληκέναι ὑμῖν ἡγούμεθα, ὡς εἰκός, περὶ τῶν τοιούτων, καὶ ἄλλως καὶ ἐπειδὴ οἱ παῖδες ὑμῖν ὀλίγου ὥσπερ οἱ ἡμέτεροι ἡλικίαν ἔχουσι παιδεύεσθαι.［我们认为你们已经在关心——像〈那样做也才是〉合情合理的——诸如此类的事情，尤其是既然你们的孩子们，就像我们的孩子们一样，差不多都到了被教育的年纪。］

126 ἡλικίαν ἔχω［到年龄］是短语，也可以译为"成年"。类似的表达参见:

《拉刻斯》(200c6-7): εἰ δὲ καὶ ἐμοὶ ἐν ἡλικίᾳ ἦσαν οἱ παῖδες, ταυτὰ ἂν ταῦτ' ἐποίουν.［如果我的孩子们到了合适的年龄，我也会做同样这些事情。］

《卡尔米德斯》(154a8-b2): Οἶσθά που σύ γε, ἔφη, ἀλλ' οὔπω ἐν ἡλικίᾳ ἦν πρίν σε ἀπιέναι, Χαρμίδην τὸν τοῦ Γλαύκωνος τοῦ ἡμετέρου θείου υἱόν, ἐμὸν δὲ ἀνεψιόν.［你肯定知道这人，他说道，不过在你离开〈这里前往波底代亚〉之前他尚未成年；他叫卡尔米德斯，我叔叔格劳孔的儿子，也是我的堂弟。］

《泰阿泰德》(142c8-d3): καί μοι ἐλθόντι Ἀθήναζε τούς τε λόγους οὓς διελέχθη αὐτῷ διηγήσατο καὶ μάλα ἀξίους ἀκοῆς, εἶπέ τε ὅτι πᾶσα ἀνάγκη εἴη τοῦτον ἐλλόγιμον γενέσθαι, εἴπερ εἰς ἡλικίαν ἔλθοι.［当我去雅典时，他还向我详细叙述了他与之交谈过的那些非常值得一听的话，说此人无论如何都必定会变得著名，只要他到了年龄。］

127 ὁ αὐτὸς ὅρος[同样的标准]。ὅρος 除了具有"界线""定义"的意思之外，也有"标准""尺度"等意思。

128 ὁ μέγας βασιλεύς[大王]，在当时专指"波斯王"。参见：

《苏格拉底的申辩》(40d7-e2)：οἶμαι ἂν μὴ ὅτι ἰδιώτην τινά, ἀλλὰ τὸν μέγαν βασιλέα εὐαριθμήτους ἂν εὑρεῖν αὐτὸν ταύτας πρὸς τὰς ἄλλας ἡμέρας καὶ νύκτας.[我会认为，不仅一个普通人，而且〈波斯〉大王本人也会发现同其他的日日夜夜相比，这种夜晚是屈指可数的。]

《卡尔米德斯》(158a2-5)：Πυριλάμπους γὰρ τοῦ σοῦ θείου οὐδεὶς τῶν ἐν τῇ ἠπείρῳ λέγεται καλλίων καὶ μείζων ἀνὴρ δόξαι εἶναι, ὁσάκις ἐκεῖνος ἢ παρὰ μέγαν βασιλέα ἢ παρὰ ἄλλον τινὰ τῶν ἐν τῇ ἠπείρῳ πρεσβεύων ἀφίκετο.[因为同你的舅舅皮里兰珀斯相比，据说在亚洲大陆无人显得是更为英俊和高大挺拔的，他曾多次作为一位使节前往〈波斯〉大王那儿，或者前往在亚洲大陆的那些国王中的其他任何一位那儿；]

《智者》(230d6-e3)：Διὰ ταῦτα δὴ πάντα ἡμῖν, ὦ Θεαίτητε, καὶ τὸν ἔλεγχον λεκτέον ὡς ἄρα μεγίστη καὶ κυριωτάτη τῶν καθάρσεών ἐστι, καὶ τὸν ἀνέλεγκτον αὖ νομιστέον, ἂν καὶ τυγχάνῃ βασιλεὺς ὁ μέγας ὤν, τὰ μέγιστα ἀκάθαρτον ὄντα, ἀπαίδευτόν τε καὶ αἰσχρὸν γεγονέναι ταῦτα ἃ καθαρώτατον καὶ κάλλιστον ἔπρεπε τὸν ὄντως ἐσόμενον εὐδαίμονα εἶναι.[正是由于所有这些，泰阿泰德啊，也必须得说反驳是各种净化中最重要的和最具决定性的，甚至复又必须得认为，那不可反驳的人，即使他恰好是〈波斯〉大王，假如他在最重要的一些事情上是不洁净的，那他也会在下面这些事情上变成是未受过教育的和丑陋的：在那里，那将真正是幸福的人适合于是最洁净的和最美的。]

129 希腊文方括号中的动词不定式 ἐμβάλλειν[扔]，伯内特认为是窜入，法国布德本希腊文直接删除了它。

130 περὶ ὄψου σκευασίας[在菜肴的料理方面]，也可以译为"在菜肴的准备方面""关于菜肴的料理"或"关于菜肴的准备"。

131 βάρβαροι[外邦人]，当然也可以直接译为"野蛮人"。

132 ἑκὼν εἶναι[是故意的]是一个整体，作副词使用，意思是"有意地""故意地"。参见《苏格拉底的申辩》(37a5-7)：πέπεισμαι ἐγὼ ἑκὼν εἶναι μηδένα ἀδικεῖν ἀνθρώπων, ἀλλὰ ὑμᾶς τοῦτο οὐ πείθω· ὀλίγον γὰρ χρόνον ἀλλήλοις διειλέγμεθα.[我一直相信我从未故意对任何人行过不义，但对此我却无法说服你们，因为我们相互交谈的时间很短。]

133 ὀνησόμεθα γὰρ ἀπ' αὐτῶν[因为我们将从它们那里为自己取得某种用处]。ὀνησόμεθα 是动词 ὀνίνημι 的将来时直陈式中动态第一人称复数，ὀνίνημι 的本义是"使得到好处""帮助",其中动态的意思则是"得到好处""得到帮助",这里基于文义将之译为"为自己取得某种用处"。

134 νοῦν κτάομαι 等于 νοῦν ἔχω,意思是"有理解力的""有理智的"。

135 οἱ ἀλλότριοι[外人],也可以直接译为"陌生人"。

136 καθ' ὅσον ἂν ᾖ ἄχρηστος[就他是毫无用处的这点而言],也可以译为"在他是毫无用处的这个范围内",或者简单译为"只要他是毫无用处的"。καθ' ὅσον 等于 ἐς ὅσον 和 ἐφ' ὅσον,是固定表达,字面是"就其所能达到的程度""在……范围内"。

137 动词 φρονέω 的本义是"理解""明白",μέγα φρονεῖν 作为词组的意思是"心高志大",贬义则指"是放肆的""是狂妄的",《牛津希-英词典》对它的解释是:to be high-minded, have high thoughts, to be high-spirited ; to be presumptuous。而 ἐπί τινι μέγα φρονεῖν 是固定表达,即"以……为傲""对……感到自豪"。参见:

《斐德若》(257e1–3):ὅτι οἱ μέγιστον φρονοῦντες τῶν πολιτικῶν μάλιστα ἐρῶσι λογογραφίας τε καὶ καταλείψεως συγγραμμάτων.[政治家中那些最为心高志大的,他们尤其爱讲辞写作,并且留下文章。]

《泰阿泰德》(149d10 e1):Ἀλλ' ἴσθ' ὅτι ἐπὶ τούτῳ μεῖζον φρονοῦσιν ἢ ἐπὶ τῇ ὀμφαλητομίᾳ.[那么你得清楚,她们对此比对剪脐带更为感到自豪。]

138 基于形容词 ἄφρων 的褫夺性前缀 -ἀ 以及其词干 φρων 同动词 φρονεῖ[理解]的关联,我这里没有将之译为"愚蠢的",而是译为"无理解的"。

139 ἐπῆλθέ μοι εἰπεῖν[我突然想说]是固定表达。ἐπῆλθε 是动词 ἐπέρχομαι 的一次性过去时直陈式主动态第三人称单数,ἐπέρχομαι 的本义是"走向",跟人称与格表"突然来临""触念""突然想到",《牛津希-英词典》对它的这一用法的解释是:come into one's head, occur to one。

140 ἀγωνιῶντα καὶ τεθορυβημένον ὑπὸ τῶν λεγομένων[内心挣扎并且被我所说的那些话弄得困惑不已]。ἀγωνιῶντα 是动词 ἀγωνιάω 的现在时分词主动态阳性宾格单数,ἀγωνιάω 的本义是"斗争""竞赛",这里基于文义将之译为"内心挣扎"。τεθορυβημένον 是动词 θορυβέω 的完成时分词被动态阳性宾格单数,θορυβέω 的本义是"吵闹""喧哗",但其被动态的意思则是"感到困惑"。《牛津希-英词典》举了柏拉图在这里的这一表达,对这两个词的解释分别是:to be distressed or anxious, be in an agony 和 thrown into disorder, confused。

141 ἐπέσχον τοῦ λόγου[硬生生地把话吞了回去],这是意译,字面意思是"我堵住了话"。ἐπέσχον 是动词 ἐπέχω 的一次性过去时直陈式主动态第一人称单数，ἐπέχω 跟属格的意思是"阻止""堵住"。

142 λάθρα τοῦ Μενεξένου[不被墨涅克塞诺斯注意到]。副词 λάθρα 的本义是"偷偷地""隐秘地"，跟属格则指"不为人知的"；这里基于文义将该表达译为"不被墨涅克塞诺斯注意到"。

143 Ταῦτα μὲν σὺ αὐτῷ ἐρεῖς[请你自己对他说这些吧]，字面意思是"你将对他说这些"。ἐρεῖς 是动词 ἐρῶ[说] 的将来时直陈式主动态第二人称单数，在这里作命令式理解。

144 ὅτι μάλιστα 是词组，意思是"尽可能地"。

145 ὅταν ... πρῶτον 是一个整体，意思是"一……就"，《牛津希-英词典》对这一用法的解释是：as soon as。

146 αὖθίς με ἀνερέσθαι[〈请你试着〉再次问我]，之所以这么补充翻译，因为不定式 ἀνερέσθαι[问] 前面当省略了前面的动词命令式 πειρῶ[请你尝试]。

147 εὖ ἴσθι[请你放心]，这是意译。ἴσθι 是动词 οἶδα[知道/看见] 的完成时命令式主动态第二人称单数，εὖ ἴσθι 字面意思是"请你好好地知道""请你看清"也可以转译为"确定的是"。参见：

《卡尔米德斯》(157d6-8)：Εὖ τοίνυν ἴσθι, ἔφη, ὅτι πάνυ πολὺ δοκεῖ σωφρονέστατος εἶναι τῶν νυνί, καὶ τἆλλα πάντα, εἰς ὅσον ἡλικίας ἥκει, οὐδενὸς χείρων ὤν.[那么你得弄清楚，他说，他似乎在当今的这些〈年轻人〉中是最最自制的，并且在其他所有方面，就〈其〉年龄已经抵达的那个点来说，他也不比其他任何人差。]

《拉刻斯》(181b7-c1)：εὖ οὖν ἴσθι ὅτι ἐγὼ ταῦτα ἀκούων χαίρω ὅτι εὐδοκιμεῖς, καὶ σὺ δὲ ἡγοῦ με ἐν τοῖς εὐνούστατόν σοι εἶναι.[因此，你得清楚，当我听到这些后，我很高兴，因为你有着好的名声；并且也请你一定要把我算在那些对你怀有最好的心意的人中。]

148 οἴκαδε ὥρα ᾖ ἀπιέναι[是时候回家了]。名词 ὥρα[时候/时刻]跟不定式，表示"正是做……时候"，所以后面跟的是不定式 ἀπιέναι[离开]。参见：

《泰阿泰德》(145b6-7)：Ὥρα τοίνυν, ὦ φίλε Θεαίτητε, σοὶ μὲν ἐπιδεικνύναι, ἐμοὶ δὲ σκοπεῖσθαι.[因此，亲爱的泰阿泰德啊，于你，现在正是进行展示的时候；于我，则是进行考察的时候。]

《菲勒玻斯》(62e3)：Ὥρα δὴ βουλεύεσθαι νῷν καὶ περὶ τῶν ἡδονῶν.[那么，对我俩来说，也是时候对诸快乐做出决定了。]

149 ἀλλὰ ὅρα ὅπως ἐπικουρήσεις μοι[不过你得看看你将如何援助我]。ὅρα 是动词 ὁράω[看] 的现在时命令式主动态第二人称单数，类似的表达参见《斐洞》(118a9-10)：Ἀλλὰ ταῦτα, ἔφη, ἔσται, ὁ Κρίτων· ἀλλ' ὅρα εἴ τι ἄλλο λέγεις.

[好的！克里同说道，但你看看是否还有其他要说的。]

150 τοι 是个小品词，源自人称代词 σύ［你］的单数与格，本义是"让我告诉你"，转义为"真的""的确""其实""事实上"等。

151 形容词 δεινός 既具有"可怕的""可怖的"意思，也有"聪明的""高明的""强有力的"等意思；这里偏中性地将之译为"很厉害"。

152 μηδενός σοι ... μελέτω［你勿用在乎任何人］是固定表达。μελέτω 是动词 μέλω［关心/挂念］的现在时命令式主动态第三人称单数，用第三人称命令式时，被关心的对象用属格，进行关心的人用与格；这儿根据上下文将之译为"在乎"。参见《克里同》（44c6-7）：Ἀλλὰ τί ἡμῖν, ὦ μακάριε Κρίτων, οὕτω τῆς τῶν πολλῶν δόξης μέλει;［有福的克里同啊，但我们为何要如此在乎大众的意见呢？］

153 πρὸς ἡμᾶς αὐτούς［互相］，等于 πρὸς ἀλλήλους。参见《拉刻斯》（189d1-2）：ὑμεῖς οὖν λέγετε καὶ διέξιτε πρὸς ὑμᾶς αὐτοὺς περὶ ὧν προυθέμεθα.［所以，关于我们所摆出来的那些事情，请你们说一说，并且也请你们互相进行仔细检查。］

154 αὐτὼ μόνω ἑστιᾶσθον［你俩独自在开私人宴席吗］，有意按字面意思翻译，当然也可以转译为"你俩独自开小会吗"；ἑστιᾶσθον 是动词 ἑστιάω 的现在时直陈式被动态第二人称双数。ἑστιάω 的本义就是"设宴"。

155 ἡμῖν δὲ οὐ μεταδίδοτον τῶν λόγων;［而不把谈话分给我们一份？］也可以简单译为"而不让我们参与谈话？"μεταδίδωμι τινί τινος 是固定表达，意思是"把某种东西给予某人""把某种东西分给某人"；其中，人用与格，物用属格。参见《克里同》（51c8-d5）：ἡμεῖς γάρ σε γεννήσαντες, ἐκθρέψαντες, παιδεύσαντες, μεταδόντες ἁπάντων ὧν οἷοί τ' ἦμεν καλῶν σοὶ καὶ τοῖς ἄλλοις πᾶσιν πολίταις, ὅμως προαγορεύομεν τῷ ἐξουσίαν πεποιηκέναι Ἀθηναίων τῷ βουλομένῳ, ἐπειδὰν δοκιμασθῇ καὶ ἴδῃ τὰ ἐν τῇ πόλει πράγματα καὶ ἡμᾶς τοὺς νόμους, ᾧ ἂν μὴ ἀρέσκωμεν ἡμεῖς, ἐξεῖναι λαβόντα τὰ αὑτοῦ ἀπιέναι ὅποι ἂν βούληται.［因为，尽管我们生下了你、抚养了你、教育了你，把我们曾能有的所有美好的东西都给予你和所有其他的公民，但我们还是预先告知已经允许雅典人中任何一位怀有〈下面这种〉意愿，那就是：一旦他被认可，并且熟悉城邦中的各种事务和我们法律，那么，假如我们不能让他满意，那他就可以拿上自己的东西离开，到任何他想去的地方。］

156 ἀλλὰ μήν 是词组，相当于拉丁文的 verum enimvero［真的］。μήν 作为小品词，起加强语气的作用，意思是"真的""无疑"，它可以同其他小词一起构成各种固定表达；例如，ἦ μήν［实实在在］，καὶ μήν［确实］，τί μήν［当然］。这里根据上下文把 ἀλλὰ μήν 译为"当然"。参见《拉刻斯》(192c3-4): Ἀλλὰ μὴν δεῖ, εἴ γε τὸ ἐρωτώμενον ἀποκρινούμεθα ἡμῖν αὐτοῖς.［当然必须〈得这么说〉，如果我真要回答被我们自己所问的那个问题的话。］

157　ἐπιθυμῶν κτήματός του［渴望得到某种东西］，字面意思是"渴望某种所有物"。

158　ὥσπερ ἄλλος ἄλλου.［正如有的人渴望得到这，有的人渴望得到那。］也可以译为：就像不同的人渴望得到不同的东西那样。

159　πρὸς μὲν ταῦτα πράως ἔχω［我虽然对这些是无所谓的］。πράως 是由形容词 πρᾶος 派生而来的副词，πρᾶος 的本义是"温和的""心平气和的"，这里基于文义将之译为"无所谓的"。ἔχω 加副词等于 εἰμί 加相应的形容词。

160　πρὸς δὲ τὴν τῶν φίλων κτῆσιν πάνυ ἐρωτικῶς［但对于得到一些朋友却满怀爱欲］，有意这么翻译，当然可以简单译为"但极其醉心于得到朋友""但非常渴望得到朋友"。

161　μοι φίλον ἀγαθὸν γενέσθαι［我得到一个好朋友］，字面意思是"一个好朋友对我产生出来"。

162　τὸν ἄριστον ἐν ἀνθρώποις ὄρτυγα ἢ ἀλεκτρυόνα［世上最好的鹌鹑或最好的雄鸡］。名词 ἄνθρωπος［人］同形容词最高级连用，起加强语气的作用，例如，μάλιστα ἀνθρώπων［最重要的是］和 ἥκιστα ἀνθρώπων［最不］,《牛津希-英词典》对之的解释分别是：most of all 和 least of all；此外，还有诸如 τὰ ἐξ ἀνθρώπων πράγματα［世界上的所有麻烦］这样的类似表达。牛津希-英词典也举了柏拉图在这里的这个表达，对 ὁ ἄριστος ἐν ἀνθρώποις ὄρτυξ 的解释是：the best quail in the world. 参见《泰阿泰德》(148b3): Ἀριστά γ' ἀνθρώπων, ὦ παῖδες.［世界上无人比你们更优秀了，孩子们！／你们是世界上最优秀的，孩子们！］

163　这是当时的一种起誓方式；苏格拉底不止一次用埃及的"神狗"起誓。参见：

《苏格拉底的申辩》(22a1): καὶ νὴ τὸν κύνα, ὦ ἄνδρες Ἀθηναῖοι.［以狗起誓，诸位雅典人啊。］

《高尔吉亚》(482b5): μὰ τὸν κύνα τὸν Αἰγυπτίων θεόν.［以狗，埃及人的神发誓。］

《斐德若》(228b2-5): καὶ τοῦτο δρῶν ἐξ ἑωθινοῦ καθήμενος ἀπειπὼν εἰς περίπατον ᾔει, ὡς μὲν ἐγὼ οἶμαι, νὴ τὸν κύνα, ἐξεπιστάμενος τὸν λόγον, εἰ μὴ πάνυ τι ἦν μακρός.［并且在这样做时，他由于从清晨就坐在那里而感到疲倦，于是出去散散步，而且如我相信的那样——以狗起誓——，他也已经把该讲辞烂熟于心，除非它确实是有点太长了。］

164　大流士（Δαρεῖος, Dareios），著名的波斯国王。
165　μᾶλλον <δὲ> ἢ αὐτὸν Δαρεῖον［甚或同大流士本人相比］。希腊文尖括号中的小词 δὲ，是编辑校勘者根据文义补充的，而法国布德本希腊文认为这句话有可能是窜入。
166　ἔστιν 做无人称动词使用，跟不定式，意思是"可能……""应该……"。
167　ἀντιφιλεῖσθαι 是动词 ἀντιφιλέω 的现在时不定式被动态，意思是"回报以爱"；《牛津希-英词典》举了柏拉图在这里的这一表达，对它的解释是：love in return。
168　ὡς οἷόν τε μάλιστα［尽可能地］是固定搭配，也可以译为"最为可能地"。参见：

　　《拉刻斯》（179a4-8）：ἡμῖν οὖν τούτων δέδοκται ἐπιμεληθῆναι ὡς οἷόν τε μάλιστα, καὶ μὴ ποιῆσαι ὅπερ οἱ πολλοί, ἐπειδὴ μειράκια γέγονεν, ἀνεῖναι αὐτοὺς ὅτι βούλονται ποιεῖν, ἀλλὰ νῦν δὴ καὶ ἄρχεσθαι αὐτῶν ἐπιμελεῖσθαι καθ' ὅσον οἷοί τ' ἐσμέν.［因此，我们已经决心要尽可能地关心他们，并且不要像许多人所做的那样来行事，那就是，当他们已经长成小伙子时，听任他们做他们想做的任何事情，而是尤其在现在就一定要开始尽我们所能地去关心他们。］

　　《斐洞》（77a3-5）：τὸ πάντα τὰ τοιαῦτ' εἶναι ὡς οἷόν τε μάλιστα, καλόν τε καὶ ἀγαθὸν καὶ τἆλλα πάντα ἃ σὺ νυνδὴ ἔλεγες.［所有这些东西，美〈本身〉、善〈本身〉以及你刚才说的其他所有的，都最为可能地是着。］

169　小词 αὖ 除了具有"再度""重新""此外""另一方面"这些意思之外，还有"正相反""完全相反"的意思；《牛津希-英词典》对它的这一用法的解释是：on the contrary。
170　κινδυνεύω 的本义是"冒险"，作无人称动词使用时，作为回答语意思是"有可能""也许是""或许是"。
171　Οὐκ ἄρα ἐστὶν φίλον τῷ φιλοῦντι οὐδὲν μὴ οὐκ ἀντιφιλοῦν.［因此，对于爱者来说，没有任何东西是朋友，如果它不回报以爱的话。］也可以简单译为：因此，对于爱者来说，任何没有回报以爱的东西，都不是朋友。基于中性否定词 οὐδέν，这里的 φίλον 以及现在时分词主动态 ἀντιφιλοῦν，都是中性。之所以用中性，可理解为包括其他有生命的东西和精神性的东西，如下文所举的各种例子。
172　Οὐδ' ἄρα φίλιπποί εἰσιν οὓς ἂν οἱ ἵπποι μὴ ἀντιφιλῶσιν.［那么，马不会回报以爱的那些人就不是马的朋友。］也可以补充译为：那么，那些爱马的人就不是〈马的朋友〉，因为马并不会对他们回报以爱。

173 κύνες ἀγρευταί［猎犬］是一个整体。ἀγρευτής 的本义是"猎人"，在这里作形容词使用，《牛津希-英词典》对 κύνες ἀγρευταί 的解释是：hounds。

174 参见梭伦，《残篇》（23. 1-2）。

175 ἐστι τοῖς γονεῦσι φίλτατα［对父母来说是最可爱的］，当然也可以译为"对父母来说最为是朋友"。

176 希腊文尖括号中的否定词 μὴ，是编辑校勘者根据文义补充的，法国布德本希腊文直接加上了该词。

177 动词 εὐπορέω 由前缀 εὖ［好］和 πόρος［通路/道路］派生而来，本义是"有出路"，转义为"有办法"，其反面是 ἀπορέω［无路可走/感到困惑/不知所措］。

178 τὸ παράπαν 是一个整体，意思是"完全""总共"，这里基于上下文将之译为"压根儿"。参见《斐德若》（272d6-8）：τὸ παράπαν γὰρ οὐδὲν ἐν τοῖς δικαστηρίοις τούτων ἀληθείας μέλειν οὐδενί, ἀλλὰ τοῦ πιθανοῦ.［因为，在各种法庭上压根儿就没有任何人关心这些东西之真，而是仅仅关心那有说服力的事情。］

179 ἄκοντ' αὐτὸν ἐκφεύγειν τὸ λεχθέν［这话他是无意间脱口而出的］，字面意思是"被说出的这话从无意的他那里溜了出来"。ἐκφεύγειν 是动词 ἐκφεύγω 的现在时不定式主动态，ἐκφεύγω 的本义是"逃出去""溜出去"，在这里的意思是"脱口而出""顺口溜出"；《牛津希-英词典》举了柏拉图在这里的这个表达，对它的解释是：escape one's lips。

180 οὕτως ἔχων［他总是那个样子］，即前面说的 τὸ σφόδρα προσέχειν τὸν νοῦν τοῖς λεγομένοις［全副身心把注意力放在那些被说的事情上］。

181 ἐκείνου ἡσθεὶς τῇ φιλοσοφίᾳ［我对那个人对智慧的热爱感到高兴］，ἐκείνου ... τῇ φιλοσοφίᾳ［那个人对智慧的热爱］，也可以译为"那个人的热爱智慧"，ἐκείνου［那个人的］，即"吕西斯的"。ἡσθείς 是动词 ἥδομαι［感到高兴/感到满意］的一次性过去时分词阳性主格单数，该动词要求与格作宾语，所以这里出现的是单数与格 τῇ φιλοσοφίᾳ［热爱智慧］。

182 καὶ γάρ 是词组。意思是"真的""的确"。

183 希腊文方括号中的定冠词 τὰ，伯内特认为是窜入，法国布德本希腊文同样如此。

184 ἀποφαινόμενοι περὶ τῶν φίλων［当他们关于朋友们发表意见时］，ἀποφαινόμενοι 是动词 ἀποφαίνω 的现在时分词中动态阳性主格复数，ἀποφαίνω 的本义是"显示""展示"，但其中动态的意思则是"发表意见""炫耀"，ἀποφαίνω περί τινος 是固定表达，即"对某事发表意见"；《牛津希-英词典》举了柏拉图在这里的这个表达,对它的解释是:give an opinion。
185 见荷马《奥德修斯》(17.218)。
186 这有可能在指像阿那克萨戈拉那样的自然哲学家。参见《斐洞》(97b8-c6):Ἀλλ' ἀκούσας μέν ποτε ἐκ βιβλίου τινός, ὡς ἔφη, Ἀναξαγόρου ἀναγιγνώσκοντος, καὶ λέγοντος ὡς ἄρα νοῦς ἐστιν ὁ διακοσμῶν τε καὶ πάντων αἴτιος, ταύτῃ δὴ τῇ αἰτίᾳ ἥσθην τε καὶ ἔδοξέ μοι τρόπον τινὰ εὖ ἔχειν τὸ τὸν νοῦν εἶναι πάντων αἴτιον, καὶ ἡγησάμην, εἰ τοῦθ' οὕτως ἔχει, τόν γε νοῦν κοσμοῦντα πάντα κοσμεῖν καὶ ἕκαστον τιθέναι ταύτῃ ὅπῃ ἂν βέλτιστα ἔχῃ.[然而,当我有一次听到某个人在读一本书——据他说,是阿那克萨戈拉的——,并且说其实理智才是进行安排的和对万物负责的,我的确对这一原因感到满意,并且在我看来理智是对万物负责的,这无论如何都是恰当的;我也认为,如果这就是这样,那么,进行安排的理智就肯定会安排万物,并且会如其是最好的那样安置每个东西。]
187 τὸ ὅλος 的本义是"整体",作为固定表达,即"宇宙"。《牛津希-英词典》对它的解释是:the universe。
188 ὁ ἀγαθός [优秀的人] 和 ὁ κακός [糟糕的人],这里有意没有将之分别"好人"和"坏人"。一般说来,形容词 ἀγαθός,对于人指"好的""高尚的""善良的";对于物,指"好的""有用的"。
189 形容词 ἔμπληκτος 派生自动词 ἐμπλήσσω [撞上/打击],本义是"冲动的""任性的""受感情驱使的",喻为"反复无常的"。
190 σχολῇ γέ [无论如何都难以],也可以译为"无论如何都决不"。σχολῇ 是由名词 σχολή [闲暇] 的单数与格派生而来的副词,除了具有"悠闲地"的意思之外,也表否定,即"难以""几乎不""决不""根本不"。σχολῇ γέ 在法国布德本希腊文中作 σχολῇ γ'⟨ἄν⟩,不从。
191 动词 αἰνίσσομαι 的本义就是"说隐语""说谜语",转义为"暗示"。参见《斐洞》(69c3-7):καὶ κινδυνεύουσι καὶ οἱ τὰς τελετὰς ἡμῖν οὗτοι καταστήσαντες οὐ φαῦλοί τινες εἶναι, ἀλλὰ τῷ ὄντι πάλαι αἰνίττεσθαι ὅτι ὃς ἂν ἀμύητος καὶ ἀτέλεστος εἰς Ἅιδου ἀφίκηται ἐν βορβόρῳ κείσεται, ὁ δὲ κεκαθαρμένος τε καὶ τετελεσμένος ἐκεῖσε ἀφικόμενος μετὰ θεῶν οἰκήσει.[并且那些为我们创设各种入教仪式的人似乎都不是一些平庸之辈,相反,他们其实早就在用隐语说道:那未入教和未接受入教仪式就到达哈德斯那里的人将被弃置在烂泥中,而那已经被洁净和接受了入教仪式的人到了那里,则将和诸神生活在一起。]
192 μόνος ... μόνῳ [唯有……单单],这可理解为一种叠用修辞。

193 动词 ἔχω 的本义是"有""拥有",但也转义为"理解""意味着",这里根据上下文将之译为"知道"。参见《克里同》(45b6-8):ὥστε, ὅπερ λέγω, μήτε ταῦτα φοβούμενος ἀποκάμῃς σαυτὸν σῶσαι, μήτε, ὃ ἔλεγες ἐν τῷ δικαστηρίῳ, δυσχερές σοι γενέσθω ὅτι οὐκ ἂν ἔχοις ἐξελθὼν ὅτι χρῷο σαυτῷ. [因此,正如我说的,既不要因担心这些而放弃救你自己,你在法庭上曾说的话也不应对你成为困扰,那就是:一旦流亡你就会不知道该如何对待你自己。]

194 ὁ λόγος [道理],也可以译为"讨论"。

195 φέρω 本是动词,表"携带""带到"等,用命令式时,作副词使用,意味"来吧""来呀"。

196 τίνα ὠφελίαν ἔχειν ἢ τίνα βλάβην ἂν ποιῆσαι δύναιτο. [它会能够对之具有何种益处,或者带来何种坏处。]法国布德本希腊文认为动词不定式 ἔχειν [具有]有可能是窜入,如果按布德本翻译,整句话就当译为:它会能够对之带来何种益处,或者何种坏处。

197 οὐχ ὁ ἀγαθός, καθ' ὅσον ἀγαθός, κατὰ τοσοῦτον ἱκανὸς ἂν εἴη αὑτῷ;[优秀的人,他有多优秀,他岂不也就会有多自足?]这句话完整的字面意思是:优秀的人,他在多大程度上是优秀的,他岂不也就会在多大程度上对他自己来说是充足的?

198 τὴν ἀρχήν 是词组,作副词使用,意思是"究竟""到底",等于英文的 at all,德文的 überhaupt。

199 αὑτῶν 即 ἑαυτῶν,这里的 αὑτῶν 和前面 215b5 那里的 ἑαυτοῖς,在此都不作反身代词理解,而是交互代词,分别等于 ἀλλήλων 和 ἀλλήλοις,意思是"彼此""互相"。《牛津希-英词典》在解释这一语法现象时,举了柏拉图在这里的这个例子,指出它们的意思:one another。

200 περὶ πολλοῦ ποιεῖσθαι [珍惜] 是词组,《牛津希-英词典》指出,这一表达等于拉丁文中的固定表达 magni facere[珍惜/重视/高度评价]。参见:

《苏格拉底的申辩》(21e4-5):ὅμως δὲ ἀναγκαῖον ἐδόκει εἶναι τὸ τοῦ θεοῦ περὶ πλείστου ποιεῖσθαι. [然而,似乎必须最为重视神的事情。/然而,似乎必须把神的事情当作最大的事情。]

《克里同》(45c2-4):ἐὰν δὲ βούλῃ εἰς Θετταλίαν ἰέναι, εἰσὶν ἐμοὶ ἐκεῖ ξένοι οἵ σε περὶ πολλοῦ ποιήσονται καὶ ἀσφάλειάν σοι παρέξονται, ὥστε σε μηδένα λυπεῖν τῶν κατὰ Θετταλίαν. [如果你愿意前往忒塔利亚,我在那儿有一些会非常看重你并为你提供安全的异乡朋友,因此在整个忒塔利亚人那儿,无人会使你感到痛苦。](48e3-5):ὡς ἐγὼ περὶ πολλοῦ ποιοῦμαι πείσας σε ταῦτα πράττειν, ἀλλὰ μὴ ἄκοντος.［因为我把说服你〈同意我〉做这些事情看得很重要，但不能违背你的意愿。］

《斐德若》(231b7-c7)：ἔτι δὲ εἰ διὰ τοῦτο ἄξιον τοὺς ἐρῶντας περὶ πολλοῦ ποιεῖσθαι, ὅτι τούτους μάλιστά φασιν φιλεῖν ὧν ἂν ἐρῶσιν, καὶ ἕτοιμοί εἰσι καὶ ἐκ τῶν λόγων καὶ ἐκ τῶν ἔργων τοῖς ἄλλοις ἀπεχθανόμενοι τοῖς ἐρωμένοις χαρίζεσθαι, ῥᾴδιον γνῶναι, εἰ ἀληθῆ λέγουσιν, ὅτι ὅσων ἂν ὕστερον ἐρασθῶσιν, ἐκείνους αὐτῶν περὶ πλείονος ποιήσονται, καὶ δῆλον ὅτι, ἐὰν ἐκείνοις δοκῇ, καὶ τούτους κακῶς ποιήσουσιν.［还有，如果由于下面这点那些陷入爱中的人值得珍惜，那就是，他们说，他们尤其喜欢他们所爱的那些人，并且为了讨那些被其所爱的人的欢喜而随时准备因一些言语以及由于一些行为而被其他人所仇恨，那么，〈其实很〉容易认识到他们是否在说真话，因为就他们后来爱上的所有那些新欢，他们将珍惜那些人远胜于〈珍惜从前的〉那些旧爱，并且显而易见的是，只要那些新欢们认为合适，他们甚至会伤害那些旧爱。］

201 πῇ παρακρουόμεθα［我们在哪个地方被误导了］，也可以译为"我们为何被误导了"，或者"我们在哪个地方出错了""我们为何出错了"。παρακρουόμεθα 是动词 παρακρούω 的现在时直陈式被动态第一人称复数，παρακρούω 的词干是 κρούω［弹奏］，其本义是"弹错调子""走调"，转译为"误导""引入歧途""欺骗"等。参见《克里同》(46e3-47a2)：σὺ γάρ, ὅσα γε τἀνθρώπεια, ἐκτὸς εἶ τοῦ μέλλειν ἀποθνῄσκειν αὔριον, καὶ οὐκ ἄν σε παρακρούοι ἡ παροῦσα συμφορά.［因为，至少就人的所有东西而言，你免于了明天就注定要死，而正在来临的厄运也就不会误导你。］

202 ὅλῳ τινί［或许整个地］是一个整体，之所以这么说，见前面 214b7-8：τὸ ἥμισυ αὐτοῦ, ἴσως δὲ καὶ πᾶν.［它的一半〈说得正确〉，但也或许是全部。］

203 参见赫西俄德《工作与时日》(25-26)。那里的原文是：καὶ κεραμεὺς κεραμεῖ κοτέει καὶ τέκτονι τέκτων, καὶ πτωχὸς πτωχῷ φθονέει καὶ ἀοιδὸς ἀοιδῷ.［其实陶工气愤陶工，木匠也气愤木匠，而乞丐嫉妒乞丐，歌者也嫉妒歌者。］

204 希腊文尖括号中的介词 πρὸς，是编辑校勘者根据文义补充的，法国布德本希腊文同样如此。

205 μεγαλοπρεπέστερον 是形容词 μεγαλοπρεπής 的中性比较级单数；其本义是"宏大地""宏伟地""壮丽地"，用于贬义则表"傲慢地""目空一切地"。参见《泰阿泰德》(161c6-d2)：ἵνα μεγαλοπρεπῶς καὶ πάνυ καταφρονητικῶς ἤρξατο ἡμῖν λέγειν, ἐνδεικνύμενος ὅτι ἡμεῖς μὲν αὐτὸν ὥσπερ θεὸν ἐθαυμάζομεν ἐπὶ σοφίᾳ, ὁ δ' ἄρα ἐτύγχανεν ὢν εἰς φρόνησιν οὐδὲν βελτίων βατράχου γυρίνου,

μὴ ὅτι ἄλλου του ἀνθρώπων.［以至于他能目空一切且非常轻蔑地开始对我们讲话，指出尽管我们在智慧方面像神一样钦佩他，但他其实在明智上并不比一只青蛙〈生出的〉一只蝌蚪更优秀，更别提在众人中比其他任何一个人更优秀了。］

206 ἐπεξῄει τῷ λόγῳ［用下面这番话来进行攻击］，当然也可以简单译为"展开了详细论述"。ἐπεξῄει 是动词 ἐπέξειμι 的未完成过去时直陈式主动态第三人称单数，ἐπέξειμι 有"遍及""详述""控告"等意思，但在这里的意思是"攻击"；《牛津希-英词典》举了柏拉图在这里的这个表达，对它的解释是：attack。

207 δέοι 是 δεῖ 的现在时祈愿式主动态第三人称单数。παντὸς δεῖ ... εἶναι［完全不应是 / 远不应是］是一个整体。παντὸς δεῖ 类似于 πολλοῦ δεῖ［远不应 / 差得远 / 差很多］；无人称动词 δεῖ 要求属格，所以前面出现的是属格 παντὸς［全部 / 完全］。参见《智者》（221d1-4）：{ΞΕ.} Καὶ νῦν δὴ τοῦτον ἰδιώτην θήσομεν, ὦ Θεαίτητε, ἢ παντάπασιν ὡς ἀληθῶς σοφιστήν; {ΘΕΑΙ.} Οὐδαμῶς ἰδιώτην· μανθάνω γὰρ ὃ λέγεις, ὡς παντὸς δεῖ τοιοῦτος εἶναι τό γε ὄνομα τοῦτο ἔχων.［客人：而现在，我们将把这位确定为一个一无所长的人呢，泰阿泰德啊，还是完全真正地将之确定为一个智者？泰阿泰德：绝非一个一无所长的人；因为我理解你所说的：既然他拥有这个名号，那他就完全不应是这种人。］

208 τὸ ἐναντίον，这里有意将之译为"相反的东西"，而不译为"对立的东西"。因为"相反"（ἐναντίον）只是诸"对立"（ἀντικείμενον）情形中的一种。参见：

《智者》（258a11-b3）：Οὐκοῦν, ὡς ἔοικεν, ἡ τῆς θατέρου μορίου φύσεως καὶ τῆς τοῦ ὄντος πρὸς ἄλληλα ἀντικειμένων ἀντίθεσις οὐδὲν ἧττον, εἰ θέμις εἰπεῖν, αὐτοῦ τοῦ ὄντος οὐσία ἐστίν, οὐκ ἐναντίον ἐκείνῳ σημαίνουσα ἀλλὰ τοσοῦτον μόνον, ἕτερον ἐκείνου.［那么，如看起来的那样，异的某一部分之本性和是之本性互相对立起来的那种对立，它——如果可以这么说的话——并不比是〈者〉本身更不是所是；因为对立并不意指同那东西相反，而是仅仅意指〈下面〉这么多，即与之相异。］

《泰阿泰德》（186b6-9）：Τὴν δέ γε οὐσίαν καὶ ὅτι ἐστὸν καὶ τὴν ἐναντιότητα πρὸς ἀλλήλω καὶ τὴν οὐσίαν αὖ τῆς ἐναντιότητος αὐτὴ ἡ ψυχὴ ἐπανιοῦσα καὶ συμβάλλουσα πρὸς ἄλληλα κρίνειν πειρᾶται ἡμῖν.［而〈它俩的〉所是，即它俩是什么，以及它俩彼此间的相反性，还有相反性之所是，灵魂自身通过〈对它们〉进行反思和相互比较来尝试为我们做出判断。］

亚里士多德《范畴篇》第 10 章（11b17-23）：Λέγεται δὲ ἕτερον ἑτέρῳ ἀντικεῖσθαι τετραχῶς, ἢ ὡς τὰ πρός τι, ἢ ὡς τὰ ἐναντία, ἢ ὡς στέρησις καὶ ἕξις, ἢ ὡς κατάφασις καὶ ἀπόφασις. ἀντίκειται δὲ ἕκαστον τῶν τοιούτων, ὡς τύπῳ εἰπεῖν, ὡς μὲν τὰ πρός τι οἷον τὸ διπλάσιον τῷ ἡμίσει, ὡς δὲ τὰ ἐναντία οἷον τὸ κακὸν τῷ ἀγαθῷ, ὡς δὲ κατὰ στέρησιν καὶ ἕξιν οἷον τυφλότης καὶ ὄψις, ὡς δὲ κατάφασις καὶ ἀπόφασις οἷον κάθηται—οὐ κάθηται.[一个东西在四种方式上被说成是同另一个东西相对立：或者如"相对物"那样，或者如"相反者"那样，或者如"缺失"与"具有"那样，或者如"肯定"与"否定"那样。它们中的每一种都是对立的，概而言之，如"相对物"那样——例如两倍同一半相对立，如"相反者"那样——例如坏同好相对立，如"缺失"与"具有"那样——如盲瞎和视力，如"肯定"与"否定"那样——如他坐着和他不坐着。]

《形而上学》第五卷第 10 章（1018a20-23）：Ἀντικείμενα λέγεται ἀντίφασις καὶ τἀναντία καὶ τὰ πρός τι καὶ στέρησις καὶ ἕξις καὶ ἐξ ὧν καὶ εἰς ἃ ἔσχατα αἱ γενέσεις καὶ φθοραί· καὶ ὅσα μὴ ἐνδέχεται ἅμα παρεῖναι τῷ ἀμφοῖν δεκτικῷ, ταῦτα ἀντικεῖσθαι λέγεται.[所谓对立，指矛盾，相反，相对物，缺失和具有，以及生成和毁灭由之和向之的〈两个〉极点；此外，那些不能同时在场于那可接受两者的东西中的，也被称作对立。]

209 τοῦ τοιούτου[诸如此类的东西]，即"与之相反的东西"。
210 希腊文方括号中的 φίλῳ[友好的东西]，伯内特认为是窜入，法国布德本希腊文直接删除了它。
211 ἔτι μᾶλλον 是词组，等于 πολὺ μᾶλλον，意思是"愈发""更加地""进一步地"。参见：
《斐德若》（253a5-6）：καὶ τούτων δὴ τὸν ἐρώμενον αἰτιώμενοι ἔτι τε μᾶλλον ἀγαπῶσι.[诚然，由于他们声称那个被〈他们所〉爱慕的人是这些事情的原因，他们就愈发珍爱他了。]
《菲勒玻斯》（14c1-2）：Τοῦτον τοίνυν τὸν λόγον ἔτι μᾶλλον δι' ὁμολογίας βεβαιωσώμεθα.[那么，让我们通过一个协议来进一步巩固下面这种说法。]
212 ὡς ἀληθῶς 是固定表达，意思是"真的""其实""的的确确"，相当于 τῷ ὄντι 或 τῇ ἀληθείᾳ。
213 οὕτω ποτέ 是固定搭配，在这里的意思是"有时""偶尔"。
214 ὑπὸ τῆς τοῦ λόγου ἀπορίας[被讨论的走投无路]，有意按词源翻译。名词 ἀπορία 派生自形容词 ἄπορος，由褫夺性前缀 -ἀ[无]和 πόρος[通路/道路]构成，即"走投无路"，转义为"困境""困惑"。

215 关于苏格拉底作为预言家，可参见：

《苏格拉底的申辩》（39c1-3）：Τὸ δὲ δὴ μετὰ τοῦτο ἐπιθυμῶ ὑμῖν χρησμῳδῆσαι, ὦ κατα ψηφισάμενοί μου· καὶ γάρ εἰμι ἤδη ἐνταῦθα ἐν ᾧ μάλιστα ἄνθρωποι χρησμῳδοῦσιν, ὅταν μέλλωσιν ἀποθανεῖσθαι.［而就在这之后的事情，投票判我有罪的诸位啊，我愿意对你们进行预言；因为我已经是处于人们最为要做出预言的这个时候，即当他们就将死去的时候。］

《斐洞》（85b4-6）：ἐγὼ δὲ καὶ αὐτὸς ἡγοῦμαι ὁμόδουλός τε εἶναι τῶν κύκνων καὶ ἱερὸς τοῦ αὐτοῦ θεοῦ, καὶ οὐ χεῖρον ἐκείνων τὴν μαντικὴν ἔχειν παρὰ τοῦ δεσπότου.［而我认为自己是同天鹅们一样的仆从和献身给了同一位神的，并且从主人那里获得了预言术，跟它们相比毫不逊色。］

216 γένη［种类］，也可以直接译为"属"。

217 希腊文方括号中的 οὗ，伯内特认为是窜入，而法国布德本希腊文直接将之删除。

218 希腊文方括号中的 τι，伯内特认为是窜入，而法国布德本希腊文直接删除了它。

219 καὶ τότε 是词组，意思是"刚才"；副词 τότε 和 τοτέ 的意思有区别，前者指"那时候""从前"，后者指"有时""时而"。

220 τὸ ἐπόν 是动词 ἔπειμι 的现在时分词主动态中性单数；ἔπειμι 基于词源有两个意思，一个的词干是 εἰμί［是］，意思是"在上面"；另一个的词干为 εἶμι［来/去］，意思是"走向""来到"。τὸ ἐπόν 在这里属于前者，故译为"在〈它〉上面的东西"。

221 ἀλλ' ὅμως 是一个整体，意思是"然而""仍旧"。

222 οὐδέν τι μᾶλλον 是固定搭配，意思是"一点也不""丝毫不""根本不"。参见：

《卡尔米德斯》（175c8-d5）：ἀλλ' ὅμως οὕτως ἡμῶν εὐηθικῶν τυχοῦσα ἡ ζήτησις καὶ οὐ σκληρῶν, οὐδέν τι μᾶλλον εὑρεῖν δύναται τὴν ἀλήθειαν, ἀλλὰ τοσοῦτον κατεγέλασεν αὐτῆς, ὥστε ὃ ἡμεῖς πάλαι συνομολογοῦντες καὶ συμπλάττοντες ἐτιθέμεθα σωφροσύνην εἶναι, τοῦτο ἡμῖν πάνυ ὑβριστικῶς ἀνωφελὲς ὂν ἀπέφαινε.［然而，这场探究虽然遇上了如此心地单纯且不顽固的我们，但它仍然丝毫不能够发现真，反而如此多地嘲笑它，以至于我们早前通过一致同意和一起虚构而将之确定为是自制的那种东西，它极其侮慢地向我们表明它是无益的。］

《斐德若》（260d6-8）：τόδε δ' οὖν μέγα λέγω, ὡς ἄνευ ἐμοῦ τῷ τὰ ὄντα εἰδότι οὐδέν τι μᾶλλον ἔσται πείθειν τέχνῃ.［而我这样夸下海口，那就是，如

果没有我〈修辞术〉，即使一个人知道诸是者，他依然将丝毫不能凭借技艺来进行劝说。]

223 ἐνίοτε ... ὅτε 是固定表达，意思是"有时……有时……"；其完整的形式是：ἐνίοτε μὲν ... ὁτὲ δέ ...。

224 φίλον δὲ ἀγαθῷ κακὸν οὐκ ἦν.[而对于好的东西，坏的东西向来就不是朋友。]ἦν 是 εἰμί 的未完成过去时第三人称单数，之所以补充"向来"一词，是基于哲学上所谓的"先天完成时"（apriorisches Perfekt）考虑，如后来亚里士多德著名的表达 τὸ τί ἦν εἶναι [是它向来所是的 / 是其所是]。

225 这番话，可对观《斐德若》（278d3-6）：Τὸ μὲν σοφὸν, ὦ Φαῖδρε, καλεῖν ἔμοιγε μέγα εἶναι δοκεῖ καὶ θεῷ μόνῳ πρέπειν· τὸ δὲ ἢ φιλόσοφον ἢ τοιοῦτόν τι μᾶλλόν τε ἂν αὐτῷ καὶ ἁρμόττοι καὶ ἐμμελεστέρως ἔχοι.[一方面，斐德若啊，将之称为一位智慧者，至少在我看来，这肯定是一件大事，并且这只适合于神；另一方面，将之称作一位热爱智慧者，或者诸如此类的某种东西，这既会更适合于他，也会是更为相称的。]

226 见 216b 以下。

227 παντὸς μᾶλλον[必定]是固定表达，意思是"必定""务必"，字面意思是"比一切都更"；《牛津希-英词典》对之的解释是：most assuredly。参见：

《欧悌弗戎》（9a8-b2）：ἴθι, περὶ τούτων πειρῶ τί μοι σαφὲς ἐνδείξασθαι ὡς παντὸς μᾶλλον πάντες θεοὶ ἡγοῦνται ὀρθῶς ἔχειν ταύτην τὴν πρᾶξιν.[来吧，关于这些请你试着向我清楚地证明所有神都会必定认为这一行为是正确的。]

《克里同》（49b2-6）：ἢ παντὸς μᾶλλον οὕτως ἔχει ὥσπερ τότε ἐλέγετο ἡμῖν· εἴτε φασὶν οἱ πολλοὶ εἴτε μή, καὶ εἴτε δεῖ ἡμᾶς ἔτι τῶνδε χαλεπώτερα πάσχειν εἴτε καὶ πραότερα, ὅμως τό γε ἀδικεῖν τῷ ἀδικοῦντι καὶ κακὸν καὶ αἰσχρὸν τυγχάνει ὂν παντὶ τρόπῳ;[或者必定还是如我们曾说过的那样：不管大众承认还是不承认，也无论我们必须遭受比这些更严酷的事情还是更温和的事情，行不义在所有方面对于行不义者来说实际上都同样是邪恶的和可耻的？]

《斐洞》（67b6）：Παντός γε μᾶλλον, ὦ Σώκρατες.[必定〈是这样〉，苏格拉底啊。]

《斐德若》（228d1-2）：τῷ ὄντι γάρ, ὦ Σώκρατες, παντὸς μᾶλλον τά γε ῥήματα οὐκ ἐξέμαθον.[其实，苏格拉底啊，我无论如何都必定没有把那些字眼都了然于胸。]

228 κινδυνεύομεν ὄναρ πεπλουτηκέναι.[我们有可能只是在梦里变得富有了。]ὄναρ[梦]是中性名词，但在这里作副词使用，意思是"在梦里"。参见：

《泰阿泰德》（208b11-12）：Ὄναρ δή, ὡς ἔοικεν, ἐπλουτήσαμεν οἰηθέντες ἔχειν τὸν ἀληθέστατον ἐπιστήμης λόγον.[那么，我们似乎只是在梦里变得富有了，当我们认为有了关于知识的最真的理据时。]

《政治家》(277d2-4)：κινδυνεύει γὰρ ἡμῶν ἕκαστος οἷον ὄναρ εἰδὼς ἅπαντα πάντ᾽ αὖ πάλιν ὥσπερ ὕπαρ ἀγνοεῖν.[有可能我们中的每个人就像在梦里一样知道每件事，然后如醒来时那样复又不知道每件事。]

《斐德若》(277d10-e3)：τὸ γὰρ ἀγνοεῖν ὕπαρ τε καὶ ὄναρ δικαίων καὶ ἀδίκων πέρι καὶ κακῶν καὶ ἀγαθῶν οὐκ ἐκφεύγει τῇ ἀληθείᾳ μὴ οὐκ ἐπονείδιστον εἶναι, οὐδὲ ἂν ὁ πᾶς ὄχλος αὐτὸ ἐπαινέσῃ.[因为，无论是醒着时还是在睡梦中，一个人如果关于各种正义的东西和不正义的东西、邪恶的东西和良善的东西是无知的，那他就真的无法逃脱这点，即是应被谴责的，即使整个大众都在颂扬它。]

《菲勒玻斯》(65e4-7)：Ἀλλ᾽ οὖν φρόνησιν μὲν καὶ νοῦν, ὦ Σώκρατες, οὐδεὶς πώποτε οὔθ᾽ ὕπαρ οὔτ᾽ ὄναρ αἰσχρὸν οὔτε εἶδεν οὔτε ἐπενόησεν οὐδαμῇ οὐδαμῶς οὔτε γιγνόμενον οὔτε ὄντα οὔτε ἐσόμενον.[无论如何，一方面就明智和理智，苏格拉底啊，从来就没有任何一个人——无论他是在醒着的时候，还是在睡梦中——看到过〈它们〉或设想过〈它们〉在任何地方以任何方式变得、是或将是丑陋的。]

229 τί μάλιστα[究竟为什么呢？]是固定表达，也可以译为"究竟怎么回事呢？"《牛津希-英词典》对它的解释是：what precisely? 等于德语的 warum eigentlich? 或 wie so denn?

230 φοβοῦμαι ... μή[我担心/我害怕]是一个整体。当 μή 位于具有"害怕""担心"这类动词之后时，起加强语气的作用，不表否定，翻译时可不译出。

231 希腊文方括号中的 ψευδέσιν[虚假的]，伯内特认为是窜入，但法国布德本希腊文保留了它，从布德本。

232 ἕνεκά του καὶ διά τι[为了某种东西和由于某种东西]，前者表"目的"，后者表"原因"。

233 ἐκείνου τοῦ πράγματος[那个东西]，当然也可以译为"那个事情"。

234 希腊文尖括号中的 ὄν[是]，是编辑校勘者根据文义补充的，而法国布德本希腊文没有这样做。

235 希腊文尖括号中的 τοῦ φίλου[友好的东西的]，是编辑校勘者根据文义补充的，法国布德本希腊文同样如此。

236 τοῦ ὁμοίου γε τὸ ὅμοιον 在法国布德本希腊文中作 τοῦ ὁμοίου γ᾽〈ὅτι〉τὸ ὅμοιον，但意思一样。

237 ἐῶ χαίρειν[让我将这放到一边]是固定表达，也可以译为"我不会理睬这点". ἐῶ 在这里是动词 ἐάω 的现在时虚拟式主动态第一人称单数。动词 ἐάω 的本义是 "允许" "让" "听任", 而动词 χαίρω 的本义是 "喜悦" "满意"; 由这两个词所构成的词组 ἐᾶν χαίρειν 的意思是 "不理会" "由它去" "放到一边", 而 ἐᾶν χαίρειν τινά / τι 的意思是 "不把某人或某事放在心上"。

238 参见前面 214e 以下。

239 ἀπειπεῖν ἡμᾶς οὕτως ἰόντας [我们这样往前走而最终变得筋疲力尽]。ἀπειπεῖν 是动词 ἀπεῖπον 的一次性过去时不定式; ἀπεῖπον 的本义是 "否认" "拒绝", 但作为不及物动词, 也有 "疲倦" "疲惫" 等意思,《牛津希-英词典》对这一用法的解释是: tire, sink from exhaustion. 参见《斐德若》(228b2-4): καὶ τοῦτο δρῶν ἐξ ἑωθινοῦ καθήμενος ἀπειπὼν εἰς περίπατον ᾖει.[并且在这样做时, 他由于从清晨就坐在那里而感到疲倦, 于是出去散散步。]

240 ἀρχή [本源], 也可以译为 "起点" 或 "开端"; 它后来成为一个重要的哲学概念。在伪托柏拉图作品的《定义》(*Definitiones*) 一文中, 把 ἀρχή 定义为 (415b5): ἐπιμέλεια τοῦ παντός [对万有的掌管 / 对一切的照料]。对 ἀρχή [开端 / 本源 / 本原] 的详细解释, 可参见亚里士多德《形而上学》第五卷第一章 (1012b34-1013a23):

Ἀρχὴ λέγεται ἡ μὲν ὅθεν ἄν τις τοῦ πράγματος κινηθείη πρῶτον, οἷον τοῦ μήκους καὶ ὁδοῦ ἐντεῦθεν μὲν αὕτη ἀρχή, ἐξ ἐναντίας δὲ ἑτέρα· ἡ δὲ ὅθεν ἂν κάλλιστα ἕκαστον γένοιτο, οἷον καὶ μαθήσεως οὐκ ἀπὸ τοῦ πρώτου καὶ τῆς τοῦ πράγματος ἀρχῆς ἐνίοτε ἀρκτέον ἀλλ᾽ ὅθεν ῥᾷστ᾽ ἂν μάθοι· ἡ δὲ ὅθεν πρῶτον γίγνεται ἐνυπάρχοντος, οἷον ὡς πλοίου τρόπις καὶ οἰκίας θεμέλιος, καὶ τῶν ζῴων οἱ μὲν καρδίαν οἱ δὲ ἐγκέφαλον οἱ δ᾽ ὅ τι ἂν τύχωσι τοιοῦτον ὑπολαμβάνουσιν· ἡ δὲ ὅθεν γίγνεται πρῶτον μὴ ἐνυπάρχοντος καὶ ὅθεν πρῶτον ἡ κίνησις πέφυκεν ἄρχεσθαι καὶ ἡ μεταβολή, οἷον τὸ τέκνον ἐκ τοῦ πατρὸς καὶ τῆς μητρὸς καὶ ἡ μάχη ἐκ τῆς λοιδορίας· ἡ δὲ οὗ κατὰ προαίρεσιν κινεῖται τὰ κινούμενα καὶ μεταβάλλει τὰ μεταβάλλοντα, ὥσπερ αἵ τε κατὰ πόλεις ἀρχαὶ καὶ αἱ δυναστεῖαι καὶ αἱ βασιλεῖαι καὶ τυραννίδες ἀρχαὶ λέγονται καὶ αἱ τέχναι, καὶ τούτων αἱ ἀρχιτεκτονικαὶ μάλιστα. ἔτι ὅθεν γνωστὸν τὸ πρᾶγμα πρῶτον, καὶ αὕτη ἀρχὴ λέγεται τοῦ πράγματος, οἷον τῶν ἀποδείξεων αἱ ὑποθέσεις. ἰσαχῶς δὲ καὶ τὰ αἴτια λέγεται· πάντα γὰρ τὰ αἴτια ἀρχαί. πασῶν μὲν οὖν κοινὸν τῶν ἀρχῶν τὸ πρῶτον εἶναι ὅθεν ἢ ἔστιν ἢ γίγνεται ἢ γιγνώσκεται· τούτων δὲ αἱ μὲν ἐνυπάρχουσαί εἰσιν αἱ δὲ ἐκτός. διὸ ἥ τε φύσις ἀρχὴ καὶ τὸ στοιχεῖον καὶ ἡ διάνοια καὶ ἡ προαίρεσις καὶ οὐσία καὶ τὸ οὗ ἕνεκα· πολλῶν γὰρ καὶ τοῦ γνῶναι καὶ τῆς κινήσεως ἀρχὴ τἀγαθὸν καὶ τὸ καλόν. [所谓本源指的是: (1) 事物中一个人能够由之首先运

动的那个地方；例如，在一段距离和一条路那儿，从这边出发有着这个本源，从反向出发则有另一个本源。(2) 每个东西能够由之最好地生成出来的那个地方；例如，在学习时，有时并不必须从最初的东西，即从事物的本源那儿开始，而是从能够最容易进行学习的地方开始。(3) 作为其内在部分某物首先由之生成出来的东西；例如，在船那儿是龙骨、在房子那儿是基础，而在动物那儿，一些人把心脏、另一些人把头，还有一些人则把可能出现的类似东西当作其本源。(4) 不作为其内在部分某物首先由之生成出来，即运动和变化首先自然地由之开始的东西；例如，孩子从父母那儿产生，争斗从谩骂中产生。(5) 根据其抉择，运动者得以运动、变化者得以变化的那种东西，就像那些城邦中的统治权、宰制权、王权和专制权。(6) 并且各种技艺，尤其是其中那些起着领导作用的技艺也被称作本源。(7) 此外，事物首先由之被认识的那种东西，它也被称作该事物的本源；例如，在证明中的那些前提。原因有着同样多的含义，因为所有的原因都是本源。所有本源的共同之处就在于：它是某物要么由之而是、要么由之而生成、要么由之而被认识的那种最初的东西，其中一些是内在的，一些则是外在的。因此，自然、元素、思想、抉择、所是都是本源，何所为也是本源，因为对于许多事物来说善和美是其认识和运动的本源。]

241 ἐπανοίσει ἐπ' ἄλλο φίλον [将被归因于其他某个友好的东西]。ἐπανοίσει 是动词 ἐπαναφέρω 的将来时直陈式主动态第三人称单数，ἐπαναφέρω 的本义是"归于"，做不及物动词同介词 ἐπί 连用，意思是"涉及某个原因""被归因于";《牛津希-英词典》举了柏拉图在这里的这个表达，对它的解释是: rise or be referred to a cause。

242 ἀλλ' ἥξει ἐπ' ἐκεῖνο [它关乎这样一种东西]。法国布德本希腊文认为 ἀλλ' ἥξει [而是来到了] 是窜入，这里的翻译从布德本。

243 ὅ ἐστιν πρῶτον φίλον [是首要友好的东西]，也可以译为"是原始友好的东西"；它在法国布德本希腊文中作: ὅ ἐστιν <τὸ> πρῶτον φίλον，不从。

244 ἦ δ' ἐκεῖνο τὸ πρῶτον, ὃ ὡς ἀληθῶς ἐστι φίλον. [而那首要〈友好的〉东西，它才可能是真正友好的。] 完整的字面意思是：而那首要〈友好的〉东西才可能是那真正是友好的东西的东西。

245 ἕνεκα τοῦ τὸν υἱὸν περὶ παντὸς ἡγεῖσθαι [为了最为看重儿子这件事]，之所以这么翻译，因为介词 ἕνεκα 的宾语是不定式 τοῦ ... περὶ παντὸς ἡγεῖσθαι [最为看重/将之置于一切之上]。

246 τρεῖς κοτύλας οἴνου [三壶酒]。名词 κοτύλη 的本义是"中空的东西"，泛指"杯子"；作为液体的度量，大约等于 0.28 公升，二分之一品脱。

247 οὐχ ὅτι 是固定用法，等于拉丁文的 quanquam，意思是"虽然""尽管"。参见《泰阿泰德》(157a7-b3)：ὥστε ἐξ ἁπάντων τούτων, ὅπερ ἐξ ἀρχῆς ἐλέγομεν, οὐδὲν εἶναι ἓν αὐτὸ καθ' αὑτό, ἀλλά τινι ἀεὶ γίγνεσθαι, τὸ δ' εἶναι πανταχόθεν ἐξαιρετέον, οὐχ ὅτι ἡμεῖς πολλὰ καὶ ἄρτι ἠναγκάσμεθα ὑπὸ συνηθείας καὶ ἀνεπιστημοσύνης χρῆσθαι αὐτῷ.[因此，基于所有这些，就像我们开始说过的那样，没有任何东西是自在自为的一，相反，总是之于某个东西而生成，而是〈着〉必须从一切方面被拿走，虽然我们时常，甚至刚刚都迫于习惯和欠缺知识而使用它。]

248 τῷ ὄντι [在是的方式上]，有意按词源翻译，当然可以简单译为"事实上"。

249 τό τῷ ὄντι φίλον [那在是的方式上是着的友好的东西]，当然也可以简单译为"真正友好的东西"。

250 τριῶν ὄντων [三种是着的东西]，也可以简单译为"三种是者"。

251 αὐτὸ καθ' αὑτό 是一个整体，第一个 αὐτό 表强调，καθ' αὑτό 的意思则是"在其自身"，可以整体地把该表达译为"自在自为地""独自在其自身地"。参见：

《斐洞》(64c5-8)：καὶ εἶναι τοῦτο τὸ τεθνάναι, χωρὶς μὲν ἀπὸ τῆς ψυχῆς ἀπαλλαγὲν αὐτὸ καθ' αὑτὸ τὸ σῶμα γεγονέναι, χωρὶς δὲ τὴν ψυχὴν ἀπὸ τοῦ σώματος ἀπαλλαγεῖσαν αὐτὴν καθ' αὑτὴν εἶναι;[并且死亡是这样吗，即当身体从灵魂分离而解脱后，它变得独自在其自身了，而当灵魂从身体分离而解脱后，它也是独自在其自身了？]

《泰阿泰德》(152d2-6)：ὡς ἄρα ἓν μὲν αὐτὸ καθ' αὑτὸ οὐδέν ἐστιν, οὐδ' ἄν τι προσείποις ὀρθῶς οὐδ' ὁποιονοῦν τι, ἀλλ' ἐὰν ὡς μέγα προσαγορεύῃς, καὶ σμικρὸν φανεῖται, καὶ ἐὰν βαρύ, κοῦφον, σύμπαντά τε οὕτως, ὡς μηδενὸς ὄντος ἑνὸς μήτε τινὸς μήτε ὁποιουοῦν.[肯定没有什么是自在自为的一，你既无法正确地把它称为某种东西，也无法把它称为某种性质；相反，如果你称它为大的，它也就会显得是小的，如果你称它为重的，〈它就会显得是〉轻的；一切都这样，因为没有什么是一，无论是作为某种东西，还是作为某种性质。]

《智者》(238c8-10)：Συννοεῖς οὖν ὡς οὔτε φθέγξασθαι δυνατὸν ὀρθῶς οὔτ' εἰπεῖν οὔτε διανοηθῆναι τὸ μὴ ὂν αὐτὸ καθ' αὑτό, ἀλλ' ἔστιν ἀδιανόητόν τε καὶ ἄρρητον καὶ ἄφθεγκτον καὶ ἄλογον;[因此，你岂不理解了：既不可能正确地表达，也不可能正确地说出，也不可能正确地思想那自在自为的不是者，它毋宁是不可思想的、不可说的、不可表达的和不合道理的？]

《菲勒玻斯》(53d3-4)：Ἔστον δή τινε δύο, τὸ μὲν αὐτὸ καθ' αὑτό, τὸ δ' ἀεὶ ἐφιέμενον ἄλλου.[无疑有两种东西，一个自在自为，而另一个则总是渴望某一其他东西。]

252 ἕνεκα ἑτέρου φίλου φίλα ἔφαμεν εἶναι ἐκεῖνα［它们正是为了另外某个友好的东西我们宣称它们是友好的］，这句话在法国布德本希腊文中作：<ἃ> ἕνεκα ἑτέρου φίλου φίλα ἔφαμεν εἶναι，不从。

253 希腊文方括号中的小词 δὲ，伯内特认为是窜入，而法国布德本希腊文作 δὴ，从布德本。

254 καὶ νῦν 是短语，意思是"甚至现在""甚至这样"；καὶ 在这里不是连词，而是表强调。参见：

《拉刻斯》（190b3-5）：Οὐκοῦν, ὦ Λάχης, καὶ νῦν ἡμᾶς τώδε παρακαλεῖτον εἰς συμβουλήν, τίν' ἂν τρόπον τοῖς ὑέσιν αὐτῶν ἀρετὴ παραγενομένη ταῖς ψυχαῖς ἀμείνους ποιήσειε;［那么，拉刻斯啊，甚至现在，这里的这两人岂不是邀请我们〈对下面这点给出〉建议，那就是：以何种方式，一种德性通过它的在场而会使得他们的儿子们的灵魂变得更好？］

《政治家》（263a6-8）：ἡμεῖς μὲν καὶ νῦν μακροτέραν τοῦ δέοντος ἀπὸ τοῦ προτεθέντος λόγου πεπλανήμεθα, σὺ δὲ ἔτι πλέον ἡμᾶς κελεύεις πλανηθῆναι.［我们甚至现在都已经比应该做的那样远离了那被提交出来的讨论，而你要求我们还要更远地离题。］

《菲勒玻斯》（12c3-4）：καὶ νῦν τὴν μὲν Ἀφροδίτην, ὅπῃ ἐκείνῃ φίλον, ταύτῃ προσαγορεύω.［甚至现在，就阿佛洛狄忒，怎样是令她喜欢的，我就怎样称呼她。］

255 τί προσήκει τοῖς κακοῖς συναπόλλυσθαι;［为什么就应当同那些坏的东西一起毁灭呢？］也可以译为：为什么同那些坏的东西一起毁灭就是合适的呢？动词 προσήκω 的本义是"来到""接近"，常作无人称动词使用，意思则是"适合于""关系到"。其分词所形成的形容词，则指"适合的""合适的""相称的"。

256 εἴ γε τὸ κακὸν αἴτιον ἦν τοῦ φίλον τι εἶναι［如果坏的东西真的向来就是某个东西是友好的这件事的原因］，也可以译为：如果坏的东西真的向来就是下面这点的原因，即某个东西是友好的。

257 ποίημα μακρὸν συγκείμενον［一篇被写就的冗长诗作］。συγκείμενον 是动词 σύγκειμαι 的现在时分词被动态中性主格，σύγκειμαι 的本义是"躺在一起"，在被动态的意义上则具有"被编写""作诗"等意思；《牛津希-英词典》举了柏拉图在本对话这里的这个表达，对它的解释是：to be composed。

258 ὁ δὲ Ἱπποθάλης ὑπὸ τῆς ἡδονῆς παντοδαπὰ ἠφίει χρώματα.［另一方面，希珀

塔勒斯则喜形于色。]这是意译，也可以译为：另一方面，希珀塔勒斯在快乐面前脸色变得时红时白。这句话的字面意思是：另一方面，希珀塔勒斯在快乐面前不断地改变〈脸〉色。《牛津希-英词典》举了柏拉图在本对话这里的这个表达，对 παντοδαπὰ ἠφίει χρώματα 的解释是：changed colour continually。

259 τὶ λέγειν 是固定表达，意思是"说得中肯""说得在理""说出一些东西"，其反面是 οὐδὲν λέγειν[说空话/胡说]。

260 参见前面 214e 以下。

261 τὸ δὲ ἄχρηστον φίλον ὁμολογεῖν πλημμελές.[而把无用的东西承认为友好的东西，这是不着调的。]形容词中性单数 πλημμελές[不着调的]的主语是不定式 ὁμολογεῖν[承认]。形容词 πλημμελής 由前缀 πλήν[除/除……之外]和名词 μέλος[曲调]构成，本义就是"弹错曲调的"，喻为"有失误的""犯错误的"。

262 ὁ γὰρ ἄδικος τῷ ἀδίκῳ καὶ ὁ κακὸς τῷ κακῷ οὐδὲν ἧττον φίλος ἔσται ἢ ὁ ἀγαθὸς τῷ ἀγαθῷ.[因为，不义的人之于不义的人，以及坏人之于坏人，将丝毫不差地是朋友，同好人之于好人相比。]当然可以简单译为：因为，不义的人之于不义的人，以及坏人之于坏人，将同好人之于好人一样是朋友。

263 即"墨涅克塞诺斯说道"。

264 ἄλλο τι ἤ 是一个整体，引导疑问句，相当于拉丁文的 numquid alius quam 或 nonne[是不是/对不对]；如果在肯定句中则表"无疑"。

265 见前面 215c。

266 ἐν νῷ εἶχον ... κινεῖν[我打算激励]是一个整体。εἶχον 是动词 ἔχω 的未完成过去时直陈式主动态第一人称单数；ἐν νῷ ἔχειν 是固定表达，相当于拉丁文的 in animo habere，意思是"打算""意欲"，接不定式。

267 ὥσπερ δαίμονές τινες[就像两个讨厌鬼似的]，当然也可以直接中性地译为"就像两个精灵似的"。

268 ἐφρόντιζον ἡμῶν[把我们当一回事]，也可译为"把我们放在心上"。ἐφρόντιζον 是动词 φροντίζω 的未完成过去时直陈式主动态第三人称复数，φροντίζω 的本义是"思考""审慎"，跟属格则指"把……放在心上""对某事加以注意"。

269 ὑποβαρβαρίζοντες[说着蹩脚的希腊话]。ὑποβαρβαρίζοντες 是动词 ὑποβαρβαρίζω 的现在时分词主动态阳性主格复数，ὑποβαρβαρίζω 的本义是"像一个非希腊人那样说话""像一个蛮族人那样说话"，转义为"说蹩脚的希腊话"；《牛津希-英词典》举了柏拉图在本对话这里的这个表达，对它的解释是：

speak rather like a foreigner, speak rather broken Greek。在雅典，当时的一些公共奴隶或家奴由北方蛮族的一些人担任，如"忒塔利亚人"（Θετταλικός, Thettalios）"色雷斯人"（Θράκιος, Thrakios）"西徐亚人"（Σκύθης, Skythes）等。

270 ἄποροι ... προσφέρεσθαι［难以对付］是一个整体和固定表达，也可以译为"难以打交道"。προσφέρεσθαι 是动词 προσφέρω 的现在时不定式被动态，προσφέρω 的本义是"带去""送上"，但其被动态则具有"对待""对付""打交道"等意思；《牛津希–英词典》举了柏拉图在这里的这个表达，对 προσφέρεσθαι ἄποροι 的解释是：difficult to engage。此外，形容词 ἄπορος 由名词 πόρος［道路］和褫夺性前缀 -ἀ 构成，本义是"走不通的"，也喻为"难对付的"；参见《苏格拉底的申辩》（18d4）：οὗτοι πάντες ἀπορώτατοί εἰσιν.［所有这些人都是最难对付的。］

271 ἡττηθέντες αὐτῶν［向他们屈服］。ἡττηθέντες 是异态动词 ἡσσάομαι 的一次性过去时阳性主格复数，ἡσσάομαι 的本义是"被打败"，跟属格的意思则是"屈服""让步""放弃"；《牛津希–英词典》对它的这一用法的解释是：give way, yield。

272 διελύσαμεν τὴν συνουσίαν［我们终止了聚会］，也可以译为"我们解散了聚会"。

273 καὶ ἐμὲ γὰρ ἐν ὑμῖν τίθημι［因为我也把我自己算在你们中］。动词 τίθημι 的本义是"置于""安放"，但也有"算作""视为"等意思；《牛津希–英词典》对它的这一用法的解释是：reckon or regard as。参见《政制》（475d3-4）：οἵ τε φιλήκοοι ἀτοπώτατοί τινές εἰσιν ὥς γ' ἐν φιλοσόφοις τιθέναι.［那些喜欢听的人也会是一些非常奇怪的人，如果被算在哲学家中的话。］

274 οἷοί τε ἐγενόμεθα［我们能够］是一个整体。οἷοί τε γίγνομαι 等于 οἷοί τ' εἰμί，意思是"能够""有能力""可能"。参见《苏格拉底的申辩》（31b7-c3）：νῦν δὲ ὁρᾶτε δὴ καὶ αὐτοὶ ὅτι οἱ κατήγοροι τἆλλα πάντα ἀναισχύντως οὕτω κατηγοροῦντες τοῦτό γε οὐχ οἷοί τε ἐγένοντο ἀπαναισχυντῆσαι παρασχόμενοι μάρτυρα, ὡς ἐγώ ποτέ τινα ἢ ἐπραξάμην μισθὸν ἢ ᾔτησα. ἱκανὸν γάρ, οἶμαι, ἐγὼ παρέχομαι τὸν μάρτυρα ὡς ἀληθῆ λέγω, τὴν πενίαν.［但现在请你们自己看看，当这些控告者如此无耻地控告〈我〉所有其他那些事情时，他们却不能够同样厚颜无耻地就下面这点举出证人来，〈说〉我曾从任何人那儿为自己强求或者索取过酬金。但我却认为我能够提供出我在说真话的见证来，那就是〈我的〉贫穷。］

术语索引

缩略语

［拉］拉丁文　［德］德文　［英］英文

adv.—副词　comp.—比较级　sup.—最高级

ἀγαθός (comp. βελτίων, ἀμείνων; sup. βέλτιστος, ἄριστος) 善的，好的，优秀的
　［拉］bonus
　［德］gut
　［英］good
　205e6, 206b8, 207a3, 209c3, 209c5, 209d2, 210d2, 211e3, 211e4, 214c6, 214d5, 214d6, 214e1, 215a4, 215a5, 215a6, 215b3, 215c6, 216b5, 216c3, 216d2, 216d4, 216d6, 216d7, 216d8, 216e1, 216e3, 216e6, 216e7, 217a1, 217b1, 217b2, 217b5, 217c1, 217c2, 217e4, 217e7, 217e9, 218a1, 218b2, 218b3, 218c1, 218c2, 218e6, 219a1, 219a3, 219a4, 219b1, 219b2, 220b7, 220b8, 220c1, 220c2, 220c5, 220c6, 220d2, 220d3, 220d5, 220d6, 221b5, 221c7, 222c4, 222c5, 222c6, 222d4, 222d5, 222d6, 222e4

ἀγανακτέω 气愤，恼怒
　［拉］doloris sensu afficior
　［德］verdrießen, ärgerlich sein
　［英］feel a violent irritation, to be angry at
　223a7

ἀγαπάω 欢迎，爱
　［拉］amice et hilariter excipio, amo
　［德］willkommen heißen, lieben
　［英］greet with affection, love
　215a1, 215a3, 215b1, 215b2, 215d7, 220d2

ἀγαπητός (adv. ἀγαπητῶς) 可爱的，满意的，令人向往的
　［拉］aestimatione vel amore dignus, carus, dilectus
　［德］erwünscht, willkommen, lieb, geliebt
　［英］one must be content, desirable
　218c5

ἀγγεῖον 盛器，容器，桶，盆
　　[拉] vas
　　[德] Behältnis
　　[英] vessel
　　219e4
ἀγνοέω 不知道
　　[拉] ignoro
　　[德] nicht wissen, verkennen
　　[英] to be ignorant of, fail to understand
　　204e5
ἄγνοια 无知
　　[拉] ignorantia
　　[德] Unwissenheit
　　[英] ignorance
　　218a4, 218a7
ἀγνώμων 无知的，愚昧的
　　[拉] ignarus, imperitus
　　[德] unverständig
　　[英] ill-judging, senseless, unknowing, in ignorance
　　218a7
ἄγρα 捕捉，猎取，猎物
　　[拉] venatio, captura, piscatio
　　[德] Jagd, Fang
　　[英] hunting, the chase, quarry, prey
　　206a10
ἀγρευτής 猎人
　　[拉] venator
　　[德] Jäger
　　[英] hunter
　　212e4
ἄγω 引领，带走
　　[拉] duco
　　[德] führen, bringen
　　[英] lead, carry, bring
　　206d1, 214a4, 214a6
ἀγωνιάω 渴望比赛
　　[拉] trepido, aestuo
　　[德] wetteifern
　　[英] contend eagerly
　　210e5
ἀδελφός 兄弟
　　[拉] frater
　　[德] Bruder
　　[英] brother
　　223a4
ἀδικέω 行不义，犯错误
　　[拉] injuste seu inique ago
　　[德] Unrecht tun, verletzen
　　[英] do wrong, harm, injure
　　208e2, 214c2, 214c3
ἄδικος (adv. ἀδίκως) 不正当的，不公正的，非正义的
　　[拉] injustus, iniquus
　　[德] ungerecht
　　[英] unjust, unrighteous
　　216b4, 222d3
ἀδύνατος 不可能的，无能力的
　　[拉] impotens, inops
　　[德] unmöglich, unvermögend
　　[英] impossible, unable
　　213b3, 213b5, 214c3, 217c1, 217c2, 219b8, 221c4
ἀείδω 歌唱
　　[拉] cano
　　[德] singen
　　[英] sing

204d6, 205c2, 205d2, 205d4, 205d6, 205d8, 205e3, 206c6

ἀθρέω 细看，考虑，思量
　　[拉] video, considero
　　[德] sehen, hinschauen, beobachten
　　[英] gaze at, observe, consider
　　215c3

ἀθρόος 整个的，聚集的，作为整体的
　　[拉] universus, simul totus
　　[德] versammelt, sämtlich
　　[英] together, as a whole
　　203a5

αἰνίσσομαι 暗示，说谜语，说隐语
　　[拉] obscure significo
　　[德] andeuten, dunkel reden
　　[英] hint, intimate, to speak riddling
　　214d4

αἱρέω 拿，抓，捕获，判罪，选举
　　[拉] capio, convinco, eligo
　　[德] nehmen, fangen, zu Fall bringen, wählen
　　[英] grasp, seize, convict, elect
　　205e2, 206a2

αἰσθάνομαι 感觉到，注意到
　　[拉] sentio
　　[德] mit den Sinnen wahrnehmen, merken
　　[英] perceive, apprehend by the senses
　　209d5, 219e2

αἰτία 罪责，原因
　　[拉] accusatio, crimen, causa
　　[德] Beschuldigung, Ursache
　　[英] responsibility, guilt, cause
　　221c3, 221c5, 221d1, 221d3

αἴτιος 有责任的
　　[拉] in quo caussa rei est
　　[德] verantwortlich
　　[英] responsible
　　209b8, 221c2

ἀκόλαστος 放纵的，无节制的
　　[拉] petulans, intemperans
　　[德] hemmungslos, ausgelassen
　　[英] undisciplined, unbridled
　　216b5

ἀκολουθέω 追随，跟着走，听某人引导，服从
　　[拉] sequor
　　[德] folgen
　　[英] follow, go after
　　218e2, 219c3

ἀκούω 听
　　[拉] audio
　　[德] hören
　　[英] hear
　　204b1, 204c3, 204c6, 204d3, 204d7, 204e2, 205b1, 205b5, 205d5, 207a2, 210e1, 211b4, 215c4, 216a4, 216d5

ἀκριβής (adv. ἀκριβῶς) 准确的，严格的
　　[拉] accuratus, certus
　　[德] genau, streng
　　[英] exact, accurate, precise
　　205b4

ἀκροάομαι 听，听从
　　[拉] audio
　　[德] zuhören
　　[英] listen, obey
　　205d4, 207b7, 213d5

ἄκων (ἀέκων) 不情愿的，勉强的，无

意的
 [拉] invitus
 [德] unfreiwillig, widerwillig
 [英] involuntary, constrained
 213d3

ἀλαζών 吹牛者，自夸的人，骗子
 [拉] ostentator, arrogans
 [德] Prahler, Aufschneider, Lügner
 [英] braggart, boaster
 218d2

ἀλείφω 抹油，涂油
 [拉] ungo
 [德] salben
 [英] anoint the skin with oil
 217c5, 217c6, 217c7, 217d2

ἀλεκτρυών 公鸡
 [拉] gallus
 [德] Hahn
 [英] cock
 211e5

ἀληθής (adv. ἀληθῶς) 真的
 [拉] verus, rectus
 [德] wahr, wirklich, echt
 [英] true, real
 207c11, 210a5, 210d7, 212c2, 212c3, 212e5, 213b4, 213e1, 214b6, 214c5, 214d7, 215c2, 216b2, 216c2, 216e5, 217d6, 218c6, 219d5, 220a3, 220b5, 221c7

ἀλλοδαπός 异地的，外国的，外国人的
 [拉] peregrinus
 [德] fremd
 [英] belonging to another people or land, foreign

 212e4

ἀλλοῖος (adv. ἀλλοίως) 不同的，别的
 [拉] alius, varius
 [德] andersartig, verschieden
 [英] different
 212d1

ἀλλόκοτος 奇异的，异乎寻常的
 [拉] alienus, monstrosus
 [德] fremdartig, ungewöhnlich
 [英] strange, portentous
 216a5

ἀλλότριος 属于别人的，别人的，外方人的
 [拉] extraneus
 [德] fremd, ausländisch
 [英] foreign, strange
 210c1, 210c4, 222c4

ἀλογία 缺乏理性，欠缺考虑，荒谬
 [拉] rationis privatio, abusrditas
 [德] Unvernunft, Mangel an Überlegung
 [英] want of reason, absurdity
 206b9, 213b3

ἅλς 盐
 [拉] sal
 [德] Salz
 [英] salt
 209e5

ἀμαθής 无知的
 [拉] inscitius
 [德] unwissend
 [英] ignorant, stupid
 218a5, 218b1

ἀμβλύς 钝的，模糊的

[拉] obtusus, hebes
[德] stumpf, matt
[英] blunt, dim, faint
215e7

ἁμιλλάομαι 比赛，竞赛
[拉] certo, contendo
[德] wettkampfen, wettstreiten
[英] compete, vie, contend
208a3

ἀμουσία 无教养，粗俗
[拉] imperitia, inscitia
[德] Mangel an Bildung
[英] want of education, taste or refinement, rudeness
206b3

ἀμφισβητέω 持异议，争论
[拉] controversor, discepto
[德] nicht übereinstimmen, widersprechen
[英] disagree with, stand apart
207c2

ἀμφότερος (adv. ἀμφοτέρως) 双方的，两边的
[拉] ambo, uterque
[德] beidseitig, beide
[英] both together, both of two
212b3, 212c8, 212d3

ἀναγιγνώσκω 确知，阅读，重识，识别
[拉] accurate cognosco, lego, recognosco
[德] genau erkennen, verlesen, wieder erkennen
[英] know well, read, know again, recognize

209a8, 209b4

ἀναγκάζω (διά-ἀναγκάζω) 逼迫，迫使
[拉] cogo, compello
[德] nötigen, zwingen
[英] force, compel
205d4, 215d5, 217b3

ἀναγκαῖος (adv. ἀναγκαίως) 必然的
[拉] necessarius
[德] notwendig
[英] necessary
213b8, 215d2, 222a5, 222a6

ἀνάγκη 必然（性），强迫
[拉] necessitas
[德] Notwendigkeit
[英] necessity
210a7, 213b7, 214b4, 216b2, 216b7, 216b8, 217a2, 218d7, 219c5, 219d2

ἀναιρέω 举起，拾起
[拉] aufero, tollo
[德] aufheben
[英] take up, raise
219a4

ἀνακοινόω 透露，告知，与……商量，交谈
[拉] communico aliquid cum aliquo, consulo
[德] mitteilen, beraten
[英] communicate, impart, consult
206c1

ἀναλαμβάνω (ἀναληπτέον) 拿起，采取，从事
[拉] adsumo, recipio
[德] aufnehmen, sich unterziehen
[英] take up, adopt, undertake

210e7
ἀναμένω 等，等待
　　[拉] exspecto
　　[德] abwarten
　　[英] wait for, await
209a7
ἀναμίγνυμι 混合在一起
　　[拉] commisceo
　　[德] sich mischen
　　[英] mix up, mix together
206d1
ἀναμιμνήσκω 记起，忆及，提醒
　　[拉] recordor
　　[德] erinnern, denken an
　　[英] remember, recall to mind
210e6, 215c5
ἀναπαύω 停止，休息
　　[拉] cesso, quiesco
　　[德] hindern, sich erholen, Ruhe haben
　　[英] stop, hinder, rest
213d6
ἀναπεμπάζομαι 重新数，重新考虑
　　[拉] repeto, in memoriam revoco, summatim repeto
　　[德] überzählen, von neum überdenken
　　[英] count again, count over
222e3
ἀνασοβέω 惊动，吓跑
　　[拉] suscito
　　[德] aufscheuchen
　　[英] scare and make to start up, rouse

206a9
ἀναφαίνω 显示，展示
　　[拉] manifesto, ostendo
　　[德] zeigen, erscheinen
　　[英] show forth, make known, display
220e4
ἀνέρομαι 询问，问
　　[拉] interrogo, quaero
　　[德] fragen
　　[英] enquire of, question
211b2
ἀνευρίσκω (ἀνευρετέον) 发现，找到
　　[拉] invenio
　　[德] auffinden
　　[英] find out, discover
204e10
ἀνέχω 忍受，容许
　　[拉] persevero, tolero
　　[德] ertragen, aushalten
　　[英] put up with, tolerate
204d7
ἀνεψιός 堂兄弟，表兄弟
　　[拉] consobrinus
　　[德] Vetter
　　[英] cousin
206d3
ἀνήρ 男人
　　[拉] vir
　　[德] Mann
　　[英] man
204a6, 210b2, 216a7, 223b5
ἄνθρωπος 人
　　[拉] homo

［德］Mensch
［英］man, mankind
207e1, 211c4, 211e4, 218a3, 218d2, 221a2

ἀνίημι (ἀνετέον) 放松，让，任由
　　［拉］remitto
　　［德］nachlassen
　　［英］relax, let go
　　209b6

ἀνίστημι 站起来，起身
　　［拉］exsurgo
　　［德］aufstehen
　　［英］stand up
　　207d2

ἀνοίγνυμι 打开
　　［拉］aperio
　　［德］öffnen
　　［英］open
　　203b7

ἀνόμοιος 不相像的，不相似的，不相同的
　　［拉］dissimilis
　　［德］unähnlich
　　［英］unlike, dissimilar
　　214d1, 215d4, 222e4

ἀντιλογικός (adv. ἀντιλογικῶς) 可争辩的，善于争辩的，好争辩的
　　［拉］disputandi et refutandi peritus
　　［德］zum Widersprechen, Bestreiten geschickt
　　［英］given to contradiction, disputatious
　　216a7

ἀντιφιλέω 回报以爱
　　［拉］redamo
　　［德］wiederlieben, Liebe erwidern
　　［英］love in return
　　212b6, 212c1, 212d5, 212d6, 212d8

ἀνωφελής 无益的，无用的
　　［拉］inutilis
　　［德］unnütz
　　［英］unprofitable, useless
　　210c6

ἄξιος (adv. ἀξίως) 有价值的，值……的，配得上的
　　［拉］dignus, aestimabilis
　　［德］wertvoll, würdig
　　［英］worthy, estimables, worthy of
　　203b3, 207a2

ἀοιδή (ᾠδή) 歌，歌曲
　　［拉］cantus
　　［德］Gesang
　　［英］song
　　205e1, 206b2

ἀοιδός 歌手，歌者
　　［拉］cantor
　　［德］Sänger
　　［英］singer
　　215c8

ἀπαλλάσσω (ἀπαλλακτέον) 和解，复原，摆脱，避免，离开
　　［拉］reconcilio, libero, abeo
　　［德］sich wegbegeben, sich losmachen, weichen
　　［英］to be reconciled, settle a dispute, escape
　　220b6

ἄπειμι 离开，离去；不在场，缺席

[拉] abeo, ibo, absum
[德] weggehen, fortgehen, abwesend sein
[英] go away, depart, to be away or absent
211b5, 215b4, 223a5, 223b3, 223b6

ἀπεῖπον (ἀπερῶ, ἀπερέω) 拒绝，放弃
[拉] nego, abnuo
[德] entsagen, aufgeben
[英] refuse, renounce, give up
219c5

ἀπελαύνω 驱赶，赶走
[拉] repello
[德] vertreiben
[英] drive away, expel from
223a6

ἀπέρχομαι 走开，离开
[拉] abeo
[德] weggehen
[英] go away, depart from
220c3, 220e5

ἀπεχθάνομαι 被仇恨
[拉] invisus sum, odio sum
[德] feind werden, verhaßt werden
[英] to be hated, incur hatred
207b7

ἀποβαίνω 结束，结局
[拉] evenio, accido, fio
[德] ablaufen, resultieren
[英] issue, result from
206a3

ἀποβάλλω (ἀπόβλητον) 丧失，失去，抛弃
[拉] amitto, abjicio
[德] verlieren, abwerfen
[英] lose, throw off
222b7, 222d2

ἀποβλέπω (ἀποβλεπτέον) 盯住，注视
[拉] respicio, intueor
[德] hinschauen, hinblicken
[英] gaze steadfastly, look at
207b8, 210e1

ἀποδυτήριον 澡堂中的更衣室
[拉] locus in balneo ubi lavaturi vestes deponebant
[德] Auskleidezimmer in Bade
[英] undressing room in the bath
206e6

ἀποκρίνω 分开，选出，回答
[拉] separo, secerno, respondeo
[德] sondern, wählen, beantworten
[英] set apart, choose, give answer to, reply to
216b1

ἀπολαύω 得到利益，得到好处
[拉] capio commodum
[德] genießen, sich zunutze machen
[英] profit, have a benefit
216a1

ἀπόλλυμι 毁灭，丧命，丧失
[拉] perdo, amitto
[德] zerstören, ruinieren, verlieren
[英] destroy utterly, ruin, lose
220e7, 221a4, 221b3, 221c1, 221c3, 221c4

ἀπομαντεύομαι 预言
[拉] divino, futura praedico
[德] wie ein Prophet vorher verkün-

digen

[英] divine by instinct, presage

216d3

ἀπομνημονεύω 记住，记忆

[拉] recordor, reminiscor

[德] in Gedächtnis behalten

[英] remember

211a9

ἀπορέω 困惑，不知所措

[拉] dubito, aestuo, consilii inops sum

[德] ratlos sein, ohne Mittel und Wege

[英] to be at a loss, be in doubt, be puzzled

207a7

ἀπορία 难题，缺乏，贫穷，困惑

[拉] difficultas, inopia

[德] Verlegenheit, Mangel

[英] difficulty, lack of, perplexity

216c5

ἄπορος 难对付的，没办法的，走不通的

[拉] inexplicabilis, invius

[德] ratlos, unwegsam

[英] hard to deal with, unmanageable, impassable

223b2

ἀποστερέω 抢劫，剥夺，骗取

[拉] privo, fraudo

[德] berauben, vorenthalten

[英] rob, despoil, defraud

217e8

ἀποφαίνω (πρός-ἀποφαίνω) 显示，展示，宣称

[拉] ostendo

[德] aufzeigen, darlegen

[英] show forth, display, declare

214a2

ἀποχωρέω 离开，退却

[拉] discedo, secedo

[德] weggehen, zurückweichen

[英] go from or away from, withdraw

207a3

ἅπτω 拴，固定，接触

[拉] necto

[德] heften

[英] fasten

208d7, 208e2, 209e7

ἀργύριον 银，银钱

[拉] argentum

[德] Silber

[英] silver

208b1

ἄργυρος 白银

[拉] argentum

[德] Silber

[英] silver

220a2

ἅρμα 双轮马车，战车

[拉] iugum

[德] Wagen

[英] chariot

208a2

ἀρτιάζω 猜单双

[拉] par impar ludo

[德] grade oder ungrade spielen

[英] play at odd and even

206e7

ἀρχαῖος 自古以来的，从前的
　　［拉］pristinus, antiquus
　　［德］anfänglich, früher
　　［英］from the beginning, ancient, former
216c6

ἀρχή 开始，开头，统治，公职
　　［拉］principium, imperium, magistratus
　　［德］Anfang, Herrschaft, Amt
　　［英］beginning, sovereignty, office
209d7, 215b4, 219c6

ἀρχηγέτης 创立者，奠基者
　　［拉］auctor, conditor
　　［德］Gründer
　　［英］first leader, author, founder
205d2

ἄρχω 开始，从……开始，统帅，统治
　　［拉］incipio, guberno
　　［德］anfangen, herrschen, befehlen
　　［英］begin, rule, command
208b2, 208c1, 208c3, 208c5, 208c6, 208c7, 209a1, 209a3

ἄρχων 首领，统帅，领袖
　　［拉］praefectus, princeps
　　［德］Herrscher, Gebieter
　　［英］ruler, commander
208d2, 210b5

ἀσθενέω 生病
　　［拉］aegroto
　　［德］schwach, krank sein
　　［英］to be weak, feeble, sickly
209e7

ἀσθενής 弱小的，虚弱的，生病的
　　［拉］debilis, aeger
　　［德］schwach, krank
　　［英］weak, feeble, sickly
215d5

ἄσμενος (adv. ἀσμένως) 高兴的，喜欢的
　　［拉］gaudens
　　［德］froh, gern
　　［英］well-pleased, glad
216a6

ἀσπάζομαι 致意，尊敬
　　［拉］diligo
　　［德］liebhaben, bewillkommen
　　［英］greet, salute
217b4

ἀστάθμητος 不稳定的，不牢固的
　　［拉］instabilis, mobilis
　　［德］unbeständig
　　［英］unsteady, unstable
214d1

ἀστεῖος 城里的，文雅的，优美的
　　［拉］urbanus, elegans
　　［德］städtisch, fein, elegant
　　［英］of the town, refined, elegant
204c4

ἀστραγαλίζω 玩骰子，掷骰子
　　［拉］talis ludo
　　［德］würfeln
　　［英］play with dice
206e5

ἀστράγαλος 骰子
　　［拉］talus
　　［德］Würfel
　　［英］dice

206e7
ἄτοπος 荒诞不经的，荒谬的，奇特的
　　［拉］absurdus
　　［德］ungewöhnlich, widersinnig
　　［英］strange, paradoxical
　　218c6
αὐλή 庭院
　　［拉］vestibulum
　　［德］Hofraum
　　［英］open court
　　206e6, 207b1
αὐξάνω 增加，增长
　　［拉］incresco
　　［德］wachsen
　　［英］increase
　　206a4
αὐτόθι 在那里
　　［拉］ibi
　　［德］dort
　　［英］there
　　203b8, 204a4, 204a8, 206e3, 207a4
ἀφαιρέω (ἀφαιρετέον) 取走，减去，削减
　　［拉］eximo, detraho
　　［德］wegnehmen
　　［英］take away from
　　221e3
ἀφίημι 放弃，赦免，宣告无罪
　　［拉］dimitto, absolve
　　［德］loslassen, freisprechen
　　［英］give up, acquit
　　222b2
ἀφικνέομαι 到达，返回
　　［拉］advenio, redeo
　　［德］ankommen, zurückkehren
　　［英］arrive at, return
　　209e1, 219c6
ἄφρων 愚蠢的，没头脑的
　　［拉］imprudens
　　［德］unvernuenftig
　　［英］silly, foolish, senseless
　　210d7
ἄχθομαι 不快，烦恼，憎恶
　　［拉］aegre et moleste fero
　　［德］betrüben, sich gedrücktfühlen
　　［英］to be vexed, grieved
　　218c7
ἄχρηστος 无用的，无益的
　　［拉］inutilis
　　［德］nutzlos
　　［英］useless, unprofitable
　　204c1, 210c8, 220c6, 222b8
βάρβαρος 外国的，非希腊的，野蛮的
　　［拉］barbarous
　　［德］barbarisch, unhellenisch
　　［英］barbarous, non-Greek, foreign
　　210b2
βασιλεύς 国王，国王执政官
　　［拉］rex
　　［德］König
　　［英］king
　　209d6
βλάβη 伤害，害处，破坏
　　［拉］damnum, noxa
　　［德］Schaden, Nachteil
　　［英］harm, damage
　　214e6
βλαβερός (adv. βλαβερῶς) 有害的
　　［拉］noxius, perniciosus

[德]schädlich
[英]harmful
206b8, 221a2, 221b2

βλάπτω 伤害，损害
[拉]laedo, noceo
[德]schaden, schädigen
[英]damage, hurt
206b7, 220c7, 221a6

βούλομαι 愿意，想
[拉]volo
[德]wollen, wünschen
[英]will
204a8, 207d7, 207e6, 207e9, 208a1,
208a7, 208b3, 208b8, 208d4, 208e5,
209a7, 209b2, 209b6, 209d8, 209e5,
210a3, 210b3, 210e7, 211b9, 211e3,
212a5, 213d6, 222b3, 222c1

γείτων 邻居
[拉]vicinus
[德]Nachbar
[英]neighbour
209c7

γελάω 嘲笑，笑
[拉]rideo
[德]lachen
[英]laugh at
207c6, 208d7

γέλοιος 可笑的、荒诞的
[拉]ridiculus
[德]lächerlich, witzig
[英]amusing, absurd
221a4

γενναῖος (adv. γενναίως) 高贵的，优良的
[拉]generosus, nobilis

[德]von vornehmer Abstammung,
edel
[英]high-born, noble
204e9, 207c3, 209a1

γένος (γέννα) 种族，种类，属，民族，家族
[拉]genus
[德]Geschlecht, Abstammung
[英]race, family
216d6

γέρων 老年人
[拉]senex
[德]Alter, Greis
[英]old man
223b5

γῆρας 老年
[拉]senectus
[德]Alter
[英]old age
217d7

γίγνομαι 发生，产生，生成，成为，变得，出现
[拉]accido, evenio
[德]werden, geschehen, sich ereignen
[英]happen, come to be
203a2, 205d7, 206a7, 206c3, 207e4,
209d7, 210b1, 210d1, 211c2, 211e4,
212a5, 212b1, 212b4, 212e8, 213c8,
214c2, 214d2, 216c3, 216e4, 217a1,
217b5, 217b6, 217b7, 217d8, 217e6,
219b7, 219b8, 220c6, 220d1, 223b5,
223b8

γιγνώσκω 认识

[拉] nosco, percipio
[德] erkennen, kennen
[英] know, recognize
204c1, 204e2, 204e4, 204e6

γλυκύς 甜的
[拉] dulcis
[德] süß
[英] sweet
215e6

γνήσιος (adv. γνησίως) 真正的，亲生的，合法的
[拉] ingenuus
[德] ehrlich, rechtmäßig
[英] genuine, legitimate
222a6

γονεύς 生产者，父母
[拉] parens
[德] Erzeuger, Eltern
[英] begetter, parents
213a3

γραῖα 老妇，老太婆
[拉] anus
[德] Greisin
[英] old woman
205d2

γράμμα 文字，学问
[拉] littera
[德] Schrift, Wissenschaft
[英] letters, learning
209b3

γράφω 公诉，起诉，书写，画
[拉] accuso, scribo
[德] eine schriftliche Klage einbringen, schreiben

[英] indict, write, paint
209a8, 209b3, 214b5

γυνή 妇女
[拉] mulier
[德] Frau
[英] woman
210b2

γωνία 角，直角尺
[拉] angulus, norma
[德] Winkel, Ecke, Winkelmaß
[英] corner, joiner's square
206e7

δαίμων 精灵
[拉] daemon
[德] Dämon
[英] demon, spirit
223a2

δείδω 恐惧，害怕
[拉] timeo, vereor
[德] fürchten, scheuen
[英] fear, dread
206a2, 207b6

δείκνυμι 指出，显示
[拉] ostendo
[德] zeigen, nachweisen
[英] show, point out
203b6

δεινός (adv. δεινῶς) 聪明的，强有力的，可怕的
[拉] fortis, potens, peritus, terribilis, dirus
[德] tüchtig, geschickt, gewaltig, furchtbar
[英] clever, powerful, terrible

204d3, 204d4, 204d6, 208c5, 208e4, 211c4

δεσπότης 主人
[拉] dominus
[德] Herr, Besitzer
[英] master, lord
208d1

δεύτερος 第二位的，次要的
[拉] secundus
[德] zweiter
[英] second
209b3

δέχομαι 接受，赞同，选择
[拉] accipio, eligo
[德] annehmen, gutheißen
[英] accept, choose, prefer
211e6

δέω (δεῖ, δέομαι) 捆绑；缺乏，需要，恳求，必须，应当
[拉] vincio, indigeo
[德] binden, fesseln, bedürfen, brauchen
[英] bind, lack, want
204d7, 204e5, 205a9, 210d6, 215a8, 215e2, 220d1, 220d4, 222e2

δῆλος 清楚的，显而易见的
[拉] manifestus
[德] klar, offenbar
[英] clear
206b1, 207a6, 207e5, 209e3, 213d5, 217b6, 222e1

δῆμος 区，乡，公民，平民
[拉] region, populus
[德] Gebiet, Land, Volk, Gemeinde
[英] district, country, land, common people
205d2

διαδύνω 溜走，逃走，避免
[拉] aufugio, elabor
[德] hindurchschlüpfen, entschlüpfen, sich entziehen
[英] slip through, slip away, evade, shirk
216d1

διαθρυλέω 传播
[拉] semper in ore habeo
[德] aussprechen
[英] spread abroad
205b5

διαθρύπτω 打碎，娇惯，使骄傲
[拉] delicatum et fastidiosum aliquem reddo
[德] zerbrechen, verzärteln, stolz machen
[英] break in pieces, enervate, pamper
210e4

διακωλύω 阻止，阻拦
[拉] impedio, prohibeo, veto
[德] verhindern
[英] hinder, prevent
207e7, 208a1, 208a4, 208c1, 208d5, 208e1, 208e4, 209b5, 209b5, 209b7, 209c1

διαλέγω (διαλεκτέον) 谈论，交谈
[拉] colloquor
[德] reden, diskutieren
[英] hold converse with, discuss

206c2, 206c6, 206c9, 207a5, 210e3, 211c1, 211c1, 211c8, 211c9, 214b5

διαλύω 分解，分开
　　［拉］solvo
　　［德］auflösen, lösen
　　［英］dissolve, loose
　　223b3

διάνοια 意图，打算，思想
　　［拉］consilium, mentis agitatio
　　［德］Gesinnung, Absicht, Gedanke
　　［英］thought, intention, purpose
　　205b2

διανοίγω 开，打开
　　［拉］aperio
　　［德］öffnen
　　［英］lay open
　　210a3

διατριβή 消磨时间，消遣，研讨
　　［拉］contritio, conversatio
　　［德］Zeitverlust, Aufenthalt, Unterhaltung
　　［英］wearing away, haunt
　　204a1, 204a2

διατρίβω 消磨时间，揉碎
　　［拉］contero, versor
　　［德］zerreiben, aufhalten, weilen
　　［英］spend, waste time, delay
　　203b7

διαφερόντως 异常地，出众地
　　［拉］excellenter, maxime
　　［德］verschieden, außerordentlich
　　［英］differently, especially
　　205b8, 206c10

διαφέρω 不同，不一致，有分歧，胜过
　　［拉］differo, vinco, supero
　　［德］verschieden sein, sich auszeichnen
　　［英］differ, excel
　　207a2, 207c11, 212b2, 212b3, 222b4

διαφεύγω 逃走，逃脱
　　［拉］effugio, evito
　　［德］entfliehen, vermeiden
　　［英］get away from, escape
　　205e4

διάφορος 不同的，不一样的
　　［拉］differens, diversus
　　［德］verschiedenartig
　　［英］different, unlike
　　214d2

διδάσκαλος 老师
　　［拉］magister
　　［德］Lehrer
　　［英］teacher, master
　　208c7, 208d1, 210d6

διδάσκω 教，传授
　　［拉］doceo
　　［德］lehren
　　［英］teach, instruct
　　204a4

δίδωμι (δοτέον) 给，交出，赠送，赠与，认可
　　［拉］do, dono, concedo, permitto
　　［德］geben, schenken, zugeben, gestatten
　　［英］give, offer, grant
　　204c1

δίειμι (διέρχομαι) 经过，讨论，述说
　　［拉］percurro, narro

[德] hindurchgehen, erzählen
[英] go through, enumerate, discuss
205c7

διέρχομαι 经过，细说，叙述
[拉] transeo, narro
[德] durchgehen, erzählen
[英] pass through, recount
222e5

διηγέομαι 详细叙述，描述
[拉] narro
[德] erzählen, beschreiben
[英] set out in detail, describe
204d3

δίκαιος (adv. δικαίως) 正当的，公正的，正义的
[拉] justus
[德] gerecht, richtig
[英] just, right
207d1, 216b4

δικαστήριον 法庭
[拉] judicium
[德] Gerichtshof
[英] court
222e2

διολισθάνω 溜走
[拉] elabor
[德] entschlüpfen
[英] slip through
216d1

διψάω 口渴
[拉] sitio
[德] dürsten
[英] thirst, parched
221a1, 221a7

δίψος (δίψα) 口渴
[拉] sitis
[德] Durst
[英] thirst
221a3

δοκέω 设想，看来，认为
[拉] puto, opinor, videor
[德] glauben, scheinen
[英] imagine, seem
204b3, 205e6, 206a9, 206b4, 207e1,
210a7, 210b7, 210d8, 212b3, 212b5,
212b7, 212c2, 212d1, 212d2, 212e5,
213a3, 213d2, 213d3, 213e2, 213e5,
214b8, 214c6, 214d3, 214d4, 214e1,
216a2, 216a3, 216b6, 216d5, 217b4,
220b8, 220e6, 221b8, 221e2, 222b5,
222c7, 223b1

δουλεύω 做奴隶
[拉] servio
[德] Sklave werden
[英] to be a slave
207e2, 208e6

δοῦλος 奴隶
[拉] servus
[德] Knecht
[英] slave
208b5, 208b6, 208c4, 208c5

δράσσομαι (δράσσομαι) 抓住，握住
[拉] prehendo
[德] greifen, fassen
[英] grasp
209e5

δύναμαι 能够，有能力
[拉] possum, valeo

［德］können, imstande sein
［英］to be able
206c5, 210c1, 214e7

δυσάλωτος 难捕获的，难以征服的
［拉］difficilis captu
［德］schwer zu fassen
［英］hard to catch or take, hard to conquer
206a6, 206a10

δυσχεραίνω 不满意，讨厌
［拉］pertaesus sum, odiosus sum
［德］unwillig sein, verabscheuen
［英］feel dislike, to be displeased
214e2

ἐάω (ἐατέος) 允许，同意，不理会，放弃
［拉］dimitto, omitto
［德］zulassen, unterlassen
［英］concede, permit, let alone, let be
207e6, 208a3, 208a4, 208b3, 208b4, 208b8, 208c1, 208d3, 208e3, 209e4, 209e5, 209e7, 216e1, 219b7

ἐγγύς (comp. ἐγγύτερος; sup. ἐγγύτατος) 近，附近
［拉］prope
［德］nahe
［英］near, nigh, at hand
214c1

ἐγείρω 唤醒，激起
［拉］excito
［德］erwecken, anregen
［英］awaken, rouse
204d2

ἐγκώμιον 赞歌，颂词
［拉］laudatio
［德］Preisgesang
［英］laudatory ode
205d6, 205e3, 205e5

ἐθέλω 愿意，乐于
［拉］volo
［德］wollen, wünschen
［英］to be willing, wish
206b7, 206c4, 217a4, 217c5

εἶδος 形式，样式，形状，外貌，形相
［拉］forma, species, modus
［德］Form, Aussehen, Gestalt
［英］form, appearance, shape
204e5, 222a3

εἴδω (οἶδα, ἀπό-εἶδον) 看，知道，熟悉
［拉］video, scio, peritus sum
［德］sehen, wissen, verstehen
［英］see, know, be acquainted with
203a6, 204a8, 204b7, 204e5, 205a1, 205b2, 207b1, 207b2, 211b4, 211b8, 211d3, 212a6, 214e3, 215d7, 216c5, 218b1, 218c5, 218e2, 221a5, 221a6

εἴδωλον 幻象，幻想，图像
［拉］imago, figura
［德］Phantasie, Abbild
［英］phantom, fantasy, image
219d3

εἰκός (adv. εἰκότως) 很可能的，合理的，当然的
［拉］probabilis, decens
［德］wahrscheinlich, folgerichtig, natürlich
［英］probable, reasonable

206a8, 218e1

εἰλιγγιάω 头脑发晕
[拉] vertigine laboro, vacillo
[德] schwindlig sein
[英] dizzy
216c5

εἶμι (ἰτέον) 去，来
[拉] ibo
[德] gehen, kommen
[英] go, come
204e10, 206e2, 207b2, 211c7, 213e3, 213e5, 219c6

εἶπον 说
[拉] dico
[德] sagen
[英] say, speak
204b4, 204b5, 204b6, 204c5, 205a9, 205c1, 205d5, 205c1, 205d5, 205e1, 206c4, 208c1, 210e2, 211a5, 211a6, 211b1, 211d6, 212a8, 213d3, 213e1, 218c7, 219d3, 222b3, 223a1

εἴσειμι 走入，进入，出场
[拉] intro, ingredior
[德] hineingehen, auftreten
[英] enter, go into
204b1

εἰσέρχομαι 进来，进入，进场
[拉] ingredior, accedo ad, pervenio in
[德] hineingehen, auftreten
[英] enter, go into
205c8, 206e3, 207b1, 218c6

εἰσπίπτω 落进
[拉] incido

[德] hineinfallen
[英] fall into
222d3

ἕκαστος 每，每一个，各自
[拉] singulus, quisque
[德] jeder
[英] each, every one
212e1, 215e5, 222c7

ἐκκωφόω 使完全变聋
[拉] surdum reddo
[德] betäuben
[英] make quite deaf
204c7

ἐκπλήσσω 使惊慌失措，吓呆
[拉] stupefacio, obstupesco
[德] erstaunen, erschrecken
[英] amaze, astound
212a1

ἐκποδών 离开，远离
[拉] procul
[德] aus dem Wege
[英] away from the feet, out of the way, away
220c3

ἐκφεύγω 逃脱，避免
[拉] vito
[德] entgehen
[英] escape
213d4

ἑκών 自愿的，心甘情愿的，故意的
[拉] voluntarius
[德] freiwillig, gern
[英] willing
208d2, 210b3

ἐλέγχω 质问，反驳，谴责
  [拉] redarguo
  [德] ausfragen, beschimpfen
  [英] cross-examine, question, accuse
  211b7
ἐλεύθερος 自由的
  [拉] liber
  [德] frei
  [英] free
  208b6, 208c5, 210b4
ἐμβάλλω (ἐμβλητέον) 投进，放进，冲进
  [拉] insero, ingredior
  [德] hineinwerfen, einstürmen
  [英] throw in, dash
  209d8, 209e4, 209e6
ἐμπάσσω 撒，洒
  [拉] inspergo
  [德] hineinstreuen
  [英] sprinkle in or on
  210a3
ἔμπειρος 有经验的，有见识的，老练的，熟悉的
  [拉] peritus
  [德] erfahren, kundig
  [英] experienced, acquainted
  212a7
ἐμπίπλημι 充满，满足
  [拉] impleo
  [德] anfüllen, vollfüllen
  [英] fill
  204d1, 206a4, 215d4
ἔμπληκτος 冲动的，不稳定的，反复无常的
  [拉] inconstans
  [德] wankelmütig, instabil
  [英] impulsive, unstable, capricious
  214d1
ἐμποδίζω 妨碍，阻碍
  [拉] impedio
  [德] verhindern
  [英] hinder
  210b4, 210b7
ἔμπροσθεν (ἔμπροσθε) 从前，以前，在前面
  [拉] olim, antehac
  [德] zuvor, vorher, früher, vorn
  [英] before, of old, in front
  216e1, 218b5
ἐναντίος 相反的，对立的
  [拉] contra
  [德] gegenüberstehend, widrig
  [英] opposite
  215e3, 215e4, 215e9, 216a4, 216b1, 216b9, 218b4, 220e3
ἐναντιότης 相反（性），对立（性）
  [拉] contraria, repugnantia
  [德] Gegensatz, Gegenteil
  [英] contrariety, opposition
  216b7
ἐνδεής (adv. ἐνδεῶς) 不足的，缺乏的
  [拉] indigus, defectus
  [德] Mangel leidend, bedürftig, ermangelnd
  [英] lacking, deficient, in need of
  221d7, 221e1, 221e2
ἐνδείκνυμι 证明，指出，检举
  [拉] demonstro, ostendo

[德] beweisen, erweisen, aufzeigen

[英] prove, demonstrate, exhibit, point out

209e2

ἔνειμι 在里面，在其中

[拉] intus sum

[德] darin sein, innewohnen

[英] to be inside

219e5

ἕνεκα 为了，由于

[拉] gratia, propter

[德] um ... willen, angesichts

[英] on account of, for the sake of, as far as regards

215d6, 218d8, 218d10, 218e4, 219a3, 219b2, 219c1, 219c3, 219c5, 219d1, 219d3, 219d7, 219e8, 219e9, 220a4, 220a7, 220b4, 220b6, 220d7, 220e1, 220e2, 220e3

ἔνιοι 一些，有些

[拉] quidam, nonnulli

[德] einige

[英] some

217c3, 217c4

ἐνίοτε 有时

[拉] interdum, aliquando

[德] manchmal

[英] at times, sometimes

212b7, 217e4, 221b1, 221b2

ἐννοέω 想起，思考，注意到，理解，明白

[拉] recordor, animadverto, intelligo

[德] entsinnen, besinnen, merken, verstehen

[英] think of, reflect upon, notice, understand

217a4, 219d5

ἔνοχος 定会受到……的，应该被处以……的

[拉] reus

[德] verfallen, schuldig

[英] liable to, subject to

206b5

ἐνταῦθα (ἐνθαῦτα) 在这儿

[拉] huc

[德] hierin

[英] here

203a3, 209b2, 209b8, 219b5

ἐντυγχάνω 路遇，碰见

[拉] incido in aliquem

[德] treffen

[英] light upon, fall in with, meet with

211b2, 214b1, 214b3, 218d3

ἐξαγριαίνω 使变野

[拉] exacerbo

[德] wild machen

[英] make savage

206b2

ἐξαμαρτάνω 犯错

[拉] pecco, aberro

[德] verfehlen, abirren

[英] fail, do wrong

210e2

ἐξανίστημι 起身，起身离去

[拉] surgo

[德] aufstehen

[英] raise up, arise and depart from

211a2

ἐξαπατάω 欺骗，引诱
- [拉] decipio
- [德] täuschen, gänzlichbetrügen
- [英] deceive thoroughly, beguile

215c4, 219b6, 219b8, 219d3

ἔξαρνος 否认的
- [拉] qui negat
- [德] ableugnend
- [英] denying

205a4

ἐξελέγχω 驳斥，反驳，揭发
- [拉] redarguo, convinco
- [德] widerlegen, als falsch darstellen
- [英] confute, refute

222d7

ἔξεστι 可以，能够，容许
- [拉] licet
- [德] es steht frei, es ist erlaubt
- [英] it is allowed, is possible

207e2, 208b4, 209b2, 209b4

ἐξευρίσκω 找出，发现
- [拉] invenio
- [德] ausfinden, herausfinden
- [英] find out, discover

218b7, 223b8

ἔοικα 看来，似乎
- [拉] ut videtur
- [德] es scheint
- [英] seem, look like

204e1, 208b6, 208e7, 210c8, 212c8, 212d5, 212e7, 213a5, 213b5, 216b9, 216c7, 217a2, 217b6, 219a1, 219b4, 220d7, 220e2, 220e5, 221c1, 221d1, 221d2, 221e3, 222a6, 222d5

ἐπάγω 引向，加于……
- [拉] admoveo
- [德] hinzuführen, heranbringen
- [英] bring on, lay on

215c7, 217d7

ἐπαινέτης 赞美者，表扬者
- [拉] laudator, probator
- [德] Lobredner, Lobpreiser
- [英] praiser

204a5

ἐπαινέω (ἐπαινετέον) 赞许，赞美
- [拉] laudo
- [德] loben
- [英] approval, praise

206a2, 206a3

ἐπαλείφω 涂抹
- [拉] illino, inungo
- [德] auf schmieren, einschmieren
- [英] smear over, plaster up

217c6

ἐπαναφέρω 归于
- [拉] refero
- [德] zurückführen auf
- [英] throw back upon, ascribe, refer

219c7

ἔπειμι 来到，来临；在上面
- [拉] insto, succedo, insum, adsum
- [德] hinzukommen, anbrechen, darauf sein
- [英] come upon, approach, to be upon, be set upon

217c7

ἐπέξειμι 追究，控告；遍及，详述
  [拉] accuso, persequor, expono
  [德] verklagen, belangen, durchgehen, aufzählen
  [英] prosecute, traverse, go through in detail
  215e1
ἐπέρχομαι 突然来临，走向
  [拉] accedo, advenio
  [德] herankommen
  [英] approach, come suddenly upon
  210e2
ἐπέχω (ἐπίσχω, ἐπισχετέον) 阻止，堵住，放到
  [拉] impedio, retineo, inhibeo, admoveo
  [德] abhalten, zurückhalten, ansetzen
  [英] hinder, restrain, present, offer
  211a1
ἐπηλυγάζω 掩饰，掩盖
  [拉] pone aliquem me occulto
  [德] verdecken
  [英] overshadow, cover
  207b5
ἐπιδείκνυμι 指出，显示
  [拉] ostendo, declare
  [德] aufzeigen, vorstellen
  [英] exhibit as a specimen, display, exhibit
  204e10, 205a1, 206c5
ἐπιθυμέω 渴望，愿意
  [拉] cupio
  [德] begehren, wünschen
  [英] long for, desire
  207a6, 207e2, 207e4, 207e7, 208a2, 208e7, 209a3, 211d7, 211e1, 215e4, 217c1, 217e8, 221b1, 221b2, 221b7, 221d3, 221d4, 221d7, 221e1, 221e7, 222a1
ἐπιθυμία 渴望，意愿，欲望
  [拉] cupiditas
  [德] Begehren, Wünsch
  [英] desire, yearning
  217e8, 221a3, 221b6, 221d3, 221e4
ἐπικουρέω 援助，支援
  [拉] auxilior, partrocinor
  [德] helfen, zu Hilfe kommen
  [英] assist, aid
  211b7
ἐπικουρία 帮助，救助
  [拉] auxilium
  [德] Hilfe
  [英] aid, succour
  215a2, 215d6
ἐπιλανθάνομαι 忘记
  [拉] obliviscor
  [德] vergessen
  [英] forget, lose thought of
  211b2
ἐπιπηδάω 跳上，扑向，冲向
  [拉] insilio
  [德] darauf zu springen, anfahren
  [英] leap upon, rush at
  216a6
ἐπιπλήσσω 斥责，责骂
  [拉] castigo, objurgo
  [德] schelten

[英] chastise, rebuke. Reprove
207e7

ἐπισκοπέω (ἐπισκέπτομαι) 检查，考虑
  [拉] considero, inspicio, observo
  [德] prüfen, betrachten
  [英] inspect, observe, examine, consider
  207a5, 222b3

ἐπίσταμαι 知道
  [拉] scio
  [德] wissen
  [英] know
  205a1, 205b4, 209c2

ἐπιστατέω 主管，监管，主持，帮助
  [拉] impero, ducis munere fungor
  [德] Vorsteher sein, vorstehen
  [英] to be in charge of, stand by, aid
  209d3

ἐπιτείνω 拉紧，变得紧张
  [拉] intendo
  [德] anspannen
  [英] stretch upon
  209b6

ἐπιτρέπω 放过，容许，交付，交托
  [拉] permitto, concedo, trado
  [德] gestatten, überlassen
  [英] give up, yield, permit, turn over to
  208a6, 208b2, 208b7, 208c2, 208c3, 209a6, 209c4, 209c5, 209d1, 209d3, 209d4, 209d7, 210a5, 210b1, 210b7

ἐπιχειρέω (ἐνχειρέω, ἐπιχειρητέον) 尝试，企图，着手
  [拉] manum admoveo, conor
  [德] versuchen, unternehmen
  [英] put one's hand to, attempt
  204d4, 207d1, 211b8

ἕπομαι 跟随，听从
  [拉] sequor, assequor
  [德] folgen, mitgehen
  [英] follow
  204a8, 207b3, 218e1

ἐπονομάζω 叫……名字，取名称，起绰号
  [拉] cognomino
  [德] benennen, nennen
  [英] name, call
  204e4

ἔπος 言辞，字句
  [拉] verbum, sermo, narratio
  [德] Wort
  [英] word, speech
  214b1

ἐραστής 热爱者，爱慕者
  [拉] amator, amans
  [德] Liebhaber, Verehrer
  [英] lover, admirer
  205a1, 205b7, 212b8, 222a7

ἐράω (ἔραμαι) 爱慕，爱恋，渴望
  [拉] amo, cupio
  [德] lieben, begehren
  [英] love, desire
  204b6, 204b7, 204c2, 205a4, 206a2, 221b7, 221b8, 222a1, 222a2

ἐρίζω 争吵，争论
  [拉] litigo, rixor
  [德] streiten, hadern
  [英] strive, wrangle, quarrel

207c3

ἔριον 羊毛
- [拉] lana
- [德] Wolle
- [英] wool

208d4

ἐριστικός (adv. ἐριστικῶς) 好争吵的，热衷于争论的
- [拉] contentiosus, disputando deditus
- [德] zum Streit geneigt, streitsüchtig
- [英] eager for strife

211b8

ἔρομαι 问，询问，请教
- [拉] interrogo, inquiro, quaero
- [德] fragen, befragen
- [英] ask, question, inquire

207c8, 207d5, 211b6, 211d7, 212a7, 216a7

ἐρυθριάω 脸红
- [拉] erubesco
- [德] erröten
- [英] blush

204b5, 204c3, 204c4, 204d8, 213d3

ἔρχομαι 动身，去
- [拉] venio, progredior
- [德] schreiten, gehen
- [英] go, start

206c5, 208d3, 214d7

ἐρῶ 将要说，将要宣布
- [拉] dicam, dico, loquor, nuncio
- [德] reden, sagen
- [英] will tell, proclaim

205b4, 205e5, 211a6, 222e2, 223b5

ἔρως 爱，爱欲

- [拉] amor
- [德] Liebe
- [英] love

204b8, 204e10, 221e4

ἐρωτάω 问，询问
- [拉] interrogo, rogo
- [德] fragen, erfragen, befragen
- [英] ask, question

204b5, 204d7, 207d1, 211d4, 211d5, 217e1

ἐρώτημα 提问，问题
- [拉] quaestio
- [德] das Fragen, Frage
- [英] that which is asked, question

221a4

ἐρωτικός (adv. ἐρωτικῶς) 有关爱情的，有关爱欲的
- [拉] amatorius
- [德] zur Liebe gehörig
- [英] of or caused by love

206a1, 211e3

ἑστιάω 设宴
- [拉] convivio excipio, convivia agito
- [德] bewirten, ein Mahl bereiten
- [英] entertain, feast

211c11

ἑταῖρος (ἑταίρα) 朋友，同伴
- [拉] amicus, socius
- [德] Kamerad, Freund
- [英] comrade, companion

204a5, 206d4, 211e7, 213b3, 214d4, 216a1

ἕτερος (ἅτερος, adv. ἑτέρως) 另一个，两

者中的一个，不相同的
　　［拉］alter, alius
　　［德］ein andrer, der eine von zweien, verschieden
　　［英］one or the other of two, another, different
　　212a6, 212b4, 212d2, 220b1, 220e1, 221c3, 221e7, 222c3
εὐδαιμονέω 走运，昌盛
　　［拉］felix vel beatus sum
　　［德］glücklich sein, Glück haben
　　［英］to be prosperous, well off
　　207e5
εὐδαιμονίζω 可称幸福，可算幸运
　　［拉］beatum judico
　　［德］glücklich preisen
　　［英］call or account happy
　　212a1
εὐδαίμων 幸福的，好运的
　　［拉］felix
　　［德］glücklich
　　［英］happy, fortunate
　　207d7, 207e1, 207e4, 208e4
εὐθύς (adv. εὐθέως) 直的，立即
　　［拉］rectus, statim
　　［德］gerade, gleich
　　［英］straight, right away
　　203a1, 203b2, 203b3, 216a6, 218c7
εὐμάρεια (εὐμαρία) 容易，方便
　　［拉］facilitas
　　［德］Leichtigkeit
　　［英］easiness
　　204d1
εὐπορέω 富有，有能力，有办法

　　［拉］abunde possum, est mihi facultats
　　［德］vermögend sein, Mittel finden, Wege finden
　　［英］to be able to do, find a way, find means
　　213c9
ἐφάπτω 拴在……上，把握住，抓住，获得，接触
　　［拉］alligo, attingo
　　［德］binden, heften, erfassen, berühren
　　［英］bind on, grasp, possess, touch, beruhren
　　220c3
ἐφίστημι 安排，相对而立，立在一旁
　　［拉］insto, sto juxta
　　［德］anordnen, dabeistehen, entgegentreten
　　［英］set up, establish, stand against, stand by
　　207b5, 208d2
ἔχθρα 仇恨，敌意，敌视
　　［拉］simultas, inimicitia
　　［德］Haß, Feindschaft
　　［英］hatred, enmity
　　215d4, 216a7
ἐχθρός (comp. ἐχθίων, sup. ἔχθιστος) 仇恨的，敌对的
　　［拉］inimicus
　　［德］verhaßt, feindselig
　　［英］hated, hateful, hostile
　　213a5, 213a7, 213b1, 213b4, 213b7, 213c2, 213c3, 214c2, 216b3, 216b4, 219a6, 219b1, 219b3, 220e4, 220e5

ἔχω (ἴσχω, ἀμφί-ἴσχω, adv. ἐχόντως) 有，拥有
　　[拉] habeo
　　[德] haben, besitzen
　　[英] have, possess
　　205c1, 205d10, 206c2, 209a4, 209a7, 210a9, 210c5, 212d1, 213a4, 213d5, 214d8, 214e6, 215a2, 215b6, 216b6, 217a5, 217b7, 217e2, 218a5, 218a6, 218c3, 218c5, 219e7, 220a3, 220b3, 220c1, 220d7, 222e7, 223a1, 223a3

ἕψω 煮，烹调
　　[拉] coquo, elixo
　　[德] kochen, sieden
　　[英] boil, seethe
　　209d8

ζεῦγος（同轭的）一对牛或马，一对牲口拉的车
　　[拉] iugum
　　[德] Joch, Gespann
　　[英] yoke
　　208b2

ζητέω (ζητητέος) 想要，追寻
　　[拉] requiro, studeo, volo
　　[德] forschen, wünschen
　　[英] require, demand
　　213d2

ζωμός 汤
　　[拉] ius
　　[德] Brühe
　　[英] soup
　　209e1

ζῷον 动物，生物，活物
　　[拉] animal, animans
　　[德] Tier
　　[英] living being, animal
　　221a2

ἡγεμών 向导，带路人，统帅
　　[拉] dux
　　[德] Führer
　　[英] guide, leader
　　214a2

ἡγέομαι (ἡγητέον) 带领，引领，认为，相信
　　[拉] duco, puto, existimo, opinor
　　[德] anführen, meinen, glauben
　　[英] go before, lead the way, believe, hold
　　208b7, 209c4, 209d2, 210a1, 210a4, 218b1, 219e1, 219e3

ἥδομαι 感到高兴，感到满意
　　[拉] delector
　　[德] sich freuen, erfreuen
　　[英] enjoy oneself, to delight in
　　213d7

ἡδονή 快乐，愉悦
　　[拉] laetitia
　　[德] Lust, Vergnügen
　　[英] enjoyment, pleasure
　　222b2

ἡδύς (adv. ἡδέως) 满意的，喜悦的
　　[拉] dulcis, laetus
　　[德] angenehm, lieb
　　[英] pleasant, well-pleased, glad
　　204a3, 204b1

ἥκω 已来到
　　[拉] veni

［德］ich bin gekommen, angelangt
［英］to have come
211a1, 219b5, 219c7

ἡλικία 年纪，年龄
［拉］aetas
［德］Lebensalter
［英］time of life, age
209a4, 209a7, 209c3

ἡμέρα 一天，一日
［拉］dies
［德］Tag
［英］day
208e5, 209c4

ἥμισυς 一半的
［拉］dimidius
［德］halb
［英］half
214b7, 214c4

ἡνία 缰绳
［拉］habena
［德］Zügel
［英］bridle, reins
208a3

ἡνίοχος 御者，掌握缰绳的人
［拉］auriga
［德］Wagenlenker, Zügelhalter
［英］one who holds the reins, driver
208a5

ἡσσάομαι (ἡττάομαι) 被打败，屈服
［拉］superor, vincor
［德］unterliegen, überwältigt werden
［英］to be defeated, yield
223b2

ἥσσων (ἥττων, super. ἥκιστος) 较弱的，较差的
［拉］minor, inferior
［德］schwächer, geringer
［英］inferior, weaker
222d4, 223b1

ἡσυχία (ἡσυχιότης) 安静，宁静
［拉］quies, silentium, tranquillitas
［德］Ruhe, Stille
［英］rest, quiet, silence
207a4

θαμά 经常地，时常地
［拉］frequenter
［德］oft, häufig
［英］often
204c7, 207a5

θαυμάσιος (adv. θαυμασίως) 令人惊异的，令人钦佩的
［拉］mirificus
［德］wunderbar, bewundernswert
［英］wonderful, admirable
204d6

θεός 神
［拉］Deus
［德］Gott
［英］God
204c1, 205b6, 214a3, 214a6, 218a3

θεραπεύω 侍奉，照料
［拉］famulor, servio, colo
［德］bedienen
［英］do service, take care of
209a2

θερμός 热的
［拉］calidus
［德］warm

[英]hot
215e6

θεωρέω 看，观看
　　[拉]specto, contemplor
　　[德]ausschauen, betrachten
　　[英]look at, behold
　　206e9

θηρευτής 猎人
　　[拉]venator
　　[德]Jäger
　　[英]hunter
　　206a9, 218c4

θηρεύω 捕捉，追求
　　[拉]sector, quaero
　　[德]jagen, suchen
　　[英]hunt, seek after
　　206a10, 218c5

θορυβέω 喧哗，起哄
　　[拉]tumultuor, turbo
　　[德]lärmen
　　[英]make a noise, uproar or disturbance
　　210e5

θρίξ 头发
　　[拉]crinis
　　[德]Haar
　　[英]hair
　　217d2

θυγάτηρ 女儿
　　[拉]filia
　　[德]Tochter
　　[英]daughter
　　205d2

θύρα 门
　　[拉]ianua
　　[德]Tür
　　[英]door
　　203b7

θύω 献祭
　　[拉]sacrifico
　　[德]opfern
　　[英]sacrifice
　　206e3

ἰατρικός 有关医疗的
　　[拉]medicinus
　　[德]den Arzt betreffend, ärztlich
　　[英]medical
　　210a2, 217a5, 217b1, 217b4, 219a3, 219a4, 219c1

ἰατρός 医生
　　[拉]medicus
　　[德]Arzt
　　[英]physician
　　210a1, 215d6, 217a6, 218e3, 218e4

ἴδιος 自己的，个人的
　　[拉]privatus
　　[德]eigen, privat
　　[英]one's own, private, personal
　　205b8

ἱερεῖον 牺牲，祭品
　　[拉]victima
　　[德]Opfer, Opfertier
　　[英]victim, animal for sacrifice
　　206e4

ἱεροποιέω 献祭
　　[拉]sacra facio
　　[德]das Opfer besorgen
　　[英]to offer sacrifices, to sacrifice

207d4

ἱκανός (adv. ἱκανῶς) 充分的，足够的
- [拉] sufficiens, satis
- [德] zureichend, genügend, hinlänglich
- [英] sufficient, adequate

204a6, 204e6, 209d5, 215a7, 215b5, 217a5

ἱκανότης 充分，足够，适合
- [拉] ratio indonea, numerus iustus
- [德] Genüge
- [英] sufficiency, fitness

215a8

ἵππος 马
- [拉] equus
- [德] Pferd
- [英] horse

208a7, 211d8, 211e5, 212d6, 212e3

ἱπποτροφία 养马，牧马
- [拉] equos nutrire
- [德] das Pferdefüttern, Pferdezucht
- [英] breeding or keeping of horses

205c4

ἵστημι 称，在天平上衡量；停下来不动，站住
- [拉] pondero, libro, desino
- [德] wiegen, abwägen, stehen machen
- [英] place in the balance, weigh, bring to a standstill

206e9

ἱστός（织布机上的）纬线，织布机
- [拉] tela
- [德] Kette, Webstuhl
- [英] web, loom

208d5

ἰσχυρός (adv. ἰσχυρῶς) 强有力的，严厉的
- [拉] potens, robustus, severus
- [德] kräftig, gewaltig, gewalttätig
- [英] strong, powerful, severe

215d6

καθέζομαι (κατά-καθέζομαι) 坐下
- [拉] sedeo
- [德] sitzen, sich niedersetzen
- [英] sit down, take one's seat

206c9, 207a4, 211a2

καθοράω (κατεῖδον, κατοπτέον) 观看，俯视
- [拉] perspicio
- [德] einsehen, betrachten
- [英] look down, observe

207b6

κακός (adv. κακῶς) 坏的，有害的
- [拉] malus, vitiosus
- [德] schlecht, böse
- [英] bad, evil

214c7, 214d5, 214d6, 216b5, 216c3, 216d4, 216d6, 216d8, 216e1, 216e3, 216e4, 216e6, 217a1, 217b1, 217b3, 217b5, 217b7, 217c2, 217e4, 217e5, 217e6, 217e7, 217e8, 218a1, 218a5, 218a6, 218b2, 218b3, 218c1, 218e5, 218e6, 219a2, 219a6, 219b1, 220b8, 220c2, 220c3, 220c5, 220d2, 220d3, 220d5, 220d6, 220e7, 221a3, 221a4, 221b3, 221b4, 221b6, 221c1, 221c2, 221c6, 221c7, 222c4, 222c5, 222c6, 222c7, 222d3, 222d4

καλέω (κλητέος) 呼唤，叫名字，称作

[拉] voco, nomino
[德] rufen, nennen
[英] call, name
206d5, 207d3, 220e2, 223b1

καλός (adv. καλῶς, comp. καλλίων, sup. κάλλιστα) 美的，好的
[拉] pulcher
[德] schön
[英] beautiful
203b8, 204a4, 204b2, 205e6, 206a3, 207a2, 207a3, 207c5, 209e2, 216c6, 216d2, 216d3, 217a3

κάμνω 患病
[拉] aegroto
[德] erkranken
[英] to be sick
215d6, 217a7, 218e3

καταγέλαστος 可笑的，令人发笑的
[拉] ridiculus
[德] verlacht, verspottet
[英] ridiculous, absurd
205b7, 205c2, 205d5, 206a1, 211c2, 223b4

κατάδηλος 很清楚的，很明显的
[拉] manifestus, perspicuus, evidens
[德] sehr deutlich, offenkundig
[英] manifest, visible
220d1

καταλαμβάνω 抓住，控制，发现
[拉] deprehendo
[德] ergreifen, einnehmen
[英] seize, lay hold of
206e3

καταλογάδην 用对话，用散文
[拉] oratione suluta s. prosa
[德] gesprächsweise, in Prosa
[英] by way of conversation, in prose
204d3

κατανεύω 点头同意
[拉] adnuo
[德] zunicken
[英] nod assent
214d7

καταντικρύ 在对面，面对着
[拉] ex adverso, ex opposito
[德] gerade gegenüber
[英] right opposite, over against
203b6, 207a3

καταντλέω 灌下去
[拉] effundo, obruo
[德] daraufgießen
[英] pour
204d5

κατεῖδω (κάτοιδα) 注意到，发现，俯瞰，确知
[拉] conspicor, bene scio
[德] einsehen, bemerken, wissen, verstehen
[英] see, behold, know well, understand
210e5

κελεύω 命令，敦促，要求
[拉] jubeo
[德] befehlen
[英] order, request
211b7, 211d4, 223a4

κέλης 用来骑的马

[拉] equus singularis
[德] Rennpferd
[英] courser, riding-horse
205c5

κενός 空的
[拉] vacuus
[德] leer
[英] empty
215e7

κένωσις 排空，耗尽
[拉] vacuitas
[德] ausleerung
[英] emptying, depletion
215e8

κεραμεύς 陶匠，陶工
[拉] figulus
[德] Töpfer
[英] potter
215c8

κεραμικός (κεράμεος) 制陶器的，陶土做的
[拉] figlinus
[德] zur Töpferkunst gehörig
[英] of or for pottery
219e6

κερκίς 织布的梭子
[拉] radius vel pecten quo texitur
[德] Weberschiffchen
[英] weaver's shuttle
208d6

κηλέω 迷惑，诱惑
[拉] mulceo, decipio
[德] bezaubern
[英] charm, bewitch, beguile

206b2

κινδυνεύω 有可能，似乎是，也许是，冒险
[拉] videor, periclitor
[德] scheinen, wagen
[英] seems likely to be, it may be, possibly, venture
212d3, 213c5, 216c6, 218c8, 220b2, 220b3, 221d6

κινέω 移动，推动
[拉] moveo
[德] bewegen
[英] move, remove
223a2

κοινός 公共的，共同的
[拉] communis, publicus
[德] gemeinsam, gcmcinschaftlich
[英] common, public
207c10

κολάζω 惩罚
[拉] punio
[德] strafen
[英] chastise, punish
211c3, 213a1

κομιδῇ 的确，全然
[拉] accurate, valde, nimis
[德] gar sehr, gewiß, allerdings
[英] entirely, altogether, quite
221e6

κομψός 精巧的，巧妙的，优美的
[拉] venustus, elegans, bellus
[德] raffiniert, fein, schlau
[英] smart, clever, ingenious
216a1

κοσμέω 安排，整理，装扮，修饰
　　[拉] ordino, adorno
　　[德] ordnen, schmücken
　　[英] order, arrange, adorn
　　206e5
κόσμος 秩序，规矩，装饰，宇宙
　　[拉] ordo, ornatus, mundus
　　[德] Ordnung, Schmuck, Welt
　　[英] order, ornament, decoration, universe
　　205e2
κοτέω 嫉妒，怨恨，气愤
　　[拉] invideo
　　[德] grollen, zürnen
　　[英] bear one a grudge, be angry at
　　215c8
κοτύλη 小杯，液体度量
　　[拉] catinus, hemina
　　[德] Schälchen, Napf
　　[英] cup, liquid measure
　　219e7
κρέας 肉，肉食
　　[拉] caro
　　[德] Fleisch
　　[英] flesh, meat
　　209d8
κρήνη 泉
　　[拉] fons
　　[德] Quelle
　　[英] spring
　　203a3
κρονικός 陈旧的，过时的
　　[拉] vetustus
　　[德] altfränkisch
　　[英] old-fashioned, out of date
　　205c6
κρούω 打，击
　　[拉] pulso
　　[德] schlagen, klopfen
　　[英] strike, smite
　　209b7
κτάομαι (κτέομαι) 取得，占有，拥有
　　[拉] possideo
　　[德] erwerben, haben, besitzen
　　[英] get, acquire, possess
　　210b6, 211e1, 211e7, 212a3, 212a5
κτῆμα 所有物
　　[拉] possessio
　　[德] Erwerbung, Habe, Besitz
　　[英] property, possession
　　211d7, 212a2
κτῆσις 拥有，获得，占有
　　[拉] possessio
　　[德] Eigentum, Habe, Besitz
　　[英] acquisition, possession
　　211e3
κύλιξ 杯子
　　[拉] poculum
　　[德] Becher
　　[英] cup
　　219e6
κύων 狗
　　[拉] canis
　　[德] Hund
　　[英] dog
　　211e1, 211e6, 212e4
κώνειον 毒芹，毒芹汁
　　[拉] cicuta

［德］Schierling

［英］hemlock, hemlock juice

219e2

κωλύω 阻止，妨碍

［拉］prohibeo, impedio

［德］hindern, abhalten, zurückhalten

［英］hinder, prevent

207e9, 209a5, 209c1, 210a1, 210a4

λάθρη (λάθρα) 偷偷地，隐秘地

［拉］clam

［德］heimlich, unbemerkt

［英］secretly, by stealth

211a3

λαμβάνω (ληπτέον) 获得，拥有，抓住

［拉］accipio

［德］bekommen, empfangen, fassen

［英］take, possess, seize

206d7, 208a3, 208b3, 209b5

λανθάνω 不被注意到，没觉察到

［拉］lateo, delitesco

［德］verborgen, unbekannt sein

［英］escape notice, unawares, without being observed

210e6, 216c1

λέγω (λεκτέος) 说

［拉］dico

［德］sagen

［英］say, speak

203b5, 204e3, 204e7, 205a2, 205a3, 205a4, 205b5, 205c1, 205c6, 205d3, 205e3, 206c6, 207c10, 207c11, 207e9, 208a2, 208a6, 209c1, 210a5, 210e6, 211a4, 211a5, 211b4, 211c10, 211d2, 212b3, 212e5, 213b5, 213d4, 213d5, 213e1, 214a2, 214a5, 214b3, 214b6, 214c4, 214c6, 214c7, 214d5, 215c5, 215c7, 215e1, 216a2, 216a3, 216c4, 216d2, 216d3, 216d5, 217a4, 217c3, 218e3, 219a1, 219b9, 219d2, 220a1, 220b1, 220b3, 220c1, 220e6, 221c5, 221d3, 221d5, 222b4, 222e7

λεῖος (adv. λείως) 光滑的

［拉］laevis

［德］glatt

［英］smooth

216c7

λείπω 留下，放弃，背离

［拉］relinquo, desero

［德］verlassen

［英］leave, quit

216e1, 218a6, 220c2

λευκός 白的，白色的

［拉］candidus

［德］weiß

［英］white

217d3, 217d5, 217d6, 217d8, 217e1

λευκότης 白色

［拉］albedo, albor

［德］die weiße Farbe

［英］whiteness

217d4, 217d5

ληρέω 胡说，说傻话，做傻事

［拉］nugor

［德］dumm schwatzen

［英］speak or act foolishly

205a7

λιπαρός 油亮亮的，光滑的

[拉] pinguis, nitidus
[德] schlüpfrig, geschmeidig
[英] oily, smooth, bright
216c7

λόγος 话，说法，言辞，理由，道理，讨论
[拉] verbum, dictum, oratio
[德] Wort, Rede
[英] words, arguments
204a3, 206b2, 206c2, 206c5, 208e5,
211a1, 211d1, 213a4, 213e1, 214d8,
215e1, 215e8, 216c5, 216e1, 218b5,
218d3, 220a7, 222b3, 222b7, 222c2,
222d2, 222e1

λύρα 七弦琴
[拉] lyra
[德] Leier
[英] lyre
209b5

μαθητής 学生
[拉] discipulus
[德] Schüler
[英] learner, pupil, student
211c5

μαίνομαι 发疯
[拉] insanio
[德] wahnsinnig werden
[英] madden
205a8

μακάριος 有福的，幸福的，幸运的
[拉] beatus, felix
[德] glückselig, glücklich
[英] blessed, happy
207e9, 208d4

μακρός 长的，高的，深的
[拉] longus, altus
[德] lang, tief
[英] long, tall
221d6

μάλα (comp. μᾶλλον, sup. μάλιστα) 很，非常
[拉] valde, vehementer
[德] sehr, recht, ganz
[英] very, exceedingly
204c3, 205e1, 206d4, 207e8, 208a6,
208b5, 208b8, 209a1, 209d7, 210a6,
211a3, 211b1, 211e4, 211e5, 211e6,
211e7, 212c1, 213a3, 213b3, 214c1,
214e5, 215d2, 215e4, 216a4, 216c1,
217d5, 217e4, 218b7, 218d1, 218e2,
220a3

μαλακός (μαλθακός) 软的，软弱的
[拉] mollis, lentus
[德] weich, sanft
[英] soft, weak
216c7

μανθάνω 学习，理解，弄明白，懂
[拉] disco, intelligo
[德] lernen, verstehen
[英] learn, understand
211d3, 217d1

μαντεύομαι (μαντεύω, μαντευτέον) 求神谕，预示
[拉] oraculum peto, vaticinor
[德] das Orakel befragen, weissagen
[英] seek divinations, presage, forebode

216d5

μάστιξ 鞭子
　　[拉] flagellum
　　[德] Peitsche
　　[英] whip
208b3

μεγαλαυχία 夸耀，傲慢
　　[拉] jactantia, ostentatio
　　[德] Stolz, Prahlerei
　　[英] boasting, arrogance
206a4, 206a6

μεγαλοπρεπής (adv. μεγαλοπρεπῶς) 宏大的，显赫的，崇高的
　　[拉] magnificus
　　[德] großartig, erhaben
　　[英] magnificent
215e1

μεγαλόφρων 高尚的，高傲的
　　[拉] magnanimus
　　[德] mutig, stolz
　　[英] high-minded, generous, arrogant
210d7

μέγας (comp. μείζων; sup. Μέγιστος; adv. μεγαλωστί) 强有力的，大的
　　[拉] validus, magnus
　　[德] gewaltig, groß
　　[英] mighty, great, big
205e5, 205e6, 209d6, 210d5

μεθύω 喝醉
　　[拉] ebrius sum
　　[德] trunken sein
　　[英] to be drunken
222c2

μέλας 黑的，黑色的
　　[拉] niger
　　[德] schwarz
　　[英] black, dark
217d6

μέλλω 打算，注定要，必定，应当
　　[拉] futurus sum, debeo, fatali necessiate cogor
　　[德] wollen, gedenken, sollen, bestimmt sein
　　[英] to be about to, to be destined
206a2

μέλος 肢，四肢，曲调
　　[拉] membrum, melodia
　　[德] Glied, Lied
　　[英] limb, tune
205b1

μέλω 关心，操心
　　[拉] curo
　　[德] besorgen
　　[英] care for, take an interest in
211c7

μεταβάλλω 使翻转，使改变方向，转变，交换
　　[拉] inverto, muto
　　[德] umwerfen, umwenden, verändern
　　[英] throw into a different position, change, alter
213d7

μεταδίδωμι (μεταδοτέον) 给予，分给一份
　　[拉] impertior, tribuo
　　[德] mitteilen, einen Teil von etwas

geben
　　［英］give part of, distribute
　　204a3, 211d1, 211d2
μεταξύ 中间，之间
　　［拉］inter, in medio
　　［德］in der Mitte, dazwischen
　　［英］in the midst, in the middle of, between
　　207b1, 207d2, 220d6
μέτρον 尺度，标准
　　［拉］mensura
　　［德］Maßstab
　　［英］measure, rule
　　205a9
μήτηρ 母亲
　　［拉］mater
　　［德］Mutter
　　［英］mother
　　207d6, 207e4, 208d3, 208e3, 209a6, 209b6, 210c2, 210d4, 213a1
μηχανή 办法，方法，技巧
　　［拉］machina, ars, consilium
　　［德］Art, Weise, Mittel
　　［英］way, mean, contrivance
　　215b6
μικρός (σμικρός) 小的
　　［拉］parvus
　　［德］klein
　　［英］small, little
　　204c5, 209e4, 211a4
μιμνήσκω (μιμνήσκομαι) 想起，记起
　　［拉］recordor, memini
　　［德］erinnern
　　［英］remember, remind oneself of

205b5, 218b5, 222d8, 222e6
μισέω 仇恨，憎恶
　　［拉］odio prosequor, odio sum
　　［德］hassen
　　［英］hate
　　212b7, 212c2, 212c6, 212e7, 213a1, 213a2, 213a5, 213a6, 213a7, 213b7, 213c3, 213c4
μισθός 酬金
　　［拉］merces
　　［德］Bezahlung
　　［英］pay, allowance
　　208a6
μισθωτός 受雇佣的
　　［拉］mercenarius
　　［德］gemietet
　　［英］hired
　　208a6
μόγις 艰难地，吃力地
　　［拉］vix, aegre
　　［德］mit Mühe, schwer
　　［英］with toil and pain
　　222b1
μόνος 唯一的，仅仅的
　　［拉］solus, singularis, unus
　　［德］allein, alleinig, bloß
　　［英］alone, solitary, only
　　204b7, 204e6, 207a2, 207a7, 208e1, 210c1, 211c11, 212b4, 214d5, 214d6, 217a1, 222d6
μῶνυξ 奇蹄的
　　［拉］solidipes, solidas ungulas habens
　　［德］einhufig

[英] uncloven, single-hooved
212e3

νεάνισκος 年轻人
[拉] adolescens, juvenis
[德] Jüngling, junger mann
[英] youth, young man
203a5, 204e9, 205b1, 206d2, 207a1

νέος (comp. νεώτερος) 新奇的，年轻的
[拉] novus, juvenis
[德] neu, jung
[英] new, young
204e1, 212a2

νεωστί 最近，刚刚
[拉] nuper
[德] neulich
[英] lately, just now
204a2, 212e8

νικάω 得胜，战胜，征服
[拉] vinco
[德] siegen
[英] win, conquer
205d6, 205e4

νίκη 胜利
[拉] victoria
[德] Sieg
[英] victory
205c4

νόος (νοῦς) 理智，努斯
[拉] mens, intellectus
[德] Verstand, Vernunft
[英] mind, intellect
205b8, 210b6, 211a7, 213d4, 219b6, 223a1

νόσημα 病，疾病
[拉] morbus
[德] Krankheit
[英] disease
220d3, 220d4

νόσος 疾病
[拉] morbus
[德] Krankheit
[英] sickness, disease
217a7, 217b1, 217b3, 218e4, 218e5, 219a2, 219a6

ξανθός 黄的，金黄的
[拉] flavus
[德] blond
[英] yellow, golden
217d2

ξενισμός 对客人的款待
[拉] hospitium quo aliquem accipimus
[德] gastlich Bewirtung
[英] entertainment of a guest or stranger
205c7

ξένος (adv. ξένως) 陌生的，不熟悉的，异乡的
[拉] alienus, peregrinus
[德] fremd
[英] unacquainted with, ignorant of
212e4

ξηρός 干的
[拉] siccus
[德] trocken
[英] dry
215e5

ὁδός 道路，路

[拉] via
[德] Weg, Pfad
[英] way, road
213e4

οἴκαδε 向家中去
[拉] domum
[德] nach Hause
[英] to one's house, home, homewards
208d3, 211b5, 223a4

οἰκεῖος 家中的，有亲戚关系的，自己的
[拉] domesticus, privatus
[德] häuslich, verwandt, eigen
[英] of the same household, kin, one's own
210c2, 210d2, 210d4, 221e3, 222a2, 222a5, 222b4, 222b6, 222c3, 222c4, 222c5, 222d1, 222d5, 222b4, 222b6, 222c3, 222c4, 222c5, 222d1, 222d5, 222e5

οἰκία 房子，家
[拉] domus
[德] Haus
[英] building, house, dwelling
209b1, 209d1

οἰκοδομέω 建房
[拉] aedifico
[德] Häuser bauen
[英] build a house
204a2

οἰκονομέω 管理家务，安排，分配
[拉] administro, dispenso
[德] das Hauswesen leiten, anordnen
[英] manage as a house-steward, order, regulate, dispense
209d1

οἰκονομία 理家
[拉] rei domesticae administratio
[德] Verwaltung des Hauses, Haushaltung
[英] management of a household or family
209d2

οἶνος 酒
[拉] vinum
[德] Wein
[英] wine
219e5

οἴομαι 料想，猜，认为，相信
[拉] puto
[德] vermuten, denken
[英] guess, think, believe
204d2, 205d9, 206a4, 206b6, 206c9, 207b6, 208b2, 209a6, 209a8, 209b4, 209c2, 209c6, 209d1, 209d3, 209d4, 210a4, 211d3, 211e6, 212c1, 213b3, 214a5, 216d3, 217a7, 218e2, 221c6, 222d7, 223b6

οἴχομαι 走，上路
[拉] abeo, proficiscor
[德] gehen, kommen
[英] go or come
207d4

ὀκνέω 迟疑，怕
[拉] vereor, dubito, timeo
[德] zögern, fürchten
[英] hesitate, fear

204c5, 207a7

ὄλβιος 幸福的，富裕的
- [拉] beatus, dives
- [德] glücklich, reich
- [英] happy, blessed, rich

212e3

ὀλίγος (sup. ὀλίγιστος) 小的，少的
- [拉] paucus, parvus
- [德] gering, klein
- [英] little, small

208e6, 210e2

ὅλος (adv. ὅλως) 整个的，全部的
- [拉] totus
- [德] ganz, völlig
- [英] whole, entire

205c2, 208e5, 214b5, 215c3

ὁμιλέω 交往，结交
- [拉] in coetu aliquorum versor
- [德] zusammen sein, Umgang haben
- [英] to be in company with

214c1

ὅμοιος (adv. ὁμοίως) 一致的，相似的，相像的
- [拉] par, aequalis, similis
- [德] einig, gleich
- [英] same, like, resembling

214a6, 214b3, 214b4, 214c5, 214c6, 214c8, 214d2, 214d4, 214d5, 214e3, 214e4, 214e5, 214e6, 215a4, 215a5, 214e4, 215c5, 215c6, 215d3, 215e2, 215e5, 215e9, 216b8, 216e5, 218b4, 219b7, 219b8, 222b6, 222b7, 222c3, 222e4

ὁμοιότης 相似（性）
- [拉] similitudo
- [德] Ähnlichkeit
- [英] likeness, similarity

222b8

ὁμολογέω (ὁμολογητέον) 同意，赞同，认可，达成一致
- [拉] consentio, assentior
- [德] zugestehen, bestimmen
- [英] agree with, concede

206b7, 213b8, 216b2, 218c7, 221c5, 222c1

ὁμολογία 同意，承认，条约
- [拉] consensio, consensus
- [德] Übereinstimmung, Zugeständnis
- [英] agreement, admission, concession

219c4

ὄναρ 梦，梦中的景象
- [拉] somnium
- [德] Traum, Traumbild
- [英] dream, vision in sleep

218c8

ὀνίνημι 帮助，使满意
- [拉] juvo
- [德] nützen, helfen
- [英] profit, benefit, help, gratify

210b5, 210c4

ὄνομα 语词，名字，名声
- [拉] nomen
- [德] Name, Nomen
- [英] name, word, fame

204c5, 204d2, 204e2, 204e3

ὀξύς (adv. ὀξέως) 敏锐的，尖锐的，迅速的
[拉] acutus, acer
[德] scharf, spitz, schnell
[英] sharp, keen, quick
215e7

ὁράω 看，注意
[拉] video, animadverto, intelligo
[德] schauen, einsehen, merken
[英] see, look, pay heed to
207b5, 211b7, 211c5, 212a1

ὄργανον 工具，装备，器官
[拉] instrumentum
[德] Werkzeug, Organ
[英] instrument, tool, organ
208d7

ὀρεοκόμος 赶骡人
[拉] mulio
[德] Maultiertreiber
[英] muleteer
208b5

ὀρθός (adv. ὀρθῶς) 正确的，直的
[拉] rectus
[德] recht, gerade
[英] right, straight
210a4, 213d1, 213e2, 221c5

ὁρικός 骡子的
[拉] mularis
[德] zum Maultier gehörig
[英] of or for a mule
208b2

ὅρος 界线，边界，限度，标准
[拉] terminus, finis, norma
[德] Grenze, Kriterium
[英] boundary, limit, standard
209c7

ὄρτυξ 鹌鹑
[拉] coturnix
[德] Wachtel
[英] quail
211e4

οὖς 耳朵
[拉] auris
[德] Ohr
[英] ear
204d1

ὄφελος 用处，益处，帮助
[拉] utilitas, usus
[德] Nutzen, Vorteil
[英] advantage, help
208e8

ὀφθαλμός 眼睛
[拉] oculus
[德] Auge
[英] eye
209e6, 210a1, 210a3

ὀχέω 骑，驾
[拉] veho, porto
[德] führen, tragen
[英] drive, ride
208a3

ὀψέ 很晚，很迟
[拉] sero
[德] spät
[英] late
223a5

ὄψις 形象，外貌，视力，视觉
[拉] visus, facies, oculus

[德]das Aussehen, Sehkraft
[英]aspect, appearance, sight
207a1

ὄψον 菜肴
[拉]obsonium
[德]Speise
[英]relish
209e3

παιδαγωγός 接送学童的奴隶
[拉]praedagogus
[德]Knabenführer
[英]slave who went with a boy from home to school and back again
208c3, 208c6, 223a3

παιδικός (adv. παιδικῶς) 儿童的，给儿童的，给心爱的少年的
[拉]puerilis, ad amorem masculum pertinens
[德]kindlich, die Knaben liebe betreffend
[英]of a child, of or for a beloved youth
204d6, 205a2, 205a5, 205b3, 205e2, 205e4, 205e5, 206c3, 210e3, 211a3, 212b8, 222a7

παιδοτρίβης 体育教练
[拉]ludimagister
[德]Turnlehrer, Trainer
[英]gymnastic trainer
207d3

παίζω 戏谑，开玩笑
[拉]jocor
[德]scherzen
[英]make fun of

206e6, 207b1

παῖς (παιδίον) 孩童，孩子，小孩
[拉]pueritia
[德]Kind
[英]child, childhood
204b5, 204e6, 205b8, 205c1, 205c3, 206d2, 207a1, 207b8, 209a5, 210d1, 211d7, 212e3, 212e8, 217a3, 219b5, 222a1, 222d1

παλαίστρα 摔跤学校
[拉]palaestra
[德]Ringschule
[英]wrestling-school
204a2, 206e1

πάμπολυς (παμπληθής) 极多的，极大的
[拉]permultus, varius
[德]schr viel, schr groß
[英]very great, large, or numerous
206e7, 208d1

πάνσοφος 极聪明的
[拉]sapientissimus
[德]ganz weise
[英]most clever
216a7

παντάπασι 完全，绝对
[拉]omnino
[德]ganz, völlig
[英]altogether
218c2

πανταχῇ 到处，各方面
[拉]undique
[德]überall, auf alle Fälle
[英]everywhere, on every side
204e10

πανταχοῦ 一切地方，全然
　　［拉］ubique
　　［德］überall
　　［英］everywhere, altogether, absolutely
　　218c1

παντοδαπός 各种各样的，五花八门的
　　［拉］varius, multiplex
　　［德］mannigfach, mancherlei
　　［英］of every kind, of all sorts, manifold
　　222b2

πάππος 祖父，祖先
　　［拉］avos
　　［德］Großvater, Ahnherr
　　［英］grandfather, ancestors
　　205c3

παραβάλλω 弯曲，转动，扔在旁边，互相比较
　　［拉］flecto, compono, comparo
　　［德］hinneigen, hindrehen, nebeneinander aufschichten, vergleichen
　　［英］throw, turn, bend sideways, throw beside, compare one with another
　　203b3

παρακαθίζω (παρακαθέζομαι, συμπαρακαθίζω) 坐在旁边
　　［拉］adsideo
　　［德］dabeisitzen
　　［英］sit down beside
　　207b2, 207b3

παρακαλέω 呼唤，召唤
　　［拉］advoco
　　［德］herbeirufen
　　［英］call in, summon
　　223a4

παρακρούω 引入歧途，误导，欺骗
　　［拉］erro, decipio
　　［德］berücken, betrügen
　　［英］mislead, deceive
　　215c3

παράπαν 完全，绝对
　　［拉］omnino
　　［德］ganz, völlig
　　［英］altogether, absolutely
　　213d1

παρασκευάζω 准备，提供
　　［拉］praeparo
　　［德］vorbereiten
　　［英］prepare
　　219e9, 220a1, 220a5

παρατείνω 拉长，在旁边伸长
　　［拉］iuxta tendo
　　［德］ausdehnen, daneben strecken
　　［英］stretch out along, beside, or near
　　204c6

πάρειμι 在场，在旁边；走上前来
　　［拉］adsum, procedo
　　［德］dabei od. anwesend sein, gegenwärtig sein, herbeikommen
　　［英］to be present in or at, to be by or near, go by, come forward
　　211c5, 215b5, 217c4, 217c5, 217d4, 217d5, 217d8, 217e2, 217e3, 217e5, 217e7

παροιμία 谚语

［拉］proverbium
［德］Sprichwört
［英］proverb
216c6

παρουσία 在场
［拉］praesentia
［德］Anwesenheit
［英］presence
217b6, 217d8, 217e7, 218c2

πάσχω 遭遇，发生，经历
［拉］accido
［德］empfangen, erfahren, erleiden
［英］suffer, happen to one
212b8, 214e7, 215a1

πατήρ 父亲
［拉］pater
［德］Vater
［英］father
204e4, 207d6, 207e3, 208a2, 208a5, 208d2, 208e3, 209a6, 209b5, 209c4, 209c7, 210c2, 210c7, 210d3, 213a2, 214a1, 219d6

πατρόθεν 来自父亲
［拉］a vel ex patre
［德］vom Vater her
［英］from or after a father
204e4

πεῖνα (πείνη) 饥饿
［拉］fames
［德］Hunger
［英］hunger
221a1

πεινάω 饥饿
［拉］esurio

［德］hungrig sein
［英］to be hungry
220e7, 221a6

πειράω (πειρατέον) 弄清楚，考察，试验，尝试
［拉］experior, conor, nitor
［德］erproben, versuchen, unternehmen
［英］attempt, endeavour, try, make proof
211a9

πένης 贫穷的
［拉］pauper
［德］arm
［英］poor
215d5

περίβολος 圈起来的地方，围着的地方
［拉］ambitus, septum
［德］das Umfassen, Umkreis
［英］area enclosed, enclosure
203b6

περιίστημι 布置在周围，包围，环绕
［拉］circumdo, circumsto
［德］herumstellen, um sich herumstellen
［英］place round, stand round about
206e8, 223a6

περιμένω 等待，期待
［拉］exspecto, maneo
［德］warten, erwarten
［英］wait for, await
209c3

περιστρέφω 转圈
［拉］converto

[德] herumdrehen
[英] whirl round
207a5

πικρός 苦的
[拉] amarus
[德] bitter
[英] bitter
215e6

πίνω 喝，饮
[拉] bibo
[德] trinken
[英] drink
219e2

πλανάω 飘荡，漫游
[拉] erro
[德] umherirren, verirren
[英] wander
213e3

πλῆθος 大众，大群，数量
[拉] multitudo, copia
[德] Menge, Masse
[英] great number, multitude, the majority
222e6

πλῆκτρον 打击用的东西，琴拨
[拉] plectrum
[德] Werkzeug zum Schlagen
[英] instrument for striking the lyre, plectrum
209b7

πλημμελής 犯错误的，弹错调子的
[拉] vitiosus, absonus
[德] frevelhaft, fehlerhaft, wider die Melodie

[英] faulty, out of tune
222c1

πλήρης 充满……的，满是……的
[拉] plenus
[德] voll
[英] full of
215e7

πλήρωσις 充满，充足
[拉] expletio
[德] Ausfüllung, Fülle
[英] filling up, filling
215e7

πλούσιος 富足的，丰富的
[拉] dives, opulentus
[德] reich
[英] wealthy, rich
207c7, 215d5

πλουτέω 富有，变得富有
[拉] dives sum
[德] reich sein
[英] to be rich, wealthy, becomes rich
218c8

πλοῦτος 财富，富裕
[拉] copia, divitiae
[德] Fülle, Reichtum
[英] wealth, riches, treasure
205c4

ποθεινός 渴望的
[拉] desideratus
[德] Sehnsucht erweckend
[英] longed for, desired, desirable
215b4

ποιέω 做，当作

[拉] facio, efficio
[德] machen, tun, annehmen
[英] make, do
204a4, 205a5, 205b1, 205c5, 205d6, 205d7, 206a10, 206b6, 206c5, 206d7, 206e4, 207e2, 207e6, 208a1, 208b8, 208c6, 208d3, 208d3, 208e5, 208e7, 209a3, 210b2, 210b7, 211b3, 211b6, 213e1, 214a4, 214b1, 214e6, 215b7, 215c1, 217e7, 217e8, 219d6, 219e2, 219e3, 219e6, 220a2

ποίημα 做成的东西，诗作，作品，行动
[拉] quod aliquis fecit, poema, opus
[德] das Gemachte, Gedicht, Arbeit
[英] anything made or done, poem, work
204d4, 205c7, 221d6

ποίησις 诗，作品，制作，创作
[拉] poesis, poema
[德] Machen, Schöpfung, Dichtung
[英] creation, production, poem
206b6, 206b7

ποιητής 创造者，制造者，诗人
[拉] confictor, factor, auctor
[德] Schöpfer, Verfertiger, Dichter
[英] maker, poet
206b8, 212e1, 214a1

ποιμαίνω 放牧，牧养，照顾
[拉] pasco, curo
[德] hüten, hegen
[英] herd, tend
209a2

πολέμιος (πολεμικός) 有关战争的，敌对的

[拉] militaris, hostilis, inimicus
[德] denKriegbetreffend, feindlich
[英] of or belonging to war, hostile
215c6

πόλις 城邦，城市
[拉] civitas
[德] Staat
[英] city
205c2

πολλάκις 经常，多次
[拉] saepe
[德] oft
[英] many times, often
213c1, 213c2, 213c3, 220a1

πολύς (comp. πλείων, sup. πλεῖστος, adv. πλειστάκις) 多，许多
[拉] multus
[德] viel
[英] many, much
203b8, 204a3, 204c3, 204e5, 205d3, 206b3, 206b9, 206e6, 207b5, 207e8, 208b7, 211e7, 213a6, 213b2, 215c1, 219d6, 219e1, 219e3, 219e5

πονηρός 邪恶的，坏的
[拉] malus, improbus
[德] schlecht, böse
[英] evil, wicked, malicious
214b8, 214c1, 214c5

πορεύω 前进，旅行
[拉] eo, proficiscor
[德] gehen, reisen
[英] go, walk, march
203a1, 203a6, 203b2, 204b8

πόρρω (πρόσω) 远远地，往前，向前

[拉] porro, procul
[德] ferner, vorwärts
[英] forwards, far off
204b7, 212a4

πρᾶγμα 事情，重大的事情，麻烦事
[拉] res
[德] Sache
[英] thing
218d9

πρᾶος (adv.πρᾁως) 温和的，心平气和的
[拉] mansuetus, placidus
[德] zahm, sanft
[英] mild, soft, gentle
211e2

πράσσω (πράττω) 做
[拉] ago
[德] tun, handeln, machen
[英] do, act
206c3

πρέσβυς (πρεσβύτης) 老人
[拉] senex
[德] Alter
[英] old man
204e8, 207c1, 209d6, 223a1

προαιρέω 有意选择，首先选择
[拉] praefero
[德] vorziehen, sich auswählen
[英] prefer, choose
206e8

πρόγονος 祖先
[拉] progenitor
[德] Vorfahr
[英] forefather, ancestor

205c3, 205c8

προθυμέομαι 一心要做，极其想做，热衷于
[拉] studeo
[德] bereit, geneigt sein, erstreben
[英] to be ready, willing, eager to do
207e5

πρόσειμι 走向，走近；加上……，属于
[拉] adeo, adsum
[德] hinzugehen, dabei sein
[英] come or go to, approach, to be added to
203a5, 206c10, 206d2, 206d5, 206e1, 207a7, 214c1

προσέρχομαι 来，去，结交，拜访
[拉] adeo, incido
[德] hinzugehen, sich anschließen
[英] come or go to, visit
207a6, 207b4, 207d2, 223a2

προσέτι 此外，而且还
[拉] praeterea
[德] noch dazu, überdies
[英] over and above, besides
208a7

προσέχω 带给，献上
[拉] applico
[德] herführen
[英] apply, bring
205b8, 211a7, 213d4, 219b6

προσήκω 来到，抵达，关系到，适合于，属于
[拉] pertineo aliquo, attineo
[德] herzugekommen sein, in Verbind-

ung stehen
   [英] to have come, reach, belong to, be related to
   221b4

προσθεν 在……前，以前，从前
   [拉] ante, olim, prius
   [德] vorn, früher
   [英] before, in front of
   219c4, 222b7

προσίστημι 对立，抗住，来到
   [拉] sisto, adsum
   [德] dagegenstellen, herantreten
   [英] set against, occur, come on
   207b6, 207b7, 210e6

προσποίητος (adv. προσποιήτως) 假装的
   [拉] simulatus, fictus
   [德] erkünstelt, verstellt
   [英] assumed, pretended
   222a7

προσφέρω (προσοιστέος) 送上，献上，走向，接近
   [拉] affero, offero, admoveo
   [德] hintragen, vorbringen, herankommen
   [英] bring to, present, approach
   205b2, 223b2

προσφιλής 令人喜爱的，可爱的
   [拉] dilectus, gratus, carus, amabilis
   [德] lieb, angenehm
   [英] beloved, pleasing, agreeable
   206c3

πρότερος (προτεραῖος) 更早的，在先的
   [拉] prior
   [德] früher, vorhergehend
   [英] before, former, earlier
   211e7, 212d1, 213c1, 221d5

προτιμάω 更尊重，更愿意
   [拉] praefero, majorisaestimo
   [德] höherachten
   [英] prefer, esteem
   219d7

πρώιος (πρῴην) 早
   [拉] matutinus
   [德] früh
   [英] early
   205c7

πτωχός 乞丐，穷人
   [拉] inops
   [德] Arme
   [英] beggar
   215d1

πυλίς 小门
   [拉] portula
   [德] kleines Tor, Pförtchen
   [英] little gate, postern
   203a3

ῥᾴδιος (adv. ῥᾳδίως) 容易的，漫不经心的
   [拉] facilis, expeditus
   [德] leicht, mühelos
   [英] easy, ready
   206c4, 211c4, 212a3, 216d1, 222b6

ῥῆμα 言辞，说出的话语，动词
   [拉] verbum, dictum
   [德] Wort, Ausspruch
   [英] that which is said or spoken, word, saying, phrase
   220b1

σαφής (adv. σαφῶς)：清楚的，明白的
 [拉] manifestus, clarus, planus
 [德] deutlich, klar, sichtbar
 [英] clear, plain, distinct
 211b1

σημαίνω 表明，宣告，发信号
 [拉] significo, impero
 [德] bezeichnen, befehlen
 [英] show by a sign, give a sign, point out
 214e1

σιγάω 保持沉默
 [拉] taceo
 [德] schweigen
 [英] keep silence
 222a4

σκέπτομαι 考虑，思考
 [拉] considero
 [德] nachdenken
 [英] consider
 216c1, 217c3, 219b9

σκευασία 准备，料理
 [拉] apparatus
 [德] Zubereitung
 [英] preparing, dressing
 209e3

σκέψις 考虑，思索，观察
 [拉] consideatio, speculatio
 [德] Überlegung, Prüfung
 [英] consideration, speculation
 213e2

σκοπέω 考虑，注视，查明
 [拉] speculor, considero
 [德] überlegen, prüfen, sich umsehen
 [英] behold, contemplate
 206b5, 213e2, 213e5, 218d6

σοφία 智慧
 [拉] sapientia
 [德] Weisheit
 [英] wisdom
 212e1, 214a1

σοφιστής 智者
 [拉] sophistes, sophista
 [德] Sophist
 [英] sophist
 204a7

σοφός 智慧的
 [拉] sapiens
 [德] weise, klug
 [英] wise
 206a1, 207d2, 210a7, 210d1, 214b2, 218a3, 222e2

σπάθη 压线板
 [拉] spatha
 [德] Weberlade, Spatel
 [英] blade
 208d6

σπουδάζω 认真做，热衷于
 [拉] serio contendo
 [德] ernsthaft sein
 [英] to be serious
 219e8

σπουδή 急忙，热切，认真
 [拉] festinatio, studium
 [德] Eile, Eifer, Ernst
 [英] haste, zeal, earnestness
 219e8

σταθμάω 衡量，估计

[拉] pondero, metior

[德] ermessen, erwägen

[英] measure, estimate

205a3

στερέω (στέρομαι) 剥夺，夺走，丧失，缺少

[拉] orbo, privo

[德] berauben, entbehren

[英] deprive, bereave, rob, lack, lose

205e6

στεφανόω 戴花冠

[拉] corono, redimio

[德] bekränzen

[英] crown, wreathe

207a1

συγγένεια 亲戚关系，家族关系

[拉] cognatio

[德] Verwandtschaft

[英] kinship, relationship

205c7

σύγγραμμα 文章，书籍

[拉] scriptum

[德] Schrift

[英] writing, book, work

204d5, 214b2

συγγράφω 写下，记述

[拉] scribo, conscribo

[德] zusammenschreiben

[英] write, describe

205a6

σύγκειμαι 躺在一起，被组合起来

[拉] simul positus sum, consto, compositus sum

[德] zusammen liegen, zusammengesetzt sein

[英] lie together, to compounded

221d6

συγχωρέω (συγχωρητέον) 让步，同意

[拉] concedo, indulgeo

[德] nachgeben, zulassen

[英] concede, give up

210c4, 210c5, 218c3, 222c2

συμβαίνω 有结果，发生

[拉] succedo

[德] sich ereignen, geschehen

[英] result, follow, happen

213b8, 217a1

συμβουλεύω 劝说，劝告，建议

[拉] consilium do, consulo

[德] raten, sich beraten

[英] advise, counsel

206c2

σύμφημι 同意，赞成

[拉] concedo, approbo

[德] beistimmen, bejahen

[英] assent, approve

207c12, 221e5

συναπόλλυμι 一起毁灭

[拉] una pereo

[德] mitverlieren

[英] destroy together

221b4

συνδιατρίβω 一同消磨时光

[拉] consuetudine cum aliquo coniunctus sum

[德] die Zeit verbringen, sich mit etw. beschäftigen

[英] pass or spend time with or to-

gether
204c6

συνήθης 熟识的，同住的
[拉] familiaris
[德] gut bekannt, zusammengewöhnt
[英] well-acquainted, dwelling or living together
206d3

συνίημι 理解，明白
[拉] intelligo, sentio
[德] verstehen, einshen
[英] understand, perceive
214b8

συνίστημι 组成，联合；介绍
[拉] constituo, commendo
[德] bestehen, zusammensetzen, vorstellen
[英] put together, constitute, introduce
203a5

συνουσία 就教，交往
[拉] conversatio, colloquium
[德] das Zusammensein, Umgang, Verkehr zwischen Lehrer und Schüler
[英] being with or together, intercourse with a teacher
223b3

συντυγχάνω 遇见，碰上
[拉] concurro, occurro, incido
[德] zusammentreffen, stoßen
[英] meet with, fall in with
203a3

συστέλλω 拉到一起，缩减，使气馁，使受挫折
[拉] contraho, compesco
[德] zusammenziehen, einschränken, demütigen
[英] draw together, contract, humble, abase
210e4

σφοδρός (adv. σφοδρῶς, σφόδρα) 激烈的，急躁的，热烈的，猛烈地
[拉] vehemens
[德] heftig, ungestüm
[英] violent, impetuous
204e4, 207d6, 211b3, 211b9, 212a4, 212c3, 213d4, 221b3

σχεδόν 几乎，将近，大致
[拉] paene, prope
[德] nahe, fast, ungefähr
[英] near, approximately, more or less
206e4

σχολή (adv. σχολῇ) 闲暇
[拉] otium
[德] Muße, freie Zeit
[英] leisure
214d2

σώζω 保全，拯救
[拉] conservo
[德] retten, schützen, behalten
[英] save, keep
219e4

σῶμα 身体，肉体
[拉] corpus
[德] Leib, Körper
[英] body, corpse
209a1, 217a5, 217b2, 217b3, 218c1,

219a1, 220c4

σώφρων (σωφρονικός, adv. σωφρόνως)
自制的，节制的，清醒的
[拉] temperans, moderatus
[德] besonnent
[英] temperate, self-controlled
216b5

ταλασιουργία (ταλασία) 纺羊毛，毛纺业
[拉] lanificium
[德] die Wollspinnerei
[英] wool-spinning
208d6

ταπεινόω 看低，轻视
[拉] humilem reddo, deprimo
[德] herabsetzen, erniedrigen
[英] make lowly, humble
210e3

τάσσω (τάττω) 安排，布置
[拉] ordino, statuo
[德] ordnen, stellen
[英] array, post, station
209b1

ταὐτός 同一的
[拉] idem
[德] identisch, gleich
[英] identical
206d1, 213b8, 217d7, 222b6, 222d5

ταχύς (adv. τάχα, ταχέως; comp. θάσσων)
快的，迅速的
[拉] citus, celer, velox
[德] schnell, bald
[英] quick, hasty
204c1, 212a2, 212a3

τέθριππον 四匹马拉的车子
[拉] quadrigae
[德] Viergespann
[英] four-horse chariot
205c5

τείνω 对准，针对，涉及，关系到
[拉] tendo, referor
[德] zielen, richten
[英] tend, refer, concern
205e1

τεῖχος 墙，城墙
[拉] murus
[德] Mauer
[英] wall
203a2, 203b6

τεκμαίρομαι 推断，推测，断定
[拉] argumentor, conjecto
[德] festsetzen, vermuten
[英] judge, conjecture
204e1

τελευτάω 死亡，完成，结束
[拉] morior, occumbo, finio
[德] sterben, vollenden, zu Ende bringen
[英] die, finish, accomplish
220b3, 220d8

τελέω 花费，用钱，完成，实现，入教
[拉] expendo, finio, initio
[德] zahlen, verwirklichen, einweihen
[英] lay out, spend, pay, fulfil, accomplish, initiate
208b1

τέφρα 灰
[拉] cinis

[德] Asche
[英] ashes
210a4

τέως 当其时，其间，迄今
[拉] adhuc, aliquamdiu
[德] bisher, bis dahin
[英] so long, in the meantime, hitherto
207a6

τίθημι (θετέος) 提出，设定
[拉] pono, duco
[德] setzen, stellen
[英] give, put, set up
222c4, 223b7

τιμή 尊荣，崇敬
[拉] honor
[德] Ehrung
[英] worship, esteem, honour
211e1

τοσοῦτος 这样大的，这样多的
[拉] tantus
[德] so groß
[英] so great, so large
205e6, 208e8, 214c2, 215a6

τρέπω 转向，走向
[拉] converto, verso
[德] sich wenden, sich drehen
[英] turn one's steps, turn in a certain direction
213e5

τρέφω 长大，抚养
[拉] nutrio, educo
[德] erziehen, nähren
[英] bring up, rear

208e6

τρόπος 方式，生活方式，性情，风格
[拉] modus
[德] Weise
[英] way, manner
205b2, 207e5, 212a5, 217e3, 222a3

τροφή 食物，抚养，生活方式
[拉] esca, alimentum
[德] Nahrung, Erziehung
[英] nourishment, food, nurture, rearing
215e8

τυγχάνω 恰好，碰巧
[拉] invenio, incido
[德] sich treffen, sich zufällig ereignen
[英] happen to be
205e4, 206d5, 207d4, 211d7, 214a3, 221b4, 221e4, 222a2, 222b6

τύπτω 打，击，敲
[拉] verbero
[德] schlagen
[英] beat, strike, smite
208b3, 208b5, 208e1

ὑγιαίνω 健康
[拉] valeo
[德] gesund sein
[英] to be sound, healthy
205a7, 217a4, 217a6

ὑγίεια 健康
[拉] sanitas
[德] Gesundheit
[英] health, soundness
217a6, 218e4, 218e6, 219a4, 219a5,

219c1, 219c2
ὑγρός 湿的，柔软的
　　[拉] humidus, mollis
　　[德] feucht, weichlich
　　[英] wet, soft
　　215e6
ὕθλος 废话，胡话，闲扯
　　[拉] nuga
　　[德] Geschwätz
　　[英] idle talk, nonsense
　　221d5
υἱός 儿子
　　[拉] filius
　　[德] Sohn
　　[英] son
　　204e8, 208b7, 209d7, 209e2, 209e6,
　　210a6, 219e3, 219e6, 219e7
ὑπήκοος 服从的，顺从的
　　[拉] subiectus, dicto audiens
　　[德] gehorsam, hörig
　　[英] obeying, subject
　　210c3
ὕπνος 睡眠
　　[拉] somnus
　　[德] Schlaf
　　[英] sleep, slumber
　　204d2
ὑποβαρβαρίζω 像外国人那样说话，说蹩脚的希腊话
　　[拉] aliquantulum barbare loquor
　　[德] unrichtig aussprechen
　　[英] speak rather like a foreigner, speak rather broken Greek
　　223a7

ὑποδέχομαι 接纳，欢迎
　　[拉] recipio
　　[德] aufnehmen, freundlich empfangen
　　[英] receive, welcome
　　205d1
ὑπολαμβάνω 反驳，打断；接受，认为
　　[拉] respondeo, puto
　　[德] erwidern, einwerfen, annehmen
　　[英] retort, interrupt, accept
　　210a2
ὑποπίνω 喝得不多，喝得适当，喝得有点多
　　[拉] aliquanto largius bibo
　　[德] ziemlich viel trinken
　　[英] drink a little, drink moderately
　　204d1, 223b1
ὑποπτεύω 怀疑，猜想，觉得
　　[拉] suspicor, suspectum habeo
　　[德] vermuten, mit Argwohn betrachten
　　[英] suspect, guess, suppose
　　214e3
ὑποψία 怀疑
　　[拉] dubitatio
　　[德] Verdacht
　　[英] suspicion
　　218c6
ὕστερος 较晚的，后来的
　　[拉] posterior, sequens
　　[德] später, nächst
　　[英] latter, next
　　206e1

ὑφαίνω 织
　　[拉] texo
　　[德] weben
　　[英] weave
　　208d5
ὑφηγέομαι 引导，指引
　　[拉] duco
　　[德] leiten
　　[英] guide, lead
　　217a3
φαίνω 显示，显得，表明，看起来
　　[拉] in lucem protraho, ostendo, appareo
　　[德] ans Licht bringen, scheinen
　　[英] bring to light, appear
　　213a6, 213e4, 215b3, 216e7, 217d3, 218b5, 219b2, 220a4, 220b1, 220e3, 221b6, 221d1, 221e4, 222a5
φάρμακον (φαρμάκιον) 药，药物，毒药；颜料，染料
　　[拉] venenum, color vel pigmentum
　　[德] Gift, Färbemittel
　　[英] poison, drug, dye, paint, colour
　　220d3, 220d4
φάσκω 说，声称
　　[拉] ajo, affirmo
　　[德] sagen, behaupten
　　[英] say, assert
　　207d3
φαῦλος (φλαῦρος;adv. φαύλως, φλαύρως) 容易的，微小的，低劣的，坏的
　　[拉] pravus, levis, malus
　　[德] gering, leicht, schlimm
　　[英] easy, slight, mean, bad

204a6, 204b8, 206b1, 214a2
φέρω 携带，带到，引向，搬运，忍受
　　[拉] fero, traho, perfero
　　[德] tragen, bringen, dulden, ertragen
　　[英] carry, lead, endure, bear
　　208a6, 214e3
φημί (φατέον) 说
　　[拉] dico
　　[德] sagen
　　[英] say, speak
　　203a6, 203b5, 203b6, 204a2, 204a8, 204b3, 204e3, 204e8, 205a3, 205a5, 205a7, 205b4, 205d7, 205d10, 206a5, 206b9, 206c7, 206c8, 207c2, 207c4, 207c7, 207e3, 207e6, 208a4, 208b1, 208b5, 208b6, 208c2, 208c4, 208c7, 208d7, 208e3, 209a4, 209b2, 209c2, 209c6, 209e3, 210a7, 210c7, 210d1, 210d6, 210d8, 211a4, 211a8, 211b3, 211b9, 211c3, 211c7, 211d3, 212b2, 212b5, 212c3, 212d4, 212e2, 213b4, 213c5, 213c9, 213c8, 213d2, 214a4, 214b2, 214b6, 214b7, 214d3, 214e1, 215b7, 215c4, 215d2, 216a3, 216a4, 216b3, 216b4, 216d7, 216e5, 217c2, 217e4, 218a2, 218b6, 218b8, 218c2, 218d1, 218d5, 218d7, 218e1, 218e3, 219a1, 219b8, 219c1, 219d1, 219e4, 220a6, 220a7, 220b3, 220c4, 220e6, 221d6, 221e7, 222a4, 222a6, 222c2, 222c7, 222d5, 222d6
φθόνος 嫉妒
　　[拉] invidia

［德］Neid
［英］envy, jealousy
215d3

φιλέταιρος 爱朋友的
　［拉］amicorum studiosus
　［德］Freunde liebend
　［英］fond of one's comrades or partisans
　211e8

φιλέω 爱，喜爱，热爱
　［拉］amo
　［德］lieben
　［英］love
　207d6, 207e3, 210c6, 210c8, 212a8, 212b1, 212b2, 212b5, 212b6, 212b7, 212b8, 212c4, 212c5, 212c6, 212c7, 212c8, 212d2, 212d3, 212d4, 212d8, 212e6, 212e7, 212e8, 213a4, 213a5, 213a7, 213b1, 213b2, 213b6, 213c1, 213c2, 213c3, 213c4, 213c6, 213c7, 215b2, 215d7, 217b4, 220b7, 220d2, 220d5, 221b8, 221c6, 221c7, 221d1, 221d2, 222a1, 222a6, 222a7, 222e3, 222e4

φιλήκοος 喜欢倾听的，喜欢听人谈话的
　［拉］audiendi cupidus
　［德］gern zuhörend
　［英］fond of hearing
　206c10

φιλία (φίλιος) 爱，友爱，友谊
　［拉］amor, amicitia
　［德］Liebe, Freundschaft
　［英］love, friendship
　207c11, 214d7, 215d4, 216b1, 217e9, 219a4, 220b3, 221d3, 221e4, 222d2

φιλικός (adv. φιλικῶς) 友好的
　［拉］amicum decens
　［德］freundlich
　［英］friendly
　211a3

φίλιππος 爱马的
　［拉］equos amans
　［德］Pferde liebend
　［英］fond of horses, horse-loving
　212d5

φιλογυμναστής 爱体育锻炼的人，喜欢锻炼身体的人
　［拉］palaestrae studiosus
　［德］Freunde der Leibesübungen
　［英］fond of gymnastic exercises
　212d7

φίλοινος 爱酒的
　［拉］vinosus
　［德］Wein liebend
　［英］fond of wine
　212d7

φιλοκύων 爱狗的
　［拉］canes amans
　［德］Hunde liebend
　［英］fond of dogs
　212d7

φιλονεικία (φιλονικία) 热爱胜利，好胜
　［拉］certandi vel contentionis studium
　［德］das Sterben nach dem Sieg, Ehrgeiz
　［英］love of victory

215d3

φιλόρτυξ 爱鹌鹑的
  [拉] coturnicum amans
  [德] Wachtel liebend
  [英] fond of quails
212d6

φίλος (sup. φίλτατος) 亲爱的，令人喜爱的
  [拉] carus, amicus
  [德] lieb, geliebt
  [英] beloved, dear
206a2, 207c8, 207c10, 210a9, 210c5, 210d1, 210d3, 211e2, 211e3, 212a3, 212a5, 212b1, 212b4, 212c5, 212d3, 212d4, 212e1, 212e3, 213c8, 214a3, 214a4, 214b3, 214c3, 214c7, 214d2, 214d5, 214d6, 214d8, 214e4, 215a3, 215a4, 215a5, 215b3, 215b4, 215b7, 215d5, 215e2, 215e4, 216a5, 216b3, 216b7, 216b8, 216b9, 216c3, 216c7, 216e1, 216e2, 216e3, 216e4, 216e7, 217a6, 217b5, 217c1, 217c2, 217d7, 218a1, 218b4, 218b7, 218c2, 218d4, 218d6, 218d7, 218d9, 218d10, 218e3, 218e5, 219a3, 219a5, 219b1, 219b2, 219b3, 219b6, 219b7, 219b8, 219c1, 219c2, 219c3, 219c4, 219c5, 219c7, 219d1, 219d3, 219d5, 220a6, 220a7, 220b1, 220b4, 220b6, 220b7, 220d8, 220e1, 220e2, 220e3, 220e4, 220e5, 221c1, 221c2, 221c3, 221c5, 221d4, 221d5, 221e1, 221e5, 222b5, 222b8, 222d4, 222d6, 222e7, 223b6, 223b7

φιλοσοφέω 热爱智慧，从事哲学
  [拉] sapientiam amo
  [德] philosophieren
  [英] philosophize
218a3, 218a4, 218a6, 218b2, 218b3

φιλοσοφία 热爱智慧，哲学
  [拉] philosophia
  [德] Philosophie
  [英] philosophy
213d7

φιλόσοφος 热爱智慧者，哲学家
  [拉] philosophus
  [德] Philosoph
  [英] philosopher
212d7

φοβέω (φοβέομαι, φέβομαι) 担心，害怕
  [拉] vereor
  [德] fürchten, sich scheuen
  [英] fear, be afraid of
218d2

φορμίσκος 小篮子
  [拉] corbula
  [德] Korb
  [英] basket
206e8

φρονέω 有思想，是智慧的，是明智的，理解，明白
  [拉] intelligo, sapio
  [德] bei Sinnen sein, Einsicht haben, vernünftig sein
  [英] have understanding, be wise, prudent, comprehend
209c5, 209d3, 209d5, 209e2, 210a4, 210d5, 210d6

φρόνημα 思想，精神，骄傲，自负，
傲慢
　　[拉] animus, superbia
　　[德] Denkart, Hochsinn, hochmut,
　　Stolz
　　[英] mind, spirit, pride, arrogance
　　206a4
φρόνιμος (adv. φρονίμως) 明智的，审
慎的
　　[拉] prudens
　　[德] besonnen
　　[英] prudent
　　210b1
φροντίζω 考虑，操心，在意，放在心上
　　[拉] curo, cogito
　　[德] nachdenken, sorgen für
　　[英] consider, ponder
　　223a7
φύσις 自然，本性
　　[拉] natura
　　[德] Natur
　　[英] nature
　　214b5, 221e6, 222a5
φύω 生，生长，产生
　　[拉] nascor
　　[德] erzeugen, wachsen, schaffen,
　　[英] beget, bring forth, produce
　　220d5, 220e3
φωνή 方言，声音
　　[拉] vox, dictum
　　[德] Mundart, Laut
　　[英] dialect, sound
　　204d6
χαίρω 高兴，满意，喜欢
　　[拉] gaudeo, laetor, delector
　　[德] sich freuen
　　[英] rejoice, be glad
　　218c4, 219b7
χαλεπός (adv. χαλεπῶς) 困难的，艰难
的，难对付的，痛苦的
　　[拉] difficilis, molestus
　　[德] schwer, schlimm
　　[英] difficult, painful, grievous
　　205c8, 213e4
χαυνόω 放松，使变飘飘然，使变得
自负
　　[拉] vanitate inflo
　　[德] aufblähen, stolz machen
　　[英] make flaccid, relax, puff up, fill
　　with conceit
　　210e4
χορδή 琴弦，弦
　　[拉] chorda
　　[德] Saite
　　[英] string
　　209b6
χράω (χράομαι) 利用，使用，运用
　　[拉] utor
　　[德] benutzen, gebrauchen
　　[英] use, make use of
　　213c5, 222e1
χρεία 需要，运用，使用
　　[拉] usus, indigentia
　　[德] Bedürfnis, Gebrauch, Nutzen
　　[英] need, use
　　215b6, 220d7
χρῆ (χρεών) 必须……，应该……
　　[拉] opus est, oportet, licet

［德］es ist nötig, man muß
［英］it is necessary, one must or ought to do
205a1, 206c6, 206d7, 210e3, 211b6, 213e5

χρῆμα 钱财，财物，必须之物
　　［拉］divitia, pecunia
　　［德］Reichtum, Geld
　　［英］money, treasures
208e8, 219d7

χρήσιμος 有用的，有益的
　　［拉］utilis, commodus
　　［德］brauchbar, nützlich
　　［英］useful, serviceable
210d2, 214e4, 220c6

χρόα (χροιά) 颜色
　　［拉］color
　　［德］Farbe
　　［英］colour
217c7

χρόνος 时间
　　［拉］tempus
　　［德］Zeit
　　［英］time
204c6, 213a2

χρυσός (χρυσίον) 黄金
　　［拉］aurum
　　［德］Gold
　　［英］gold
211e1, 211e6, 220a2, 220a5

χρῶμα 颜色，肤色
　　［拉］color
　　［德］Farbe, Teint
　　［英］colour

217c5, 217d7, 222b2

χωρίς 除了……，离开，分离
　　［拉］praeter, separatim
　　［德］abgesehen, abgesondert
　　［英］apart from, separately
215b5

ψάλλω 拨，拉，弹
　　［拉］tango, pulso
　　［德］rupfen, schlagen
　　［英］pluck, pull, twitch
209b7

ψεύδω 诳骗，欺哄，说假话
　　［拉］fallo, decipio
　　［德］lügen, betrügen, dieUnwahrheitreden
　　［英］cheat by lies, falsify, speak false
212e1

ψιμύθιον (ψίμυθος) 白色的铅粉
　　［拉］cerussa
　　［德］Bleiweiß
　　［英］white lead
217d2

ψυχή 灵魂，性命
　　［拉］anima, animus
　　［德］Seele
　　［英］soul
218b8, 220c4, 222a3

ψυχρός 冷的
　　［拉］frigidus
　　［德］kalt
　　［英］cold
215e6

ὥρα 时候，季节
　　［拉］hora

[德] Zeit
[英] any time or period
211b5

ὡσαύτως 同样地
[拉] similiter, eodem modo
[德] ebenso, auf dieselbe Art
[英] in like manner, just so
207c5, 209b4

ὠφέλεια 益处，好处，帮助
[拉] utilitas
[德] Hilfe, Nutzen
[英] help, profit, advantage, utility
214e6, 220d1

ὠφελέω 帮助，有益
[拉] juvo, utilitatem capio
[德] helfen, nützen
[英] help, benefit
221a7

ὠφέλιμος (adv. ὠφελίμως) 有好处的，有益的，有帮助的
[拉] utilis
[德] nützlich
[英] useful, beneficial
217b1, 221b2

专名索引

神话与传说

Ζεύς 宙斯，204a6, 205d1, 206b9, 207e8, 208a4, 208d7, 208e3, 209d5, 210d8, 211b9, 211c3, 211e5, 213c9, 214e3, 216c4, 220e7

Ἡρακλῆς 赫拉克勒斯，205c7, 205c8, 205d1, 208e2

Πάνοψ 帕诺普斯，203a3

人名

Δαρεῖος 大流士，211e6, 211e8

Δημοκράτης 德谟克剌忒斯，204e8, 205c2, 209a5

Δημοφῶν 德谟丰，207b8

Ἡσίοδος 赫西俄德，215c7

Ἱερώνυμος 赫洛倪摩斯，203a4, 204b6

Ἱπποθάλης 希珀塔勒斯，203a3, 203a6, 204b6, 204c4, 204e9, 205a9, 205d5, 206b5, 207b4, 210e1, 210e3, 222b2

Κτήσιππος 克忒希珀斯，203a4, 204c4, 205a7, 205b6, 206c9, 206d3, 207b2, 211c5, 211c6, 211c11

Λύσις 吕西斯，204d1, 204d2, 204e1, 205c3, 206e9, 207a5, 207b3, 207b6, 207d5, 209a3, 209b8, 210a9, 210d5, 210e7, 211a2, 211a3, 211a6, 213d2, 213e1, 215c3, 218b6, 218c8, 221e5, 222a4, 222b1, 222b5, 223a3, 223b4

Μενέξενος 墨涅克塞诺斯，206d4, 207a7, 207b3, 207b8, 207d3, 211a1, 211a3, 211a5, 211b8, 211d3, 211d6, 212e7, 213d1, 216a3, 216a6, 218b7, 218c8, 218d1, 221e5, 222a4, 222b1, 222b5, 223a3, 223b4

Μίκκος 弥科斯，204a5

Σωκράτης 苏格拉底，203a6, 204b3, 204c5, 204c7, 205a3, 205b7, 205d3, 205d7, 206c1, 206c10, 207e8, 208e1, 209a4, 210a8, 210d8, 213d2, 211a4, 211b3, 211c7, 213b5, 213c9, 213d2

地名

Αἰξωνή 埃克索涅，204e8

Ἀκαδημία (Ἀκαδήμεια) 阿卡得弥亚，

203a1

Ἀσία 亚细亚，209d7

Ἰσθμός (Ἰσθμοῖ) 伊斯特摩斯（在伊斯特摩斯），205c5

Λύκειον 吕克昂，203a1, 203b2

Νεμέα 涅墨亚，205c5

Πυθώ (Πυθοῖ) 皮托（在皮托），205c4

其他

Ἀθηναῖος 雅典人，209d4

Ἕλληνες (Ἕλλην) 希腊人，210b1

Ἑρμαῖα 赫尔墨斯节，206d1, 223b2

Παιανιεύς 派阿尼阿人，203a3

参考文献

(仅限于文本、翻译与评注)

1. *Platon: Platonis Philosophi Quae Extant, Graece ad Editionem Henrici Stephani Accurate Expressa, cum Marsilii Ficini Interpretatione*, 12Voll. Biponti (1781–1787).
2. F. Ast, *Platonis quae exstant opera, Graece et Laine*, 11 Bände. Lipsiae (1819–1832).
3. I. Bekker, *Platonis Scripta Graece Opera*, 11Voll. Londini (1826).
4. H. Cary, G. Burges, *The Works of Plato, a new and literal version, chiefly from the text of Stallbaum*, 6 vols. London (1848–1854).
5. *Platons Lysis, Griechsich und Deutsch, mit kritischen und erklärenden Anmerkungen*. Leipzig (1849).
6. F. Schleiermacher, *Platons Werke*, Ersten Theiles Erster Band, Dritte Auflage. Berlin (1855).
7. H. Müller, *Platons Sämmtliche Werke*, 8 Bände. Leipzig (1850–1866).
8. G. Stallbaum, *Platonis opera omnia, Recensuit, Prolegomenis et Commentariis, Vol. IV. Sect. II. Continens Menexenum, Lysidem, Hippiam Utrumque, Ionem*. Gothae (1857).
9. W. William, *Platonic Dialogues for English Readers*, 3 Vols. Cambridge (1859–1861).
10. R. B. Hirschigius, *Platonis Opera, ex recensione R. B. Hirschigii, Graece et Laine*, Volumen Primum. Parisiis, Editore Ambrosio Firmin Didot (1865).
11. M. Schanz, *Platonis Charmides, Laches, Lysis*. Lipsiae (1883).
12. C. Schmelzer, *Platos Ausgewählte Dialoge, Achterter Band, Charmides, Lysis*. Berlin (1884).
13. E. F. Mason, *Talks With Athenian Youths: Translations From the Charmides, Lysis,*

Laches, Euthydemus, and Theaetetus of Plato. New York (1891).
14. B. Jowett, *The Dialogues of Plato*, in Five Volumes, Third Edition. Oxford (1892).
15. B. Newhall, *The Charmides, Laches, and Lysis of Plato*. New York, American Book Company (1900).
16. J. Burnet, *Platonis Opera*, Tomus III. Oxford (1903).
17. G. Budé / M. Croiset, *Platon: Œuvres complètes*, Tome 2. Texte établi et traduit par Alfred Croiset. Paris (1921).
18. O. Apelt, *Platon: Sämtliche Dialoge*, 7 Bände. Leipzig (1922–1923).
19. W. R. M. Lamb, *Plato: Lysis, Symposium, Gorgias*. Loeb Classical Library. Harvard University Press (1925).
20. J. Wright, *The Phaedrus, Lysis, And Protagoras*. London (1925).
21. *Platon: Sämtliche Werke*, in 3 Bänden. Verlag Lambert Schneider, Berlin (1940).
22. Hamilton and Huntington Cairns, *The Collected Dialogues of Plato*. Princeton (1961).
23. R. Rufener, *Platon: Jubiläumsausgabe Sämtlicher Werke zum 2400. Geburtsage, in Achte Bänden*. Artemis Verlage Zürich und München (1974).
24. D. Bolotin, *Plato's Dialogue on Friendship: An Interpretation of the Lysis with a New Translation*. Cornell University Press (1979).
25. T. J. Saunders, *Plato: Early Socratic Dialogues*. Penguin Books (1987).
26. J. M. Cooper, *Plato Complete Works, Edited, with Introduction and Notes, by John M. Cooper*. Indianapolis / Cambridge (1997).
27. M. Bordt, *Platon: Lysis, Übersetzung und Kommentar*. Vandenhoeck & Ruprecht, Göttingen (1998).
28. R. Waterfield, *Plato: Meno and other dialogues*. Oxford University Press (2005).
29. T. Penner, Ch. Row, *Plato's Lysis*. Cambridge University Press, Cambridge (2005).
30. G. Eigler, *Platon: Werke in acht Bänden, Griechisch und deutsch, Der griechische Text stammt aus der Sammlung Budé, Übersetzungen von Friedrich Schleiermacher und Hieronymus Müller*. Darmstadt: Wissenschaftliche Buchgesellschaft (7. Auflage 2016).
31. 《赖锡斯 拉哈斯 费雷泊士》，严群译，北京：商务印书馆，1993年。
32. 《柏拉图〈对话〉七篇》，戴子钦译，沈阳：辽宁教育出版社，1998年。
33. 《柏拉图对话集》，王太庆译，北京：商务印书馆，2004年。
34. 《吕西斯》，贺方婴译，华夏出版社，2020年。

图书在版编目(CIP)数据

吕西斯/(古希腊)柏拉图著;溥林译.—北京:商务印书馆,2023
(希汉对照柏拉图全集)
ISBN 978-7-100-22245-7

Ⅰ.①吕… Ⅱ.①柏… ②溥… Ⅲ.①古希腊罗马哲学—希、汉 Ⅳ.①B502.232

中国国家版本馆 CIP 数据核字(2023)第 057070 号

权利保留,侵权必究。

希汉对照
柏拉图全集
V.4
吕西斯
溥林 译

商务印书馆出版
(北京王府井大街36号 邮政编码100710)
商务印书馆发行
北京通州皇家印刷厂印刷
ISBN 978-7-100-22245-7

2023年9月第1版 开本710×1000 1/16
2023年9月北京第1次印刷 印张 10½
定价:80.00元